大师馆

在骄阳和新月之下：
伊塔洛·卡尔维诺
讲故事

Under the Radiant Sun and
the Crescent Moon:
ITALO CALVINO's
Storytelling

【美】安吉拉·M. 让内 著
Angela M. Jeannet / 杨 静 译

黑龙江出版集团
黑龙江教育出版社

版权登记号：08-2016-088

图书在版编目（CIP）数据

在骄阳和新月之下：伊塔洛·卡尔维诺讲故事 /
(美) 安吉拉·M.让内 (Angela M. Jeannet) 著；杨静
译. -- 哈尔滨：黑龙江教育出版社, 2016.11
ISBN 978-7-5316-9031-3

Ⅰ.①在… Ⅱ.①安… ②杨… Ⅲ.①卡尔维诺(
Calvino, Italo 1923-1985)—传记 Ⅳ.①K835.465.6

中国版本图书馆CIP数据核字(2016)第291190号

在骄阳和新月之下：伊塔洛·卡尔维诺讲故事
ZAIJIAOYANG HE XINYUEZHIXIA: YITALUO · KAERWEINUO JIANGGUSHI

丛 书 策 划	宋舒白
作　　　者	［美］安吉拉·M.让内（Angela M.Jeannet）著
译　　　者	杨静　译
选 题 策 划	吴迪
责 任 编 辑	宋舒白　郝雅丽
装 帧 设 计	冯军辉
责 任 校 对	徐领弟

出 版 发 行	黑龙江教育出版社（哈尔滨市南岗区花园街158号）
印　　　刷	三河市华东印刷有限公司
新 浪 微 博	http://weibo.com/longjiaoshe
公 众 微 信	heilongjiangjiaoyu
天 猫 店	https://hljjycbsts.tmall.com
E - m a i l	heilongjiangjiaoyu@126.com
电　　　话	010—64187564

开　　本	700×1000　1/16
印　　张	15.5
字　　数	180千
版　　次	2021年1月第1版第2次印刷
书　　号	ISBN 978-7-5316-9031-3
定　　价	46.00元

目录

Contents

序　言

Italo Calvino

　　11月不是北京最冷的季节，但是在供暖还未开始前的时段，它真是让人觉得寒冷异常。天不暖人，书暖心。这个周末的首要任务是读完这本卡尔维诺的传记，赫然入目的第一句是："城市是灰色的，在寒冷的天空之下。"心有戚戚焉。这岂不就是此时此刻的北京！在灰蒙蒙的冷空里，人们在微信中传播着中央电视塔被成功发射升空的黑色幽默式图片。只是文中的城市不是北京，而是1943年的佛罗伦萨，它的灰蒙蒙是当时第二次世界大战在人们心中蒙上的阴影："这城市被寿衣覆盖，人们沉默寡言，只和那些他们熟识的人说话。德国人和法西斯主义的支持者到处都是。在一座等待猛烈进攻的城市里，他能做些什么，就像是等待一场暴风雨，希望在另一面，没有被毁掉的东西再次浮现！"而70年后的佛罗伦萨已经不是这个样子。今年9月末的一天，清晨7点笔　者走在佛罗伦萨寂静的街头，圣十字教堂广场边上的咖啡店整齐地叠放着桌椅，静待开业；肃穆庄严的圣母百花大教堂美得令人窒息；穿过有着数百年历史的老桥，桥下波光粼粼的河水穿城而过；上行至米开朗琪罗广场，俯瞰古朴典雅的老城，深橙色的屋顶，黄白色的墙壁，教堂钟楼林立。愚蠢的战争终究会过去，能留下来的是人类对美的记忆，比如大卫雕像的健硕俊美，还有数不清的教堂穹顶壁画的绚丽。美是一种永远不能被毁掉的真理。

对笔者而言，卡尔维诺对世界文学的意义就犹如马可·波罗之与东方，他们都在帮助开启新的窗口，展现一种待发现之美。《隐形的城市》《为什么读经典？》以及《未来千年文学备忘录》等诸多作品的大美，让卡尔维诺不仅属于意大利或者欧洲，也属于世界，因为他以预言家式的智慧与精巧的叙事手法为人类梳理着文学的作用与世界的未来。如此宏大的判断性话语当然需要例证。篇幅的关系，这里以《隐形的城市》为例，让他的文字为他说话吧。

在《隐形的城市》中，马背上的东方骁勇大汉忽必烈与来自意大利威尼斯的西方旅人马可·波罗在对话，忽必烈想象着两个人都变成了城市的拾荒者，"他们拨弄着城市里成堆的垃圾、生锈的铁罐，布屑和废纸，在喝过几口劣酒之后的醉意中，他们还能看到东方的宝藏在四周熠熠生辉。"这对话场景就如同伟岸的亚历山大大帝与衣衫褴褛的戴奥吉尼斯相遇。躺在自己那个捡来的破旧木桶之中，古希腊隐士对马其顿帝王说："走开一点，别挡住我的阳光。"在众人对这位拾荒者嘲笑不止的时候，亚历山大大帝说："如果我不是亚历山大，我希望自己可以是戴奥吉尼斯。"不论是东方还是西方，不论是帝王还是平民，如果不明辨文明的真谛，最后都会成为拾荒者。

对于马可·波罗所讲述的"他在探险历程里造访过的城市，忽必烈不见得相信他说的每件事情，但是这位凶悍的鞑靼皇帝确实一直全神贯注、满怀好奇地听着这个威尼斯青年的故事，比听他手下信差或探子的报告还要专注。在皇帝的生涯里，在我们征服了无垠疆域的荣耀之后，总有某个时刻，皇帝知道我们很快就会放弃探知和了解他们的念头，因而深感忧虑，却又觉得欣慰。有一种空虚的感觉，在夜间朝我们袭来，带着雨后大象的气味，以及火盆中渐渐冷却的檀香余烬的味道，一种晕眩，使得绘在平面球形图上的江河与山陵，在黄褐色的曲线上震颤不已，收卷起来，一个接着一个传来最后一支敌方溃散的快报，一场又一场的胜利，还有拆着那些归顺藩王的蜡封密件，其中表示他们愿意年年进贡贵重金属、皮革和玳瑁，恳求交换获得我方的保护。终究，我们会发觉，这个在我们看来汇集着所有奇迹的帝国，其实只是无尽的、不成形的废墟，腐败的坏疽已经曼延太广，连我们的王权也无法发挥作用。战胜敌国的结果只不过是让我们继承了他们长久以来的破坏行径，此后，绝望沮丧的时刻便降临了。只有在马可·波罗的故事里，忽必烈才能在注定倾颓的城墙与高塔之中，辨别出些许精巧的机关，它们如此鬼斧神工，连白蚁都未能啃噬。"这一段落是卡尔维诺在《隐形的城市》开首所写的内容，从中可以看出此时此景的忽必烈，就如同西方的亚历山大大帝一样明白或意识到，他可以拥有至高无上的权力、财富与疆土，无数的弱国向他臣服，但是这一切之后是无尽的虚无，因为这些都只是在继续着人类对自然环境一直以来的掠夺与破坏。这场景有元朝诗人元好问的《人月圆·玄都观里桃千树》为证：

"谢公扶病，羊昙挥涕，一醉都休。古今几度，生存华屋，零落山丘。"

卡尔维诺是自然之子。他的洞察力在于：当人们看到的是城市里的人群与街道，他看到的是此前城市土地上存在过的树木与山峦，以及此后这片土地上将出现的废墟与无法处理的垃圾山。"在未来，城市的垃圾将不断扩张，占领整个世界，然后每一个城市就像一个火山口，互相都有吞噬对方的可能。"卡尔维诺对自然的本能青睐与爱护大概源于他那专修植物学的父母以及他本人大学的农学专业知识。从卡尔维诺众多作品里，我们可以看到他在有意识地从自然世界探寻他的关注点，比如在生动有趣的《意大利童话》里有着各种在果园和花园里生活的"居民"，当然也有真正的人类居民，像勤劳古朴的手工劳动者或园艺大师等等。他就像《指环王》中来自幽暗密林的精灵王子莱戈拉斯，遵循的是自然的法则而非人为的法则，所以他展现出的与自然相关的形象都是那样轻灵飘逸而非笨拙沉郁。

　　卡尔维诺的作品中，有无数值得关注的点，这也是为什么卡尔维诺值得我们研究与重视。每一个人的行为背后都有一个不欲人知的动机；每一个作家的创作之后都有不为人知的原因，读传记是一种很好的了解动机的方法。用杨绛先生的话说，读书就像"串门"，还有比实际"串门"更多的优势：不用考虑繁复的礼节，也不用敲门，想来就来，想走就走。读这本卡尔维诺的传记是更深入的"串门"方式，作者与译者已经将卡尔维诺家里许多原本关闭的柜橱与抽屉打开，读者可以不必有任何顾虑地跨过门槛，走近他们，悠然地看一看。

王敬慧

2016年11月6日 于清华园

交错的命运之城
——一篇故事形式的序言

Italo Calvino

　　城市是灰色的，在寒冷的天空之下。成堆的沙袋成几何形堆放，高度甚至超过了屋顶。她被告知，在沙袋后面有着著名的纪念碑、洗礼池、宫殿、大教堂的大理石雕塑、青铜色和金色的门，她想象中的地标是模糊的；那些在烟雾中的房屋和树林，就像是出没的幽灵一般。当警报拉响，凄厉而尖锐的声音响彻整座城市上空的黎明（黑暗的街道上是匆忙脚步来回击打的声音，不久就在群山的薄雾里隐退），从房屋里涌出的人群纵身跃入深邃曲折的洞穴之中。

　　她和教授及同学们离开教室，穿过黑暗的挤满了人的走廊。有一个孩子一度呕吐，他是那样惊恐。但是她却感觉兴奋不已，她喜欢看到人们苍白的脸、听到人们嘈杂的声音以及人群的冲撞，平民护卫队带领着大家进入避难所，当最后的警报声长长的尾音消失之后，街道陷入了沉寂。一如既往地，她没有进入避难所；她喜欢独自地成为最后一个和这座城市告别的人。她曾经看到号称"空中堡垒"的轰炸机编队到达时在空气中所形成的气流，很高很高，那些钢铁稳步地在天上成几何图形移动着，穿过一缕缕云彩。飞机的发动机咆哮着，在蓝天上空隆隆作响，她好奇地看着那些飞机怎样分开。当炸弹从空中落下时，空气在她的肺部周围收缩，令她感到窒息。这时候，她冲向了避难所，双手重重拍打已经锁上的门，有人替她开了门，身后一阵巨大的尘土恢弘地升腾而上，公寓的大楼崩塌了。

　　大街上的脚步声，一列行军的队伍，间或，有一阵低沉的歌声。他鄙视那些瞬间和来之的巨大悲哀，它们来自那座氤氲的城市、憔悴的人们、可怕的歌者，来自于他曾经在别处的另一种生活。似乎在几年前，城市的咖啡馆和办公室里还到处充斥着年轻的新闻记者和艺术家，他们都是他的朋友。人们交谈之间，咖啡的香气缭绕。那时，街道在夜晚闪着光；水晶玻璃的窗户和灯在反射下变幻着无数的色彩。但是现在，咖啡再也没有了，除非你能够付得起一些谷物的黑市价，它们就像是稀有的黑宝石。他所认识的人们都走了，而他却不能够离开他的藏身之所，除了偶尔的傍晚时分，短暂地、惊恐地稍作离开。

　　他回到他的手稿，它不可思议地使他忘记了眼前；它把他带到了另外一个时间，回到他早期流亡的南部乡村，那个没有灯火、谦卑的、上帝不曾造访的绝望之地。

　　他将不会留在这座城市。太危险了！现在，战争将进入不可控制的狂暴之中，就像一头发怒的公牛。他想到了他在圣雷莫的房子，那里阶梯状的丘陵，高海拔的干燥与陡峭。他父母所在的地方离战区很近。再一次地，他试图不让自己记起就在数月之前攻克法国的日子，作为一名青年的法西斯主义者；那些日子，他试图避开那种羞愧的感觉，那使得他隐隐感觉到胃痛。

这座城市的大学实际上已经停止运行，他将不再停留；他会回到圣雷莫。前方是沿着整个半岛的延伸侵入、向上移动、摧毁这条道路上的那些残败。再见，学习；再见，自然科学、自然学、森林学。这城市被寿衣覆盖，人们沉默寡言，只和那些他们熟识的人说话。德国人和法西斯主义的支持者到处都是。在一座等待猛烈进攻的城市里，他能做些什么，就像是等待一场暴风雨，希望在另一面，没有被毁掉的东西再次浮现！

咖啡馆：那是他在这座城市里所喜爱的。但是现在，它们已经被一场袭击所覆盖。夜晚的街道和露天广场是黑暗的、荒凉的，而白天的时候，那里布满了武装分子；这是一座被恐惧紧咬的城市。曾经，你可以坐在广场边上的咖啡店，实际上是在这座城市最不活跃的时候，等待着朋友们的聚会，他们总是会在自己的好时光里不约而同地到来。那才是他真正的生活。文学、音乐和艺术是轻松玩笑的主题；如果一个人因为缺少身份证明而没有工作的话，那他如何才能做到收支相抵？诗歌仍在被创作和出版，杂志仍在不定期地发行，有人持一颗嫉妒之心监视着文化，在文化里，他们诉说着多年来的压抑。现在，一个人能做点什么？他想，你不得不忍耐，必须等待恶魔的舞蹈停止，数着伤员和死者，继续着。

她暂时待在原地不动。她的朋友提供给她和她孩子们的房间是拥挤的，但他们是安全的。她换了名字，她是麻木的，全神贯注于她这一小伙人的幸存。现在她在给她远方的朋友写一封信，在从罗马北迁之后，她告诉她的朋友们，继续北上，她已经找到了一个避难所，她将不会离开这个隐秘之处，在这座美丽的城市里，从绷带和寿衣的缝隙中回望自己。在写完这封信之后，她会把它交给一位年轻的女人，她是信使。"我已经失去了他，"她给朋友写道：
"我和孩子们在这里。"她没有签名。再一次地，在她的人生里，
她要否定自己的存在，她不能写下："你的，纳塔莉亚。"

　　冬季的某一天，五个人在一天当中的不同时刻穿过一座教堂大
理石地面的几何图案；通过曾经呈现的灰色沙袋山，从远处俯瞰，
佛罗伦萨的圣十字教堂广场是一个巨大而广阔的矩形体。

　　黎明将尽之际，一个年轻人脚踏一辆自行车，敏捷地穿过广场
的对角线。他观察着他的车轮所描绘的图案，因为自行车径直穿过
了街道的网格，那些由黑绿和粉红的线条反复组成的图案，成直角
切割着教堂的白色大理石。他看了看，然后骑远了，消失在广场尽
头西面一条狭窄的巷子里。

　　中午时分，一个女人出现在街道的拐角处，在同样的广场最东
面，她的手轻轻地牵着几个孩子，心不在焉的样子。他们走得很
慢，似乎专注于描画穿过广场的另一组对角线，它横穿四个不同的
点，自行车的车轮留下了两条波浪线，那个骑自行车的人来过，然
后消失了。

　　到了下午时分，正好在警报结束之后，一个大约11岁的小女孩
故意走过广场，走向高高的通向教堂的台阶。她的脚走出一条
线，穿越在由母亲、孩子、骑自行车的人所画的六条线之上，他
们都离开了，她在未来的生命里再也不会遇见这些人。小女孩爬
上了台阶，几乎是跑着上去的，她推开了一扇小门，有拱形的入
口，然后进入教堂的中殿，里面很黑，但是比外面要暖和。她在
每一座不朽的纪念碑前停留了很长时间，它们是白色的，在黑暗
之中高高矗立。

下午晚些时候，一个胖胖的男人慢慢地闲逛着穿过广场，他没有看教堂。他面向河流，进入了圣·尼科洛大桥的方向。一条倾斜地切开其他几条线的虚构对角线，被留在他所经过的路线之上。

然而不久之后，在宵禁令到来之前，一个男人迅速穿过广场，在靠近墙壁的地方转了一个弯进入街道。他的脚步所留下的短暂对角线轨道没有能够贯穿前面的八位行人所留下的痕迹。

1943年冬天，佛罗伦萨，圣十字教堂广场。

在1945年和那个冬天之间，将有太多的事情在佛罗伦萨发生：古老桥梁的采矿业、穿过前线、上百个国家军队的出发和到达、他们的商品和肉体的交换、带着绝望、羞愧和狂喜，以及战争的迟钝和麻木。成千上万的脚步在佛罗伦萨的石头和尘土上留下了灰暗的痕迹。在一座著名的花园里，小山的斜坡上静静躺着的一群饥饿的人中间，一个女人大哭着，为她的一本小说所失落的页码，书被炸弹毁了，她只能从能唤起的艺术家——月亮与狩猎女神那里获得安慰。

战时的佛罗伦萨，由这一切所组成，痛苦和悲伤、儿时所浮现的记忆、偶然的时间和地点、隐藏的遭遇。

前　言

Italo Calvino

　　在意大利之外，意大利作家的形象与在本国是有区别的。因为在意大利，你全部的活动范围都能够被看到，在那种有许多事物和参照物所形成的文化背景之下；但是在国外，只是你的作品被翻译到了那里，如同流星，读者和评论家必须从那跌落破碎的星体上进行重建。

——伊塔洛·卡尔维诺：《巴黎隐士》（Eremita a Parigi）

　　当伊塔洛·卡尔维诺的死已经成为遥远的过去，我们惊讶于他的作品所拥有的地位也迅速成为"过去"。回答这个问题最有效的方式是选择那些文学批评家和史学家，他们忙于辩论级别和排名，争论卡尔维诺的小说是否能够跻身于"经典"之列；他在文学的队伍里是第一、第二或第三？他是否并没有许多人认为的那样高尚，或者比他们想象的更加伟大？

　　完全分类的激励对于一位刚离世的艺术家是很人道的。卡尔维诺离去了，属于他的时代结束了。我们克服了他的死亡所带来的怅惘，因为许多人一度和他共同经历与分享的事件凝固在历史的诠释

中。自他逝去之后，时间带着他那些必须被新一代读者所发现的书
继续向前。对于他们，卡尔维诺从来不是一个真实的存在。铭记或
遗忘的诱惑是强大的。我们同他无奈的告别转变成为对他的一个全
新欢迎仪式，如同后来的阅读必然不同于早期的阅读。留给我们的
这些作品属于一位名叫伊塔洛·卡尔维诺的作家，现在他的作品比
过去拥有更多的读者群。

　　谈论这些作品，不是一件轻松的事情。关于卡尔维诺本身的写
作，他看似已经透明而灵活地论及了每一件事、掌控了每一件事、
预言了每一件事，使得批评家们失望。什么是留给读者们去说的？
这本书着眼于卡尔维诺写作实践的核心，从一个历史瞬间的视角，
确认了我们文化大厦的崩溃和建立在文化理念基础上大部分实验的
失败。我们将试图确认一些卡尔维诺所听到的声音，他创造出来的
这些"声音"，讲给他想象中的听众。穿透这声音，不变的问题探
究从来没有确定的答案。关于卡尔维诺与意大利其他文学写作实践
者之间的关系。他在意大利传统里有着深深的根，但他也是一个敏
感的批评家和颠覆者。他和面对各种"主义"的矛盾心理之间意义
深厚的关联，已经表明了他自己的立场。对于卡尔维诺的全部读
者，引领进入他小说迷宫的，主要是他对说故事的爱和他对这份爱
的力量的信任。

　　如果我们把"文化"一词进行多重定义的话，那么所有作家都
是文化的口译者。词语"口译者"也不一定用于传统意义上，因为
关乎一些难以辨认的事实和人类的一个中间人——卡尔维诺明确地
拒绝了那权利（尽管作家的弃权不一定总被听到）。对于卡尔维诺
来说，口译，是作家们用辩证法按照他们所详细描述的愿景与读者

自身的交换。作家以一种复杂的方式和他们的社会生活经历联系起来，它们也是有营养的，轮流滋养着文学的世界；作家们从这里出发，无论代表着的是传统还是反叛。比起介于两层活动之间的人，有些作家被放置在一个更巧妙的交叉点，无论出于什么原因。那些特别注意语言文化关联大小的读者，在其中找到重要的包容性、主题的复杂度与一种偏爱，介于读者与文本间多维和谐的含糊语气。通过他所有的作品、小说和随笔，卡尔维诺向他的读者提出各种各样文学构图的建议，邀请他们参与到他中间来，从三个层次进入他的作品：促使他们的文学遗产获得新的成果；阐释了社会经验的新视野；探索了人类和环境之间关系的变化（在它的广阔感觉中）。在作者的实际应用中不可能分成这三条主要磁力线的时候，卡尔维诺就会用分析的方法，从各种各样的观点，深刻而独特地靠近相关的问题。

卡尔维诺的小说来自一个具体时间、地点和某些实际经历的语境下。记住他文学的概念形成于现代主义的环境是非常重要的，不过，它至少遭受过两次挑战，被那些给他的人生和文化造成破坏的事件。第一次，是当反抗的现实使中产阶级情感所保持的固定特权终止，令人不快地出现在奥运会选手支队的传统中；第二次，直接的政治牵连的幻灭，迫使他做出反应，他是谁？他是什么？因为那两个激动人心的时刻激发出的意识，被保罗·斯普里亚诺（Paolo Spriano）的《一个年代的激情》（*Le passioni di un decennio*）所唤醒。卡尔维诺学会确定他自己为一名"作家"，但他同时坚信："我们不能够在历史中去度假。"我们将看到卡尔维诺自身如何一遍又一遍地塑造他的人物角色，他用心地写作，着迷地回归到他所构造的四个主要因素：一个失去利古利亚生态天堂的童年时期；一个还俗的新教徒坚定的理性主义；他对于连环画和旅游探险的阅读；他反抗的成熟经历。

他的存在主义道路包含着他的阅读经验，来自欧洲的20世纪20年代到80年代时期。他拥有的文化链接丰富，因为他属于意大利中产阶级的一部分。他受到启迪，强烈专心于跨越世纪的复杂详尽的文化、人类的尊严、公正和美丽概念的文化。聪明的表演者和他的局限性、优点、是非曲直，也仅仅朦胧地意识到令人沮丧的耻辱，他的文化在受难，他将要去面对重大的灾难；或者他可能会选择浑然不觉。首先在怀疑之外，然后在恐怖之外。接下来的危难、热情和醒悟，将会更加的深刻和起决定性作用。对于年轻人、对于那些反对法西斯主义的人、对于那些选择自我牺牲、为一个空洞的法西斯主义修辞做辩护的人。

正如卡尔维诺在他的自传里所说，他小心地藏在狭小的探索文字里，通过他非常规的教养，免除了法西斯主义风格的自大和凌乱。那是严厉的、冷静的，充满了对自然科学的奉献精神。卡尔维诺的大部分亲戚都是科学家，包括他的母亲，她是撒丁岛人，是纯粹意大利语言的坚定拥护者（《巴黎隐士》，第206页）和一名社会主义者，反对宗教组织。从他父亲这边而言，卡尔维诺在意大利也属于一个很小的少数民族：瓦典西人，他们的教育传统根植于新教教义，卡尔维诺在他的早期学校生涯中对它一心一意。因为他们的职业、他们的人际关系（卡尔维诺的父亲是共济会会员）、他们的信仰，当意大利被来自法西斯主义意识形态的孤立武装力量弄得快要窒息的时候，卡尔维诺的家人维护了世界主义的精神和理智的观点。卡尔维诺继承了对于多数定位的批评态度和所有压迫系统的怀疑，以及所有未经核实的密码。当他接触到法西斯的独裁主义，以及后来官方的意大利共产党，这一切变得更加明晰。他模糊的无政府主义，将形成他对于普遍存在的后现代主义主张的关注——中产阶级文化最新的（自我）圈套。他简单地引领所有感觉上有用的工具模式来发现。即使是并未公开地显示的后现代主义假设了一种"进步"的存在，卡尔维诺所坚持的只有含糊和怀疑，固执地追踪他语言的探险和真实，不包含最没有价值和意义的原因。

尽管卡尔维诺在巴黎的社交界并不占据中心的位置，年轻的他的生活大部分是属于意大利典型中产阶级知识分子的生活：在一个偏僻的小镇，他有着井然有序和受保护的存在，他未觉察的快乐生活致力于学习和闲暇，他的期望当然适合他的阶级和他所拥有的时间。他母亲和父亲的家族都植根于拥有较少土地的阶级，他们大部分的收入来自继承的遗产，还需维持和土地之间矛盾的关系，它越来越小的面积，总是显得资源贫乏。他们一方面相当于所有者；另一方面又是顽固的守护者，带着一种对自然现象的审美，大量感恩人文主义的传统。遵守纪律的卡尔维诺家族开着车子去观察、描绘，把起源于启蒙运动的传统编入目录。非地主阶级的成员不能够依赖从大宗地产获得收入，就像少数的贵族家庭那样。他们通常选择的职业生涯能够保证在通过资产阶级的垄断教育后，有令人满意的发展。现实的视角是那个阶级的特点。因此，不是对静止于神话或宗教的基础，而是对学问、科学、慷慨而严厉的家长制合法价值的信仰。

当卡尔维诺出生的时候，一些从诸世纪中幸存的阶级（比如农民阶级）已经衰败了，文明的中产阶级文化大行其道。年轻的卡尔维诺很快意识到这一点，因为我们能从几个短故事中推断出来，比如《和牧羊人的晚餐》（*Tranzo con il pastore*），现在收集在《短篇小说集》（*I racconti*）之《艰难的记忆》（*Le memorie difficili*）一章。他讽刺地看着不安的创造，中产阶级的象征形式（吃饭的方式、餐具、家具）第一次被看见，而且变得荒诞，因为一个特殊人物的出席，一个来自利古里亚山区的牧羊人。每一样事物都秩序井然，天真自满的中产阶级家庭假设了新的意义，因为它暴露在常规的表演中，它作为社会政治声明的本质。20世纪30年代，如果家长式所有权的田园生活，过去曾经存在的话，现在已经结束了。卡尔维诺在短故事中也提到，当叙述者的父亲满怀喜悦，没有察觉到尴尬的处境是由两种文化的并列所造成，牧羊人的禁闭存在于他的沉默中，这个家庭中青春期的儿子是一个叙述者，和狂怒急躁的情感及模糊的羞愧意识作斗争。在卡尔维诺的第一本小说里，他让知识分子的反抗战士吉姆（Kim）说道："这是我们的长辈……他是安祥的，曾经创造了财富的伟大中产阶级的父亲"（《通往蜘蛛巢的小径》，第149页）。

同时，通过卡尔维诺，别的社会现实也体现在最新的工业化领域之中，最近的四五十年改造了意大利的社会景观。在他后来的生涯里，卡尔维诺深思于无力使自己的小说以一种令人信服的方式，进入工业无产阶级的世界，有一些事情，他必须尝试去做。卡尔维诺写了敏感的新闻随笔，关于新工业时代在意大利的劳工政治，某些随笔被收录进了《埋藏过去》（*Una pietm sopra*）。劳工的世界是一个不能轻易被分析和小说化的领域，不能通过想象力来培育，农村根基的中产阶级文化传统在本质上就有一大堆问题。卡尔维诺用他惯常的敏锐意识到了这一点，来看他写于1977年的重要文章中的一段：

我从来不相信学生的政治化可作为一个团体……中产阶级政治的未来——是一个特别的中产阶级类型，学生们总是——需要穿越一道窄门，意味着从同辈的团体分离出来，是个体的启蒙、孤立和批判。[《我们的下一个五百年》（*I nostri prossimi 500 anni*），《书籍2》（*Saggi II*），随笔，第2297页，卡尔维诺重点强调]。

　　总之，在意大利，工人阶级本身一定会有一个非常短期的支配的荣耀，正如新的工业和工作配置以一种迅速改变的国家现实所强加给他们的模型，它开始于20世纪60年代，持续到20世纪末才结束。

　　当我们阅读卡尔维诺文字的时候，我们将会深刻地重建这位作家中产阶级的维度。他是意大利危机时刻的目击者，但不只是意大利，当经历、情感、语言和理想被再次检查，社会文化的全部陷入了遗忘，在快速经济和文化转移的影响下。卡尔维诺说话的声音是青少年和诗人的声音，天真被置于不熟悉的环境里，看着它们所不确定的世界和在那个世界中的自己，没有自怜或抱怨。它们接受自己必须和经验的矛盾与分歧共存，它们快活地在它们所属世界的对象里移动，运用它们的想象作为工具，探索曾经加深的怀疑。基本的社会结构被卡尔维诺赋予了特权，结果不是成为社会学或人类学所惯常研究的，而是成为语言。首先，作为取之不尽的潜在媒介；其次是作为历史记录的仓库。穿过文化自我界定之外的功用十分明显。它的形成是他选择的本源、他对写作语言和文学的依靠。反思他的"主人"，他已经发现了文学与文化失败的集成，感到了避免它们失败的必要性。最终，他通过所有成文的和不成文的灵活媒介的书面语，过滤和找到它的表达。正如许多在他之前的20世纪作家们所做的，他相信语言可以作为一种社会工具，通过诗学多变的表现连接到人类社会的惯例中，一个人可以抵达这样的世界，就如同气节和政治的广泛概念。

卡尔维诺的好奇心和多才多艺，使得他的作品对于学者们来说是极具价值的文本资源，他所提供的例证充实了辩论的所有各方，改变了文学和语言的概念。他确认了那样的概念：那些建立的诗学效果存在于含糊的信息当中。他掌握这令人惊讶的效果归因于作者所回避的期望，当他或者她用一个读者在其中不断地、重复地、闷头专注于语言编码系统的时候。卡尔维诺看似也照着意大利60年代的先锋派的惯例，因为他对可能变旧的语言学的、体裁的、文化规范的遵守。矛盾的是，卡尔维诺制造了自省文本的模范，又强迫读者重新评估符合每一天的通讯和文学需要的标准；另外，卡尔维诺小说的幽默和华美使得它很少对有学者风度的读者有吸引力。他的文字转移介于风格和模式之间，从"现代主义"到"后现代主义"，从启蒙运动的冥想姿态到20世纪，在一个未知空间丧失自我的强迫恐惧，最后，顽固地确定它们被作者绝望的拒绝。

本书第一章探索了伊塔洛·卡尔维诺在两次战争期间和一些意大利作家积极分子的密切关系，特别是在此期间所围绕的他创作的形成。

第二章和第三章，焦点在于卡尔维诺充满困境的想象的真实和写作训练，其中复杂地混合了玩笑和幽默，以及"分裂"自我条件下的语言反射。由卡尔维诺制造的人物角色的努力克服了裂痕，结果是转向内部和外部，充满了带有喜剧精神和悲哀的叙事。在这一点上，我们看到卡尔维诺的文字如何重新审视，采用结束几个主题的详细阐述，文体的模式是他来自意大利诗学和文化传统的继承。

第四章，我们跟随卡尔维诺解读他充满魔力的小说，讨论了他的观点，文学和社会的叙述功能，理智和诗学遗产。

第五章，跟随卡尔维诺对人类社会群落图像的转换，检索了他的社会关注的根源和表现。

最后，第六章，集中于详细阐述卡尔维诺作品的阴柔，不仅是作为他的文体和理论的主要成分，而且是作为它的主要组成部件。

书的标题由卡尔维诺和别的一些人提供于意大利，但是它们首次被翻译，出现在册。

1. 关于这个主题，最好的例证是他完整的手稿被公开出版，卡拉·贝内代蒂（Carla Benedetti）比较了卡尔维诺——一个"没有生气"的作者，和皮埃·保罗·帕索里尼（Pier Paolo Pasolini）——一个"有血有肉"的作者之间的区别，并提倡"肮脏的文学"。关于他的书的各种激烈好辩的文章如人们所预期的那样，出现在意大利的各种报纸和杂志上。

2. 高贝特（Gobett）在《自由主义革命》（*La rivoluzione liberate*）一书中反对"非中产阶级"的指控行为，强调了不多的少数民族、世界性、思想的重要性，被1930年至1950年间的各种代理机构和社会改变所摧毁。卡尔维诺属于少数民族。对于这些概念的处理，可见保罗·弗洛雷斯·德阿尔卡斯（Paolo Flores d'Arcais）为高拜特1995年版本的书所作的前言。

第一章
文学和怀疑

出生于1923年，正值光芒四射的太阳及阴郁的土星晋入和谐的天秤星座上作客之际。

——伊塔洛·卡尔维诺《塔罗纸牌》（*Tarocchi*），传记注解

两代人，两种生活

20世纪30年代，他十几岁的时候，是在意大利的一个小镇上度过的，对于一个富裕的、受过良好教育的中产阶级年轻人而言，充满日常生活的矛盾证据带着一种神秘。一方面，一种深深根植于过去的文化，提供给他显而易见的舒适和安全感；另一方面，也有成长的压抑，一些最好和最耀眼的政府批评者正保持沉默，给所有知识分子的生活投上了阴影，导致焦虑和困惑。书籍是被禁止的，人们被流放和监禁。四处都是阴暗的紧张情绪，给进入法西斯准军事部队的年轻人以刺激和所应允的冒险。但是觉醒和悲观主义在年纪大一点的人群中增长着，他们带着惊恐，看到战争年复一年地爆发。年轻人活在他们的天真里，暴露的意识被群体所包围，那些群体在某种程度上是被指派的，某种程度上是沉默的，在不确定和恐

惧之中，最终开始反抗。

阅读是学习的主要成分，是意大利年轻的一代人所做的事情，尽管电影也是强大的，但对于他们所产生的影响过于简略。那时候社会的所有矛盾在一些文本中找到了强化的表达，对年轻人同样提出要求。对于伊塔洛·卡尔维诺，他已经详细地研究了《木偶奇遇记》（*Pinocchio*）、史蒂文森（Stevenson）和吉卜林（Kipling），专于他所挚爱的连环画功课，一个作家埃乌杰尼奥·蒙塔莱（Eugenio Montale），朦胧地出现在他个性的形成里。

蒙塔莱的诗歌对于年轻的读者和写作者而言，已经成为麻木的典范，因为它孤独地成长于一个破旧的官方文化背景。它本质的魅力和诗人的拒绝"服从"是不可否认的。面对粗鲁和自命不凡的政权，他的座右铭是相信、服从、战斗。对于年轻的卡尔维诺，蒙塔莱的声音所表明的是直接与深刻的意气相投，正如他多年以后第一次在他最著名的随笔《狮子的骨髓》（*Il midollo del leone*，1955年）中所宣称。他被明显的修辞动力所诱发，一个蒙塔莱式的"密封男人"，自发的、实事求是的、难以捉摸的，一个男人"穿过不吉利的时代，看似已经清楚地创造了平安……以最少的污染和最低的风险"[《石头之上》（*Una pietra sopra*），第4页]。19世纪初，激烈的社会和政治活动到蒙塔莱作品开始出版的时候结束，第一次世界大战的影响和它的余波，导致了普遍的社会政治整顿。很快，整个社会开始学习谈判各种不同形式的极权主义，从早先的半个世纪的碎砾中显露出来。对于蒙塔莱，文学的职责不是被慰问，而是在于鼓舞脱离，作为一种关于错误存在的警告，建议对"现实"的根本怀疑，也关于语言，尝试去捕捉它。他的诗歌论及距离和孤独，通过其本身的存在做倔强地呈现。蒙塔莱的声音也很重要，尽管它强大而深沉，享有不充分陈述的特权和谨慎，但它有清楚的音乐的亲和力：用弱音说、用假音说，拒绝正在时兴的演说家夸张的言行和吵闹。它珍视一种个人的参与，因为它没有强调一种难懂的对话，在对话中用私人的"你"，就像那些"墨鱼骨"一样瘦，他给首次出版的书起了这个名字。蒙塔莱的声音描述了从德阿农齐奥（D'Annunzio）华丽的榜样那里得来的丰富和感性，对于早期的诗人，[①] 选择了对立。

源于各种原因，有人说伊塔洛·卡尔维诺不是一位"意大利"作家。[②] 恰恰相反，他非常的意大利，如果那种特性意味着通过一种文学传统被滋养、对于法国和英国语言文化的持续注意，如果它意味着只相信完全受约束的语言媒介的使用，通过文学能够充分的表达一种根本的怀疑。通过表达，他希望去支配它。经过周密分析，蒙塔莱和卡尔维诺之间最初的相似之处在于，他们都非常的意大利，同时又是非常杰出的世界性作家。首先，他们在自己各自的环境里创造出了与众不同的人物角色：一个年轻人"胆小、有思想、困惑"，他拥有"失败和挫折的历史"的真实经验，作为完整和富有意义的王国，被文学中的信任所抵消。存在主义和社会衰败的感觉，应归于生物多样性，也是自豪的来源，在卢佩里尼（Luperini）所称的"审美补偿"中找到安慰。蒙塔莱和卡尔维诺继续向不同的航线前行，因为他们来自不同的家庭环境和完全不同的时代。

蒙塔莱是繁荣的中产阶级家庭的小儿子，在他的青年时期，对中产阶级理想的蔑视和纨绔之间被均匀细分。他两次亲眼见证了

---

① 对于蒙塔莱和邓南遮之间的联系，见蒙加尔多（Mengaldo）的《传统》（*La Tradizione*），1975年。

② 《帕索里尼》，1960年，第288页；《蒙加尔多》，1991年。

所认知的世界的崩溃。第一次是第二次世界大战转换成他生活的风景。他聚焦于失败的个体经验，任意地关闭他对外的世界，探查了一颗受伤的心，在诗歌和当前的事件之间铺设了一定的距离，虽然他不拒绝同情。因为艺术的同质性，他选择做一名19世纪晚期和20世纪早期文学家们的门徒，他们是各种不同的类别，在象征主义者或是现代主义者的标题之下。铭记对他极其重要，当"象征主义"更加清晰和一贯明确地穿过各种各样西方文学的语言领域。而"现代主义"习惯表示各种不同的现象，因为任何专业的参考文本将会出现（在英国的现代主义之下、意大利的现代主义、西班牙的现代主义等等）。①不管我们希望运用怎样的术语，清晰地展现出蒙塔莱和这些作家们有着密切的关系，诸如波德莱尔（Baudelaire）、福楼拜（Flaubert）、魏尔伦（Verlaine）、济慈（Keats）、马拉美（Mallarme）、艾略特（Eliot）和瓦莱里（Valery）。如果他感到"现实整体的不协调包围着他"［《诗歌》（*Sulla poesia*），第570页］，那么他在艺术之中找到了安慰，"那些没有真实生活的生活形式，一种补偿，或者是仿制品。他在'拧修辞的脖子'的传统中找到归属感——用魏尔伦的话来说，他引证了它——全神贯注于图像的游戏发生在精密而紧张的语言网络之中。"抒情诗歌是给他的，正如给他的尊长们，"一个水果必须要在内部保持它的理智，不要揭示它们"（《诗歌》，第566—567页）。

通过蒙塔莱，象征主义者和现代主义者文学的丰富形成了青春期的卡尔维诺，给他留下了抹不掉的印记。即使是后代的读者，比如后来40多岁的成年人，也追随着他同样的道路。但是围绕着年轻

---

①　对于语源学和词汇"现代主义""现代性"等等的历史，见《卡林内斯库》（*Calinescu*）。

人的世界是来自蒙塔莱的一个迥然不同的世界。卡尔维诺理性的世俗主义，它们缺乏天主教的根基，忠诚于宇宙的科学美景，与蒙塔莱更多的意大利普通格式化图案形成鲜明对比，掺杂着对宗教组织不信任的混合物，以壮观的规模，深刻地附着于情感和人生的各个方面。历史的巧合是自相矛盾的，在划时代的残忍改变之下：皮耶罗·歌贝蒂（Piero Gobetti）是在1925年首次出版蒙塔莱诗歌的编辑。歌贝蒂是在法西斯主义镇压之下的烈士，他留下的政治传承[1]对于年轻的一代有着重要影响，卡尔维诺是其中的一员。

阻力在卡尔维诺的人生里扮演着一个决定性的角色，它影响他成为一个激进主义分子，和过去绝交。[2]蒙塔莱的诗歌培植了距离、结束和所有行动的否定态度，使一个人能够幸存于"危难时刻"，对于卡尔维诺和他同龄人的行动以及人类的接触是一个不可避免的选择。从1943年到1945年残忍而血腥，布满创伤的意大利游击战争中，对于社会政治舞台的所有人而言，充满能量的恢复。"道德献身"对于超过20年来的被动练习，选择在斗争中的一方以反抗或以法西斯主义找到它的结局，一个人成为一个党派或共和党人。无论如何，一些在中部被允许的奢侈之地，有可能是最危险的选择，但是所有的意大利人，发现个体的生存已成为不可能，了解了是什么束缚了一个人以至所有人。

存在主义的选择和发现也意味着对于受过教育的年轻人的新观点。在政治和军事行动的激情中、在艺术和文学的经历中，他们也学会了重新欣赏它可共享的品质，无论环境好坏。即使是在法西斯

---

① 他的题为《自由主义革命》（La rivoluzione liberate）的散文。《文学在意大利的斗争》（Saggio sulla lotta politica in Italia），首次通过卡佩利（Cappelli），博洛尼亚（意大利城市），1924年出版发行。
② 见卡尔维诺的自传（在他死后以多个版本出版）和《法拉斯基》（Falaschi），1972年。

主义者当中。有些人，诸如埃利奥·维多里尼（Elio Vittorini），也
在政治和文学上表现了批评的和平民主义的派别。如同维多里尼，
新生代的作家拥有了讲故事的特权，创造了新的价值，共同分享讲
故事的快乐："我们发现彼此面对着面，满是故事要讲出来……我
们生活在一个五光十色的故事的世界（《通往蜘蛛巢的小径》，第
7—8页）。"意大利的历史已经成为自传，文学再次认识到兴奋的
冒险和社群意识。

其他的声音

蒙塔莱的反对言论和他朴素清晰的习惯，冷静的喜悦和发言
者诸多行动的放弃。他宣称选择一种态度的必要性，不是冷漠，而
是拒绝。他将历史事件看作一种肤浅和短暂的自然现象，宁愿聚焦
于他所看到的事物本质，人类社会不可避免和不变地由孤独和醒悟
所创造。一个确定的宇宙，允许蒙塔莱的人物角色不可替代。即使
在20世纪40年代和50年代后期，并非30年代那样"艰难"的时刻
（艰难，一个经常被用来形容那个年代的词语），诗歌的声音拒绝
了所有确定的建议，反对任何政治的、情绪的、文学新时代的互动
关系。变化的历史环境意味着另外一种阅读，那些植根于交替世纪
的文化，对于意大利的作者已经具备一定的影响力：例如葛兰西
（Gramsci）、莫拉维亚（Moravia），尤其是帕韦塞（Pavese）和维
多里尼（Vittorini）。

贯穿卡尔维诺整个一生，他始终坚持意大利新生代正在"仿佛
是第一次"看着世界，然后又把声明转变为他对文学理想的图像和

诗歌的构成，毫无疑问，他个人存在主义经验的详细阐述和文学表达通过众多的遮蔽流失了。

第一次世界大战结束之后，通过阿尔贝托·摩拉维亚（Alberto Moravia）早期的小说，一种新的写作模式很快被揭晓。从1929年的《无关紧要》（*Gli indifferenti*）到1941年的《化装舞会》（*La mascherata*），它对意大利文学的冲击是迅速而直接的。正如阿尔贝托·阿尔巴斯洛特别地把它放入《匿名的伦巴第》（*L'anonimo lombardo*），"在我们的文学之中，他唤起了主要的矛盾和好奇的感觉；摩拉维亚或者我的心属于爸爸"（第89—90页）。摩拉维亚文字中冷漠的悲观情绪、有害的活力以及他对人类冷静地观察，预言着法国"拒绝文学"的到来。对于意大利读者极为重要的是，摩拉维亚非修辞的写作和专业技术给坏的写作习惯提供了解药，对于新一代人是一所学校。因为他的语言坚持了中产阶级的标准，没有矫揉造作和方言的局限性，倾向于记录《表演者》（*borghesia*）的编年史，开始意识到它的幽闭恐惧症的处境。

摩拉维亚精通于短篇小说的写作，为意大利传统感到自豪，他的文本容纳了一个指定的狭窄空间强烈地借给场景、作曲和整个生命的历史，集中于典型的存在主义时刻，伴随有说服力的逼真事物。每一个故事捕捉一个可辨认的低层的、中层的、高层的阶级人物角色，在他们日常的妥协中和最不讨人喜欢的位置上。卡尔维诺早期的几篇短故事，例如《自助餐厅》（*Visti aliamensa*）、《美元和夜晚的老妇》（*Dollari e vecchie mondane*）、《临时的床》（*Un letto di passaggio*）、《面包店的小偷》（*Un letto di passaggio*），是摩拉维亚的模式化复写。在卡尔维诺唤起城市的设定和不成熟的行动之时，能够听到摩拉维亚的声音，通过现代词汇和加快叙述速度的步伐加以强调。在港口城市的描述中，能够发觉他们的咖啡馆和酒吧、士兵和妓女、身体和衣服。卡尔维诺关注更加贫困的社会阶层与粗俗的小人物所关注的事物，他们的经济问题、贫穷、痛苦，形成与应对的方法，如何得以生存在城市的丛林中。在世界战争余波之中的是可以被认识的摩拉维亚。表现主义的技巧被卡尔维诺所运用，他的小说世界似乎是边缘的，尽管可以熟练地使用：他们坚持物理的奇异风格，就像木偶般的举止，还有人们的情绪相互作用的经济动机。那些短故事大部分是实验，通过不同的可能性玩耍的方式，它们服务于聚焦和定义一个真实的卡尔维诺的领域。卡尔维诺的作品从式样中改变方向。语言的扩散歌颂着丰富、敏感和快乐的放弃，告诉读者们他们真正在读卡尔维诺。

　　卡尔维诺的语言通过转向，精确地"从赫尔墨斯主义的气氛退出"（《石头之上》，第5页），至少暂时以新现实主义的诗学著名[1]，这种新的文学方式吸引着他，因为有史诗和大胆指控物质和精神上的能量。他一直敏感于具体文学现象的规模，指出这种移动，甚至包含在地理位置上的转变，当意大利在第二次世界大战中出现的时候，突出转入文化的平衡发生了：代替佛罗伦萨和罗马，都灵和米兰成为热情主动的文学世界，在离我们最近的40年到50年间，于各自人生的领域确定了它们成长的重要性。早在20世纪30年代晚期和40年代早期，在摩拉维亚开始给意大利的公众，提供他们所渴求的欧洲品质的结构化文本不久后，一个新的有影响力的元素，在那两个城市开始运营：埃利奥·维多利尼（Elio Vittorini）和切萨雷·帕韦塞。并且在1944年之后，都灵和意大利的共产党组

---

　　① 对于新现实主义的广泛探究以及卡尔维诺和它的关系，见雷（Re）的研究，聚焦于卡尔维诺的第一部小说：《通向蜘蛛巢的小径》。

织，成为大量年轻和不是很年轻的知识分子所聚集的地方。"我们抽签决定出发的直线，确切地说是三角形，我们每个人基于当地的词典和风景：《枸杞树屋》（*I Malavoglia*）、《西西里岛的对话》（*Conversazione in Sicilia*）、《你的家乡》（*Paesi tuoi*）（《通往蜘蛛巢的小径》，第9页）。"尽管韦尔加（Verga）的教训看起来使卡尔维诺失色，通过两个更近代作者的影响，欧洲和美国的声音抵达了意大利的广大读者。

维多里尼的《西西里岛的对话》诞生于1838年到1839年之间。今天，人们很难充分领略它在那些黑暗年代所产生的重要影响。这是一个故事，它热情的语言伴随着同时代的美国声音、每一篇意大利的演讲和神话故事的迷人韵律。打开小说，意气消沉和狂怒的感觉在年轻人中间找到回应；对于最混乱和热情的旅行叙述，它提供了一个新的典范。无论今天人们怎么解释文本，在这么多年之后，它提供了一个具体的、财富可能用以对将来的意大利文学起作用的例子。卡尔维诺的第一则抵达公众手中的短篇故事《送达指挥部》（*Andato al comando*）是一个步维多里尼后尘的练习，一些不带个人色彩的名字："武装者"、"非武装者"、"您"，这些称呼被人物角色所用；加之赘述、单调节奏的对话。但是卡尔维诺在追随维多里尼的时候，找到了一条他自己的路：词典会话和习惯用语，他用得很少，对于区域性的意大利，他显示了他精通的托斯卡纳文字，谨慎地加入他自己记述的味道。同样重要的是，卡尔维诺设置了森林（il bosco），森林和它不可思议的气氛，将会是卡尔维诺的散文最具独特性的表达。首先，世界被安静地描述成"暧昧"（《短篇小说集》，第50页）。关于死亡的意象也是惊人的，不只是因为它的戏剧性，而是因为它平凡的精确、可怕的细节："一具尸体留在了森林的深处，嘴里满是松针。两个小时之后，他已经全身爬满了蚂蚁（《短篇小说集》，第51页）。"维多里尼的形式相当顽固地追随着小说的第一部分，更多和谐韵律的声音通过亲切的演讲保守地变活跃到达故事的结尾。结局冷静的调子，使读者意识到令人惊讶的生命之轮的平凡。

帕韦塞在1946年谈到P.O.马蒂森（P.O.Matthiesen），以及他自己对于真实声音的探索，间接地表达维多里尼所获得《对话》的重要性：他用特别具体的语言在消除所有的障碍方面取得了成功，在普通的读者与最深刻的象征及神话的现实之间［《美国文学和其他散文》（*La letteratura americana ed altre cose*）之"美国式的成熟"，第180页］。当帕韦塞回忆文学历史的形成过程时，他在维多里尼和卡尔维诺这两名作者之间，担当了仲裁者的身份，他的仲裁决定了卡尔维诺作为一位作家的发展方向。首先，帕韦塞寻找每一个人都在说的标准语，那也可以成为作者的工具。他的目的在于给意大利人以美国人可能拥有的整个国家和一个"本土的写作方式"，民族文学、包含地区的，而不是方言领域的细微差别，让大多数人可以理解和接受。同时，帕韦塞给予卡尔维诺一个例证，作家向外国文学打开了他的声音，在他起源的土壤里，一个作家是一名专心的读者和一位好的批评家、一个可靠的知识分子，同时也是有一个洞察力和假设学科的学生（帕韦塞案例中的民族学），丰富着他的写作。帕韦塞兴趣的宽度强调了他对意图的寻找；他所获得的与卡尔维诺所珍惜的，是那种头脑清晰、纯粹的超脱，适合于一个不会沉湎于培育幻想的观察者。就很多详细的写作训练的技术方面而论，毫无疑问，卡尔维诺尝试过运用帕韦塞的方式行走。系列短篇小说《艰难的记忆》（*Le memorie difficili*），甚至通过它的题目包含了帕韦塞的感觉，通过好奇、自我怀疑和深沉的罪恶感，前置的疼痛参与唤起了青春的折磨。从那些篇章之中，读者可以回忆起类似帕韦塞开始一个小故事的方式。以第一人称写作，名为《巴尼亚斯科兄弟》（*I fratelli Bagnasco*）的故事中，"兄弟"是关于两个逍遥自在的小地主的儿子。故事以农村为背景，北部意大利地区的小山让人联想起帕韦塞笔下的丘陵。主题也是同样为读者所熟悉的帕韦塞式，没有目标的人长途旅行归来。安静的乡村和一座老房子体现了叙述者关于他童年时代的记忆和责任感的缺失：

> 我已经连续出门在外数月，直至数年。曾经，在我回去的时候，我的房子仍然在那里，在山顶上，从遥远处你就可以瞥见它泛红的旧墙面，立在迷蒙密集的橄榄树林后面……房子里是我的兄弟，他也总是像我一样在世界各地漫游；但是他回家乡比我的次数要多，当我回去的时候，我总是发现他在那里……（《短篇小说集1》，第210页）

忽然之间，唤起回忆的悲伤曲调被活泼的惊叫声和托斯卡纳语所打破："唉！——他走了，当我来的时候；或许我们已有多年没有见到彼此了，他完全不期待和我的重逢。"

帕韦塞的榜样和维多里尼的模式在早期的卡尔维诺作品中被复制繁殖，卡尔维诺的演变被进一步证明；最重要的是维多里尼和帕韦塞——无论他们可能有着怎样的差异——他们在处理作品的根本重要性上意见一致，那是意大利文学气质所特有的固执。在此基础上，他们对作家这个行业做了一个几乎是清教徒式的承诺。于他们而言，工艺的实践需要诚实，穿越私人的领域，给个人的伦理学下定义。比起卡尔维诺在帕韦塞自杀之后所写的那些文章里，他对姿态的欣赏变得更加明显，他诱发了他导师的非凡、顽固和对工作毁灭性的爱（《石头之上》，第8页）。

就实用的观点与实际的写作而言，意大利的叙述获得了最成功的实现，连同维多里尼、帕韦塞和摩拉维亚，不只是在长篇小说，而且是在中篇小说或零星的文章里。人们可以争论是否出版领域的结构影响他们作品进步的程度，包括卡尔维诺所认识的许多其他作家的影响力。例如，《西西里岛的对话》最初是在杂志《文学》（Letteratura）上连载出现，或是抵达这样的程度：选择起源于他们的作者发现了一致的韵律，那几乎是他们呼吸的节奏。重要的是卡尔维诺"掌握"了它们，他们在短篇小说领域里大部分最棒的写作。他们拒绝了累加的结构、幻想和安慰，保持了他们对书面语言的信任。

蒙塔莱的印记穿越了所有这些，给卡尔维诺留下最主要潜意识的存在。对于一个已经成年的、可以阅读蒙塔莱《墨鱼骨》（Ossi di seppia）的年轻人来说，免不了"将韵律和伦理学看作是共生的[《孔蒂尼》（Contini），第6页]"。卡尔维诺在1953年宣称，"如果都灵吸引了我，那是因为市民和它的端庄，而不是因为它的文学和气氛[《书籍2》（Saggi II），第2705页]"，崩溃发生在卡尔维诺式的文学思想、伦理和城市的存在中。他于1959年的声明，再一次强调被公认的民族精神和创造之间联系的重要性。

> 我们年轻的诗人是埃乌杰尼奥·蒙塔莱。除了独特和内在的本质是我们的出发点，他的诗歌风格紧密、坚硬、执拗和故

事本身没有关联。他的世界无情、枯燥、冷淡、消极，没有幻想，让我们在其中坚实地扎根……他教我们去贴近每件事物的骨头；他教知我们，我们能确切感知的事物很少，我们必须感觉到深刻痛苦的时刻追随；他教授我们要恬淡寡欲。《意大利当代小说三潮流》（*Three Currents in the Contemporary Italian Novel*），《石头之上》，第48—49页。

确定的风格是生活和文学不可分割的特点，它成为卡尔维诺的原则，从来不容否定；它标志着各种各样的阶段，从他的写作生涯开始，自始至终，卡尔维诺建造了他的世界。①

在新现实主义与困惑之间

阅读和写作是至关重要的，是卡尔维诺一直保持的习惯，对于很多作家亦是如此，即使是那些吵闹着喜欢口头赞美的人。自传体的备注看起来对卡尔维诺更为重要，他所描绘的自画像是一个沉默寡言的人，他的健谈和表现力的缺乏，很快在写作语言里找到了它们独有的媒介（《巴黎隐士》，第206页）。他总是小心地保持口语表达，用独特的方言，保持着一个安全的距离："在我所写的语言里，不再和任何口语的方言有关系，除了经过记忆过滤的"（《巴黎隐士》第207页）。一个作家始终被期待着，他的人物角色找到各种方法通过非常规的媒介去传达。比如塔罗牌和国际象棋，在他们

① 关于这个主题，见尤金尼亚·波利切里（Eugenia Paulicelli）热心的评论，关于另一位20世纪的作者，纳塔莉娅·金兹伯格（Natalia Ginzburg）。

被神秘的失语打击之后。

一如早前的建议，卡尔维诺最初的短篇小说，介于1943年到1949年之间的作品，经常是实验性的，突袭各种不同的写作和叙事模式，体现他多品类的阅读。它们涉及寓言到生活。但是在卡尔维诺最好的作品中，他的声音更加自信，散文坚持与蒙塔莱的《墨鱼骨》（1925年）和《偶然的诗歌》（*Le occasioni*，1939年）的旋律产生共鸣。那种旋律已经深深地扎根记忆，至少保持到60年代中期。如果蒙塔莱的诗歌有叙述的才能，调和了传统上的意大利抒情诗难以达到的高度，卡尔维诺的散文则以他与众不同的措辞，合并了诗歌的模式，它是朴素与高雅的。古典的七音节和十一音节频繁地出现在卡尔维诺的叙述中。在其他时候，他们给予了音乐的轻盈一个开放的故事，或者带给某个故事梦一般悬念的终止。《短篇小说集》里那些不完整的目录所能提供的例子也是数不清的，那些台词和它们极其有效的重读和韵律模式，展现了诗歌技术。它们经常包含各种修辞手法，通感的笔致，形容词的三和弦和非常频繁谨慎地押头韵 [1]：“他用易变的眼睛焦急地看着”（《短篇小说集》，第10页）；“清晰的石头影子环绕在底部”（《短篇小说集》，第10页）；“一艘慢行的帆船正在驶过它身旁”（《短篇小说集》，第24页）；“水中充满了海藻”（《短篇小说集》，第13页）；“他们用失明的双眼向外望着”（《短篇小说集》，第27页）；“麻雀尖叫着向上飞/然后沉默着返回/那是一个被抛弃的花园吗？”（《短篇小说集》，第31页）；“他们到达了边缘。它由蓝色的瓷砖建成/满是清水”（《短篇小说集》，第31页）；“冰冻的、纯洁

---

[1] 这里的目录首先是在意大利被规定，因为重点是意大利的韵律、作诗方法和修辞手法。

的白色和鸣叫"（《短篇小说集》，第39页）；"没有人曾经知道它"（《短篇小说集》，第40页）；"他认为他杀了我，但是我还活着"（《短篇小说集》，第51页）；"一条鲑鱼的后背闪着光，摆动着身体浮出水面"（《短篇小说集》，第52页）；"空气温和而明亮，就像是清晨"（《短篇小说集》，第53页）；"或许它是一个三月好斗的年轻人。一次射击/击倒"（《短篇小说集》，第55页）；"那声啼叫回旋/慢慢地"（《短篇小说集》，第56页）；"一个古怪舞台的翅膀"（《短篇小说集》，第57页）；"开采的草地忍受着死亡"（《短篇小说集》，第58页）；"赤裸的墙，陡峭的岩石"（《短篇小说集》，第71页）；"一个长长的狭窄洞穴"（《短篇小说集》，第72页）；"之后，海浪悄悄地到岸上，没有泡沫"（《短篇小说集》，第314页）；"因此我们到达口岸，有海"（《短篇小说集》，第384页）。

相当合乎逻辑，没有诗学的韵律在任何"新现实主义"的短故事中出现，但却是那些效仿摩拉维亚的样式。回归至"猫和警察"，它们在故事中变得非常频繁，有马可瓦多作为主人公的人物素描。某些早期的主题特别明显：《一个下午，亚当》《没有人曾经认识它》；故事的最后一句被重复，《最后到来的乌鸦》（*Ultimo viene il corvo*）。卡尔维诺在他的散文里所表现的关于韵律最清楚的例证之一，来自《树上的男爵》（*Il barone rampante*）的结尾部分。句式有张力的颤动，段落变成了诗歌：

天空是空的/对于我们/奥布罗斯的老人们/习惯于在那些绿色的天篷下生活/看着它们会伤害我们的眼睛……奥布罗斯不再

存在/当我看着清静的天空，我怀疑我是否真的曾经存在过/……
别的一切都藏于它们蓬乱顶部的掌心/那些荒凉的树来自沙漠
（第87页）

采用的韵律本身将是一个空壳，不能够从词典的语境和从图像与主题中提取，那对于它将会是严密的限制。就语境而言，卡尔维诺表示他没有兴趣参加先锋实验。在他的意大利文学生涯中，选择当然不是普遍的。他表达的成分总是很标准，尽管绝不迟钝、单调或陈腐。卡尔维诺开始反对意大利语言的扁平和衰弱的斗争愈加激烈。当它们被无能的人在官僚机构和媒体中所用的时候，他用形容词描绘作者的写作，这些年来他珍视稳定，从蒙塔莱的词汇里借鉴：坚硬、执拗、枯燥、岩石一般。关于名词也是一样，他挑选出来，隐喻地给文学的价值下定义：骨骼、土壤、岩石、峭壁、根基、干燥、恬淡。

这并不令人吃惊，卡尔维诺大部分短篇故事中的常用词汇将会聚焦于早期蒙塔莱所用的关键词：石头、岩石、峭壁、悬崖、海藻、龙舌兰。在卡尔维诺更早期的生涯中，他借鉴很多喜爱的诗歌图像。例如，来自蒙塔莱"人造大理石"的回音，出现在《最后到来的乌鸦》中，年轻的模仿者们在使用的时候多了一些矫揉造作。蒙塔莱的经典十一音节诗句"水的结晶是不安的，犹似与金刚砂相碰"（《墨鱼骨》）变成"河流的涌动冲刷着寂静，如同金刚砂"，（《最后到来的乌鸦》，第30页）。这种意象使卡尔维诺着迷，始终对他起作用，直到他生命的结束。在《一个名字，一个鼻子》（*Il nome,il naso*）中，他更加恰当和轻松地再次写道："信上一半的字被裹挟着金刚砂的风抹去"，（《阳光下的美洲虎》，第7页）。

伴随着实践和体验，借用变得更加精细和复杂。在标题引用的初期，度量的模式和十一音节诗句连同各种重音一起，服务于前景的设置、象征的存在，神秘的感觉清晰地诱发出了蒙塔莱的气氛。生物和图像亲切地让读者感到蒙塔莱的返回：软体动物依着于海的岩石，在阳光充足的干旱下午眺望大海，在地中海最炎热的正午花园，在利古里亚海岸崎岖的海岸线，还有家里驯养的动物（蟋蟀、青蛙、螃蟹、鱼、蝉和蜘蛛）。两幅图像清晰地从现代主义的传统慢慢渗入进卡尔维诺的世界，通过蒙塔莱诗歌精巧的影响，孩子们在街上专心致志于他们的游戏，靠近水（雨积下的水坑、小溪或大海），偶然的一个像小丑般乡下人的出现，他紧握现实的方式经常是实验性的。20世纪意大利的诗歌和小说里小丑的形象，在先锋之外取得了更多朴素和普遍的特征：通过矛盾的刺激，来自马戏团或舞台的角色已经成为一个笨拙的、迷茫的个体，进入了相反方向。比如，他留在了卡尔维诺作品的内部。

对于蒙塔莱而言，那些图像是"引起"朴素叙事诗歌固定于生活现象的观察，在卡尔维诺的诗歌叙述中，找到了意气相投的环境。自然图像是蒙塔莱最喜爱的隐喻描述写作的本质和力学，完全地向卡尔维诺重返，玩耍一般成熟和详尽，很可能是在无意识的模仿之中。蒙塔莱说道：

在我面前将会有一块未经碰触的雪地……
……我将快乐地在那洁白之上阅读
岔道黑色的标记

就像一个基础的字母表

——《墨鱼骨》之《近乎白日梦》（*Quasi una fantasia*）

收录在《诗集》（*L'opera in versi*），第18页。

在卡尔维诺的几篇文章中，也写到获得了根本的品质，成为丛林 [《树上的男爵》的结尾和《短篇小说集》中《一个诗人的冒险》（*L'avventura di un poeta*）]、螺纹球[（在《石头之上》中《第一人称手中的笔》（*La penna in prima persona*）]，或者是野兔的足迹[《马可瓦多》（*Marcovaldo*）之《圣诞老人的孩子们》（*I figli di Babbo Natale*）]；一个黑色象形文字的迷宫，对阵一个白色背景创立的古怪变奏曲，传统的写作图像是在白色之上的黑色图案。笔迹的诱惑，作家对于"技术"神奇力量的爱的必然结果，就是写作转变成卡尔维诺文本中具象的游戏，再将敏感的生活和文学重新连接。

蒙塔莱世界的视野对于年轻作者的影响，最明显的迹象追溯到1943年创造性的插入，卡尔维诺实际上对于1923年蒙塔莱的诗歌做了一种散文式的翻译。文体的选择是十分重要的，不仅因为它的主题和它为卡尔维诺所建立的明显魔力，而且因为在1976年的时候他返回到它，并且给了它第二次的、更加熟练详尽的"阅读"。这重读是珍贵的指示，对于卡尔维诺的读者具有十分的重要性，诗歌作为他的艺术感觉和他坚定不移的诗学想象，也证明了在卡尔维诺的领域里一种新格式的出现，和蒙塔莱有所不同。这是蒙塔莱完整的诗歌：

或许，某天清晨，进入干燥的水晶空气里

我将会转过身，看到奇迹的形成，在如醉的恐怖中：
虚无在我身后，空虚在我身后。

那时，好像在一个屏风之上，树木房屋山峦将会反射向它们的位置。

为了熟悉的幻觉。
但是那将太晚了；我会走下去，不置一词，
在一群不会转身的男人中间，带着我的秘密。

三篇文章，一篇来自蒙塔莱，两篇来自卡尔维诺，以第一人称讲述了经历的回响。蒙塔莱被投射进一个可信的未来。同时，卡尔维诺1943年的"手抄本"完成在某个特定的过去。他在1976年的艺术自传里分析、复述了一个重要的遭遇。那恐怖的激发显示，没有其他人看到像马格里特（Magritte）那样的特质存在于蒙塔莱的作品中。当以诗人的视角回望时，奇迹或许会发生，沉默的人沿着平行线进入远方，没有回头。全部迅捷的闪电片段将发生在早晨"干燥的水晶"光里面，它提供了固定和精确，而且有超现实主义想象力的曲调。从此，讲演者的惊骇被清醒地启发，令人震惊。返回到日常的景象之中，房屋、树、山峦将一筹莫展，对于清除由空虚和虚无的意识所造成的恐怖和孤独的感觉。

卡尔维诺1943年的文章富有洞察力的标题为《闪电之光》（*Il lampo*），[《黑暗中的数字》（*Prima che tu dica pronto*），第18—19页]，其引进了一些重大的变革。尽管蒙塔莱的《可能》（*forse*），困惑和怀疑的表达[见萨沃卡（Savoca）的蒙塔莱用语索引和《韦斯特》（*West*），第57—66页]将时常呈现在成熟的卡尔维诺的文章中，在这里不作考虑。卡尔维诺文章的开始有着更简单的叙事功能，因它间隔着那置于过去的经历，就像寓言或一个短的电影序列："一次，发生了……"。讲述者发现他也和荒谬的世界有关联，在一个存在主义的血管里面，那角色，代替了接受沉默和高雅的行为，就像蒙塔莱，在某种程度上的表现方式让人想起皮兰德罗（Pirandello）平凡的主角，笑声、呐喊、打手势，引起旁观者的注意。在蒙塔莱的文章里，人群是冷漠的，就好像主角是无形的，完全持有经验和令人不安的个性。而作品外的卡尔维诺，是畅谈的，即使对方是敌人；主角终止道歉，为他的"错误"。各个方面都是卡尔维诺式的，人被世界根本缺点的揭露所打击，想要和人群进行一场对话，他想要解释发生了什么，但他再不能说。他的沉默不是来自蒙塔莱的储备，被重要的经历诱导，混合着一种独特性的自豪，还有对粗心的人类同伴的同情，但来自粗陋——"伟大的启示有几分被耗尽"（《韦斯特》，第19页）——神秘地销声匿迹。卡尔维诺文章的最后显示一个重要的转入，于世界的美景。第一件事，正像蒙塔莱的诗歌，"已经回到了它习惯的位置……然而来自它，给我的不是安静而是痛苦"（《韦斯特》，第19页）。叙述者在奇怪的自贬模式中观察他的经历被珍视。他盼望夺回惊世骇俗，并且配得上与众不同的"智慧"启示："直到现在，每次我不明白有些事（那是经常的）……我希望……我再次一无所知，为了抗议我已找到和失去的智慧，在完全相同的瞬间（《韦斯特》，第19页，重点强调）。"

1976年，对于他所崇敬的蒙塔莱的80岁生日，成熟的卡尔维诺做了什么？他返回到了相同的诗歌，把它置于"我的记忆之书"之首，借鉴了但丁的表达方式。他说到，18岁的时候，他记住了蒙塔莱的诗歌，除了那些他在学校所学到的经典之外，它们已经成为他有意识和无意识的一部分。在1976年，卡尔维诺的学习重点是蒙塔莱的词汇：他向诗人致敬，通过借用他的表达和精密分析他语言的选择、声调重音和押韵。他所选择重读的文章带给他的不是怀旧之情，而是第一次阅读的新鲜。他极具洞察力地解释了这样的事实，即在他记忆里的"树木、房屋、山峦"已经成为"人群、房屋、街道"，伴以同样的"错误"，明显出现在1943年的移植中。对于卡尔维诺而言，经验不是孤独的，它有城市景观和人群作为背景，和叙述者有潜在的对话，但它们是敌对的。对于他，"'这些不回头看'的人们的存在，暗示着行人的到来和出发……（和）世界的消失……城市的消失，但不是自然的消失"[《为什么读经典》（*Perche leggere i classici*），第259页]。

卡尔维诺关于梅洛-庞蒂（Merleau-Ponty）文章的评论，空间主观经验从客观数据中分离，他对多样的、线形的观察，以及均衡的运动关闭了蒙塔莱的诗歌，它本应值得我们更深一层的关注，但是对于我们的用途只是一个必须要做的附加评论：蒙塔莱看到无形的屏障，它总是横亘在诗歌和世界之间，作为一道防护的屏障，某种玻璃铃声保障了一种分离但清晰的幻象。蒙塔莱说，首先，晶体表面不能被打碎，违者会受到处罚，人类的幻想将被终结，那纯粹代表的现实将被取消[《诗集》（*Sulla poesia*），第88页]。另一方面，卡尔维诺重申，"奇迹"是一种近似恐怖、刺激和晕眩的经验，也是一种发现和被渴望事实的第一瞥，实际上是因为它破坏了习惯感觉的"谎言"（《为什么读经典》，第262页）。

在对蒙塔莱冗长的分析中，卡尔维诺所运用的词汇"玻璃的空气"是蒙塔莱的凝结和卡尔维诺的动机。冷淡、清晰、轻盈、透明、魔幻、自信的坚硬，具体的定义蒙塔莱的音调为一种媒介，伴随它的精确，表达了紧张和平衡的感觉，在"空中悬浮"的感觉（《为什么读经典》，第260页）。在这些诗歌主题的挪用中，我们找到了卡尔维诺创世纪的对于"无形"的搜寻；但对他而言，这看不见的多样性逃不掉地束缚于"有形"。那些措辞的论证定位了这样的事实：卡尔维诺的写作取道已经和蒙塔莱有显著的分离。早在《宇宙连环图》（*Le cosmicomiche*，20世纪60年代早期），《交错的命运之城》（*Il castello del destini incrociati*，1969年）和《隐形的城市》（*Le citta invisibili*，1972年）。一方面，在他们对于光的钦佩和水晶的坚硬之间，塔罗纸牌的玩家Qfwfq和马可·波罗难以抉择；另一方面，是他们对于晶体世界固有的恐惧。世界对于他们好像是不确定的构造，充满了矛盾和模糊。卡尔维诺倔强的乐观叙述，通过更多的人最后被发现，"真实的命令携带着它本身内部的杂质和破坏"[《零》（*Ti con zero*）之《晶体》（*I cristalli*），第45页]。那是为何卡尔维诺的小说倾向于优待城市社区的部分，它是所有人文素质精致的混合物，而不是一个孤独的、缩减的和更平庸的"世界"。

卡尔维诺1976年的文章记录了他所关注事物的演变。他从一个小的蒙塔莱的引证谈及人类想象力的特征，正如他开始写他的《帕洛马尔》（*Palomar*）：

> 实际上，我们所看到的意象并不是眼睛的记录，也不是在眼中有它的原点，而是一些彻底发生在脑中的事情……（和）仅仅是在大脑的范围里取得的形状和意义。范围是屏风，在那之上，影像闪着光（《为什么读经典》，第267页。重点强调）。

他提醒我们，通过变化的技术影响写作，已经造成了由戏剧到电影隐喻的转移。他也强调了冥想的重要性，他通过蒙塔莱诗歌结尾韵律的微妙变化，提出了建议，关于此，我愿意证明，它将会通过卡尔维诺关于《帕洛马尔》[《帕洛马尔先生》（*Mr. Palomar*）]的文章演变并行。如果我们想证明卡尔维诺艺术旅行的连贯性，这种连贯性在所有主要艺术世界的中心，这些"蒙塔莱式"的文章将会服务于主要的支撑材料。

这意外碰到的奇迹在每一天的生活中和启示中，像是突然的一个简报，属于一种分歧和孤独，必然地创造悬念，导致关于世界出现可靠性的怀疑[1]，而且造成了一种来自"现实"的疏远，一种态度，在观念上适合于分离观察。卡尔维诺的人物角色之一称它为"一个和世界之间谨慎的、受限的关系"（《短篇小说集》，第350页）。那种距离是想象必要的根源，存在于所有作者的中心。如果我们回到蒙塔莱的《人造大理石》，世界通过透明的水观察，大海的底部隐匿着令人不安的事物："他看着世界能够被一瞥到底，它的轮廓扭曲，犹如在镜头之下（《墨鱼骨》，重点强调）。"卡尔维诺反复地运用了蒙塔莱镜头的隐喻、扭曲，尽管它让视觉更清晰。但是他操纵了它并改造了它。谈及赞成契诃夫（Chekov）的小说，他运用了巧妙的辩论语气，当他写到文学被期待去看世界，通过"一个清楚的镜头，不隐瞒我们世界任何的消极面，但是不会产生我们被他们打败的感觉"（《石头之上》，第27—28页）。同样镜头的图像经常履行着一种符号功能，卡尔维诺以各种各样的封闭

---

① 韦斯特（West）：高雅地分析了一个包含所有怀疑的表达，在蒙塔莱的诗歌中，在诗人作品的每一个点。

形式在世界含糊的强调下提供他的叙事。一些例子可见于《大鱼，小鱼》（*Tesci grossi, pesci piccoli*）、《阿根廷蚂蚁》（*La formica argentina*）、《一个游泳者的冒险》（*L'avventura di una bagnante*）和《一个诗人的冒险》（*L'avventura di un poeta*），且我们可以举例，几篇他早期的文章保留了其他的章节和一些对后期作品的考虑，诸如《帕洛马尔》。人们可以说，卡尔维诺理解世界负面事物的敏锐，不能抹去他有活力记忆的意识和幽默感，他曾在史诗中、在骑士精神的故事中、在冒险中和属于早期文学传统的旅行故事中找到它，作为一名年轻读者，那让他着迷。

因此，对于循环韵律的训练、词汇的选择和想象、一些主题的模式方面，蒙塔莱的诗歌找到了在卡尔维诺作品中的批评以及一个转换的存在。其中，那些主题提供了关于复杂关系的一个理想范例，束缚了两个作家固定的主题。它的标志对蒙塔莱来讲是龙舌兰[《海岩上的龙舌兰》（*L'agave su lo scoglio*），《墨鱼骨》]。在一种完全矛盾的方式中，固定是它的来源、久经运动的渴望，也是不朽的保证。它是那些"只在地球上保持的选择"[《墨鱼骨》之《假声》（*Falsetto*）]，也是对于宇宙的哄骗抵抗的象征，透露了它的冷淡和空虚。一个固定的植物或动物，文章拒绝幻想的信号，是在多岩石的海岸严酷的栖息地。对于论及它的诗歌而言，蒙塔莱那里无疑增添了高贵。那些相同的标志出现在卡尔维诺的小说中，他的植物和动物的世界更加丰富，更加地拥挤和古怪。[①]在蒙塔莱那里是孤独的个体（鸟、植物、鲜花、昆虫或鱼）作为诗歌的焦点；在卡尔维诺这里，则是自然的世界充满了生物，同时严厉地置于科学的

---

① 只有《来自阴暗面》是完全空白的。

分类和感觉中，用它们特有的颜色、形状、声音和气味描述。首先基于想象，卡尔维诺的主题在之后扩展了它表达的范围，沿着叙述的航线。在《树上的男爵》中，科西莫·迪·朗多（Cosimo di Rondo）"扎根"在树上，静态的简单图像在一个固定的领域是成熟的，透过复杂的概念，那是小说。那种"根深蒂固"有助于详细描述一个悖论：科西莫的生活实际上变成了一个彻底流动性和热情的公共关注的榜样。一些高贵的西班牙人的特性描述，也同样束缚于小说中的树上生活，并提供所需要的对比；他们和科西莫不同，不能改变他们进入自由的限制，而是去适应他们被迫停滞的狭隘。

蒙塔莱充满诗意地精心制作戏剧，通过他早期的版本处理，对战斗的渴望和世界的不协调造成的停滞，以及对污染的拒绝之间的冲突。那主题对于卡尔维诺式的变化是一个出发点，1959年，在一次长期而多产的危机阶段结束的时候，卡尔维诺写成了《不存在的骑士》（*II cavaliere inesistente*）。骑士阿吉洛夫（Agilulf）为他着迷的存在欲望感到为难，他坚定的信仰是不变的国家——即使它并不存在——胜过任何其他，他厌恶每一件有缺点的和变化的事物。阿吉洛夫可能是一个滑稽的、拙劣的描述，关于"与世隔绝的人"，他鄙视生命的混乱，恐惧于（尽管他渴望）和人类之间的受到污染的接近。卡尔维诺的文章嘲弄，同时理解人类渴望命令、确定和持久。另一方面，存在主义的混乱和变化，体现在年轻的拉姆巴尔多（Raimbaut）身上。他是一个有抱负的骑士，永远易变和热情，但是也永远被他自己的欲望和世界混乱的惯性所出卖。小说变成了嬉戏的一个二元幻象的战场，通过幻想和阿吉洛夫的侍从古尔杜鲁（Gurduloo）的人物丰满存在，得到加强。最后，小说以恰

当的方式、文本和它的叙述者——修女/战士多罗西亚/布拉达曼泰
（Bradamant），赋予了布拉达曼泰胜利，也许他是有瑕疵的，但他
是人类完整的、爱和性、一致和不一致、热情和决心的混合物。正
如卡尔维诺在一次沉思的时刻所说：“比起不采取行动，行动对我
而言总是更加合我的心意；倔强比顺从更加适合我，特殊比起日常
更加适合我（《石头之上》，第56页）。”那声明清晰而准确地富
有创造力，是我们要关注的。

从对话到潜台词

毫无疑问，蒙塔莱的著作对于学科是重要的，甚至是关于空虚
的意外发现，直到那发现被发言人的意识所隐藏，空虚的发现潜伏
在世界虚幻的风景后面，提示“不是一个分解的含糊感觉，而是有
感知的模型建设”（《为什么读经典》，第263页）。詹弗兰科·孔
蒂尼（Gianfranco Contini）聚焦于蒙塔莱所运用的技巧，以此作为
一条线索去理解诗人和认知的关系：“命名的事物，事实是一个狂
暴的命名……过度拥挤的印象……是欲望的表现，把某人对世界的
认识运用到实践中去”[《孔蒂尼》（Contini），第11—12页]。同样
的修辞手法对于卡尔维诺的读者来说是非常熟悉 ①，即使是在他的
早期作品中（《一对夫妻的冒险》《一个诗人的冒险》《宇宙连环
画》中各种各样的故事）。但是在卡尔维诺的著作里没有那样的感

---

① 德·瑞提斯（De Lauretis）在一篇早期的文章[《叙事话语》（Narrative Discourse），
1975年]中，论及如博尔赫斯（Borges）《混乱列表》（enumeration caotica），但是卡尔维诺对于
列表和计数的强烈爱好要更早、更多样性和原始。

觉，对世界的拥有只能受潜在的命运支配；动力，而不是沮丧和挫折感，伴随着人们去理解世界的尝试。

当蒙塔莱的《风暴》（*La bufera*）在1956年出版，"长年下降的感觉，物质现实的分裂，消失和损耗" [《阿尔曼西》（*Almansi*），第46页]，已经呈现在蒙塔莱的早期作品中，愈演愈烈。最引人注目的《简短的遗嘱》（*Piccolo testamento*）和《囚犯的梦》（*Il sogno del prigioniero*）告知读者深深的绝望，微弱的诗歌之光，看似流出了历史和生命的黑暗。对于知识的渴望持续着："去了解，那依赖什么？尽管为何陈述避开我们……每天深刻的功课，最高难度的美德" [《诗意的工作》之《拜访法丁》（*Visita a Fadin*），第217页。蒙塔莱重点强调]。表演者的付出是巨大的，什么是最重要的，努力的成果被一个只属于个体的意识终止："我梦到的礼物/不是为自己，而是为大家的礼物/只属于我" [《诗意的工作》之《周年纪念日》（*Anniversario*），第264页]。对同一年代和晚期的卡尔维诺文本的阅读，在两个作者的世界视野之间，测量了扩展的距离，将会提醒读者卡尔维诺的感知，及对这个含糊世界嬉戏的拥抱，他顽固地追赶着我们在生活中共同的分享。

在20世纪50年代，卡尔维诺创造了他最著名的人物角色之一——马可瓦多，一个可爱而平凡的主角，在一个被动的出于正当防卫的敌对的环境里，被迫制定详尽的生存策略，[《比亚辛》（*Biasin*），1985年，第79页]。马可瓦多的拒绝彻底被击败，平衡了文章中对安慰幻想的缺乏。怀疑和固执共存。那失去自然的完美"遗忘秩序"困扰了蒙塔莱的记忆[《融化，如果你希望》（*Dissipa tu se lo vuoi*），第59页]，被卡尔维诺从未存在的声音叙述着。马可瓦多对于亲切自然秩序的乡愁是幽默的，有几分感伤的怀旧，对于城市的居民而言，表现为对平庸文学的盲目崇拜。恰恰是马可瓦多的故事，详细描述了像迷宫一般的城市所有概括性的主题，卡尔维诺开始发展一个关于人类存在的新隐喻。那隐喻、迷宫，将宣称他的小说和随笔多年以后的到来。它是来自蒙塔莱和卡尔维诺的一个主要转移、失败和崩塌（对于措辞的频率，在蒙塔莱那里，诸如塌陷、崩塌、滑坡、崩溃），[《萨沃卡》（*Savoca*）]。同时，这些措辞唤起了混乱，引起了情绪反应，迷宫是理智的构想。它可以被分析，是对想象逃逸的固执囚徒的挑战。恰恰因为它的目的是防止逃跑，以一个耀眼的悖论，迷宫暗示了它。蒙塔莱也坚持诉说禁锢和逃走的渴望[见《阿瓦列》（*Avalle*），第103—104页]，但是，在卡尔维诺的世界里没有蒙塔莱"奇迹般"的一个囚犯可以被期待。在卡尔维诺的作品中，人心会独自表达自己，反对消极和现实的沉重，以全部的形式给轻盈创造了空间。沿着钢笔摹写的蔓藤花纹，发生了特别的逃逸，因为写故事和讲故事的行为是游戏、几何学和概率的结合①。时间适应着卡尔维诺传奇的故事、对立面的组合和充满悖论的部署。

同时，蒙塔莱20世纪六七十年代的诗歌继续探索最遥远的怀疑和虚无的边界。在《墨鱼骨》中，诗歌《阿塞尼奥》（*Arsenio*）给矛盾修辞法下了定义，反对暗示死亡的、固定的、不顾一切的斗争。蒙塔莱的台词诱发了马拉美（Mallarmean）的想象，天鹅困在冰上，唱着它的死亡之歌："不变的离去/噢，太熟悉/狂热……固定"。《祭品》（*Satura*），出版于1971年，包含了一个对历史甚是

---

① 见《马可瓦多》（*Marcovaldo*）中的故事《圣诞老人的孩子们》（*I figli di Babbo Natale*）最后一页。

荒凉的否认 ①，再一次地委托给矛盾修辞法："你知道这动作/不同于停滞/满是空虚，一个明朗的天空/最广阔的云彩。"[《诗意的工作》之《齐妮娅》（*Xenia*），第294页，第14行]。

对读者的绰号，莫斯卡（Mosca），是可怕无聊的日常生活的隐喻，对于诗人蒙塔莱所知道的艾米莉·迪金森（Emily Dickinson）而言，它是一个熟悉的主题。越过私人领域，诗人只看到宇宙的衰退和工业荒地的扩大，被物体包围[《阿瓦列》（*Avalle*），第105页]。此外，对政治的失望提示蒙塔莱对人物角色的表现是牺牲的绝望，导致了不满的自我隔离。世界的知识被打败，被绝对不可测的现实要求所侵蚀[《卢佩里尼》，第192页；蒙加尔多的《传统》（*La tradizione*），1975年，第28页；《西部》（*West*），第113页]。诗歌的世界被再次关闭，只有很少的快乐能够分享，蒙塔莱最初的记忆只好返回到一个丢失的童年天堂。

蒙塔莱的"丢骰子"，变幻莫测，能够被其他的声音铭刻在另外的世界，远离蒙塔莱的光年。当变化成为失败的前兆、挫折和沮丧的来源，它也包含了一个令人惊奇的邂逅和意外珍贵的承诺。1970年，出现了《艰难爱情》（*Gli amori difficili*）的新版本，卡尔维诺对他自己的小说定义是对"沉默的核心"（《艰难爱情》，第9页）和"生存痛苦"（《艰难爱情》，第14页）基本的探测。来自蒙塔莱的引用甚至是太直白了，但是卡尔维诺的评论尖锐地修改了好争论的声明范例，蒙塔莱使用抽签来决定他诗歌的领域："对于卡尔维诺，这种沉默的核心不仅是消极的、不能从任何的人际关系中被淘汰，还携带着珍贵和完整的价值。"很明显，这表明卡尔维

---

① 对于这个主题，见卡普里（Carpi）和巴贝利-斯高瑞奥提在《蒙塔莱读数》（*Letture montaliane*）中的论点，分别见第165页和第283—296页。

诺和蒙塔莱的对话已经成为了一个潜台词：蒙塔莱的文本同时是一个必要的呈现和暗藏的批评对象。

两个主题常数证明着那潜台词：大海和城市。如果利古利亚的海洋提供了一个背景和一组写作的隐喻，对蒙塔莱和卡尔维诺而言，也体现了他们两人完全不同的视角。对于蒙塔莱，海岸有着"贫乏的、粗糙的、引起幻觉的美"（《诗集》，第88页）。诗人朝着暴风雨或平静的水面，从悬于海上的一块利古利亚岩石、一个被小岛遮蔽的点望出去。地中海，同时是父亲和母亲的，是诗人凝视的焦点。但是卡尔维诺对地中海的描述是立体的，"泰尔佐·拉托"详述了人类的风景并且提供了它的深奥；它是几何学愿望的担保人，标记着返回某个城市的路径①。卡尔维诺的人物角色经常出现在海上，他们面临着在海洋深处存在怪物的启示，可他们的眼睛却倔强地转向陆地，面朝田野、树木、村庄和城市。对于卡尔维诺而言，有共存，也有矛盾，在蒙塔莱的理想城市中，"玻璃的城市在强烈的天蓝色内部"（《诗意的工作》，第54页），那是真正的城市，是当代的工业城市。两座城市在经历和幻想中关联着，它们是彼此不可逃避的对立面。他们是人类唯一的栖息地和独特的成就，正如在《一个观察者的一天》（ *La giornata d'uno scrutatore* ）《马可瓦多》和《零》的文本里所显示的，同时在《隐形的城市》（ *Le citta invisibili* ）中显得更加丰富。

---

① 随笔《大海是第三维的》（ *Il terzo lato e il mare* ）。

文学的悖论

卡尔维诺在诗歌分析中，蒙塔莱式地发现和回望了他身后的虚无，他感同身受地深刻回应了对于"紧张和沮丧"（《为什么读经典》，第261页）的感觉，一个"由所有控制点的消失而造成的晕眩"（《为什么读经典》，第262页），建设了一个对阵双重危险的认知模型的需要："无用的图像和虚无"（《为什么读经典》，第264页）的外观；那创造了对他而言难忘的对蒙塔莱诗歌的阅读，对于那些写作的特性，他在后期将会大量细致地列出，作为《新千年文学备忘录》（*Lezioni americane*）的标题：轻盈、迅速、精确、明显、多样、小心谨慎地平衡[《读蒙塔莱》，第38页]。

然而，有种悖论纠缠着他。1969年，在他写《隐形的城市》之时，他写了关于诺思罗普·弗莱（Northrop Frye），《批评的剖析》（*Anatomy of Criticism*）意大利译本的评论，他在其中宣称这本书的原著他更早就有阅读，译本必须呈现英语原作。就像他说的，"我们从为我们服务的每一本书中提取"（《石头之上》，第195页）。他特别受弗莱关于城市的定义所打击，把它作为象征，作为对矿物世界固定性的人类诠释[弗莱，《解剖学》（*Anatomy*，1971年），第141页]。他推测，变化已经发生在价值观和语法中，那构成了人类和世界的关系。文明作为人类全部自然的模仿，是迷住卡尔维诺的一个概念，但是更多的是涉及到弗莱文本的反思。一方面，他在学者的文本中找到了一个受欢迎的修辞元素，关于文学和科学论述之间必然的联系，关于文学的内在价值："语言的全部结构及今后文学、科学或哲学的概念，在一定程度上是修辞学，修辞学原理文字结构的自由是一种错觉"（弗莱《解剖学》，1971年，第350

页）；另一方面，弗莱对卡尔维诺所做的类似探寻，属于对批评论的寻找，它将对文学经历的主要现象作出解释，在总体上界定了文学在文化中的位置 [弗莱《关键路径》（*Critical Path*），1971年，第14页]。作为一个人和一位作家，卡尔维诺的形成，需要本身超出工艺的成就和修辞技巧来作为结果。

> 从习惯于"历史的"观察，在人类活动的背景下确保文学的整合……我已搜寻了阅读的方式，但是他们内在的目标……没有填满遗留在融合地方的空虚（《石头之上》，第196页）。

弗莱对文学与生活之间关系复杂度的强调，意味着他对部分作家经历的分配值，尽管他的关注更加清晰于文学的内在价值："文学也通过假设的可能性赢利，虽然文学像数学一样，适时是有用的……关于公共经历——纯粹的文学，它有一种持续的关系，就像纯粹的数学，包含着它自己的意义（弗莱，《解剖学》，1971年，第351页）。"对于卡尔维诺，意大利的政治和整个星球的未来停留在他个人关心、困惑和幻灭的最深处。当他作为一个作家成熟的时候，他看到的是什么束缚了他给世界、给读者的文字，它们取代了文字出现以前的部落，仍旧是人们讲故事的才能、叙述思路的编织实现了留在纸上的墨迹。他对过去的继承是他所学到的功课，在1945年至1955年那重要的10年间 [1]：并非夺回一个失落的天堂或童年的神话，而是对群体、快乐和共享小说的重新发现。在卡尔维诺从60年代开始的写作中，给文学的悖论下定义和试图解决它是我们

---

[1] 关于此声明，见科尔蒂（Corti）的访谈，1985年。

的关注点，我们在此发现了它的核心。1976年，返回到更早的讨论，卡尔维诺写道："在我们称为人类的世界之中，作家被要求保证幸存。在那里，每件事情以非人的方式呈现着……论述的幸存者是人类"（《石头之上》，第290页，卡尔维诺重点强调）。人们适时地争论涉及可能称为后现代的可行性，事实是，才华横溢的卡尔维诺付出了他应归于后现代的敏感性，在《交错的命运之城》和《如果在冬夜，一个旅人》（*Se una notte d'inverno un viaggiatore*）中，作了艺术大师的精心展示。在一种可能崩溃的文化和一个充满活力的世界中，卡尔维诺的人物角色探索了那些作品，曾经不断加深怀疑，关于人类提供幸存星球的能力和实现知识的世界。但是他运用工具这样做了，其中的人物角色绝对可信，理由、语言和职业（熟练地工作），都被他安排在叙述故事的服务中。

　　人们提出辩论，卡尔维诺结束了后卫战斗，试图救援不再发生的事件，他称为"人类"，他对伦理学和语言学的概念风格的定义是绝望的。但即使是后现代的"职业"（bricoleurs），也不需要解释在哪里我们可以找到材料来为它们运作。卡尔维诺笔下最后的人物形象比以前人物形象更加迷茫，他们被疑惑弄得极度痛苦，他们却运用"人类狡猾的动机"（astuzia della ragione）取得第一要素提供给他们影响力，在抵达有疑问的知识领域的时候。为了实现目标，作者不排斥旧的技巧，他创造了精心的作品。他首先返回到经典的"从零开始"。然后，他依靠他的人物角色，未完成的感觉气氛和各种镜头，从眼镜到望远镜，再到机动车时代的后视镜[《读蒙塔莱》，第42—43页]，实现对认知的侵略；他运用了很多经过验证的修辞手法，以传达它们更进一步的沉思，在每一天的生活之中。

如果我们跟随时间顺序，对"帕洛马尔先生"这个人物的继续搜寻，是卡尔维诺所有作品的发动机。他是一个特别的花花公子，渴望从我们文化的二元游戏转入世界的连通性和宇宙的连续性。维多里尼和帕韦塞的模型已被长久留在身后，而蒙塔莱仅仅是隐匿的呈现，在另一个辩证法的阶段。如今读者能够更清晰地发现一种密切关系：在卡尔维诺的非英雄主角和陈旧的中产阶级男主人公之间，还有具备欧洲高度的另一位意大利作家，路易吉·皮兰德娄（Luigi Pirandello）。皮兰德娄在题为《一个，零和十万个》（*Una, nessuno e centomila*）①的小说中写了奇怪的文章，在他小说主人公的青春期，涉及这样一段情节：

> 当我沉思着，行走在乡下的时候，我发现自己迷路了：在一个偏僻遥远的地方，远离道路，在沉静中，被眩目的太阳弄得十分沮丧。我所经历的惊恐……是这样的：事物向我透露着孤独，远离所有人类的视野（第125页）。

皮兰德娄缺乏提示真实的发现，他的文本转向清晰的存在主义的方向，但是他熟练的角色对恐惧的反应，接近于卡尔维诺早期的英雄和帕洛马尔先生：他们以诙谐和不协调的方式，做出的反应谦虚而明显。实际上，我们认识到卡尔维诺笔下的大多数人物，不是皮兰德娄中产阶级平凡的主角，被无能、笨拙和无家可归所困扰。他们带着恐惧，沉思自己死亡的难题，被这样的信念所掌控：人在死亡面前的恰当态度是轻蔑的争论和滑稽的无礼。帕洛马尔先生的

---

① 小说出版于1925年，但是从1914年开始，皮兰德娄就一直致力它的创作。见《小说集2》（*Tutti i romanzi 2*），第1057页。

狡猾和文雅论述，不是表面冷淡和深思熟虑，而是戴着一副悲痛的面具，拒绝超自然的诱惑，然而，十分有限（《为什么读经典》，第273页）。代替（音乐剧）戏剧，正如在皮兰德娄的作品中，他的反应是幽默和讽刺，并且朝着无限的可能性开放。

卡尔维诺极其不朽的智慧，面临着大众文化的出现、消费的帝国主义，存在主义的痛苦坚持不加考察人类理智的可能性和创造的愉快。在卡尔维诺的成熟期，他视T.S.爱略特（T.S. Eliot）为20世纪最伟大的诗人，"恰是因为固执的无形讽刺，他掩饰所有的东西，那些他已经告诉我们的，通常一点也不诙谐"[《书籍2》（*Saggi II*），1684年]。

最后的遗嘱和证明

相信语言，特别是书写的语言，可能仅仅是在新时代，人们相信普遍真理已经被动摇的时候。对于卡尔维诺，必须共存的悖论、语言文学"有用"的概念和文学活动的自治是重新定义的："我所寻找的批判性阅读不是指直接的'外表'，而是通过探索什么是文本的'内部'，而找到一个开放的'外部'"（《石头之上》，第201页）。文学是自治的，但是扎根于文化和作者，作为一个人和一个公民，不是不需负责任的。

1977年，意大利的报纸上爆发了一个公共的论战。是否应该？或者是该到什么程度？一个城市公民有道义上的责任去赞同执行公共服务，当这样做的时候，对那个公民来说可能是危险的。在争论中，特别详细的实例，是红色军团在审判中一些陪审团成员的义务功能。蒙塔莱公开宣称对于服务的拒绝，恐惧是正当的理由，并引用了亚历山德罗·曼佐尼（Alessandro Manzoni）的《未婚妻》（*I promessi sposi*）中的一个角色，唐·阿邦迪奥（Don Abbondio）著名的言论来支持他的观点，他说："勇气，你不能强迫自己去拥有它"（《未婚妻》，第433页）。卡尔维诺也公开地对那声明表达了他的惊愕："我看到了危险的事实，我们最伟大的诗人实际是这样一个人，他在公众面前所处的位置值得我们去尊重，它鼓励我们追随唐·阿邦迪奥的伦理学"[《知识分子的勇气和怯懦》（*Coraggio e vilta degli intellettuali*），第8页]。在公民义务的问题上，有资历的诗人和成熟的作家——对于意大利的经济和社会状况，经历着同样深刻的失望——遗憾地分道扬镳。卡尔维诺再次宣称，作家的工作意义蕴含在语境中。作家，如同所有其他人，不能躲开与历史凌乱的关系，无论是与它构成怎样的联系。1970年，在《艰难爱情》的引言中，他也引用一位批评家的话阐明了：

> 一个人必须……注意到，几乎是以布莱希特的方式，无用的激动和渔夫工作的实际行动，怎样形成鲜明对比？作为一位诗人，他仍然只能在表象中找到意义。那给了我们故事不可思议的最后篇章，在写作中令人着迷的跟踪镜头，南方的村庄在太阳的照耀下被压碎，显示着它的触目。这里出现的教训仅仅超出揭发（《艰难爱情》，第16页，在原作中强调）①。

---

① 他引用自弗朗索瓦·瓦尔（Francois Wahl）："外国读者当中，已和意大利作家建立起真实合作批评的密切关系的人。"

尽管他们的分歧已经引发了具体的对抗事件，卡尔维诺仍然谈到了蒙塔莱的诗歌。1981年，在蒙塔莱去世的时候，卡尔维诺回到了他对诗歌无止境地"精确度的赞扬……对词汇深思熟虑后的选择，精确的使用术语，以确定一段经历的独特性"[《文学的使用》（*The Uses of Literature*），第286页]。卡尔维诺再次记起在那时蒙塔莱非英雄的英雄形象，他论及"一个旋转的世界被毁灭之风所驱动，没有坚实之地可以依靠。在那里，我们得不到帮助，但是独特的品行坚持在深渊的边缘"（《文学的使用》，第286页）。卡尔维诺献给蒙塔莱最后写作艺术的敬意是强劲的文本《一个国王的倾听》（*Un re in ascolto*），隐居的国王以一个神秘的"你"来作称谓："离开！逃走！游荡！"[《阳光下的美洲虎》，第78页][①]。痛苦的孤独，对于理解和连接的努力，诗歌强度的表现全部寄予卡尔维诺的"国王"，在蒙塔莱和塞缪尔·贝克特（Samuel Beckett）的角色陪同下，伴以十分卡尔维诺式渴望的额外魅力。

卡尔维诺自身的死亡是若隐若现的。他的《美国讲稿》（*Lezioni americane*）缺乏棱角，但充满了年轻的激情，令人惊讶。蒙塔莱最后留下的遗嘱，继续着封闭和荒芜，拒绝离开。站在文学平辈的边缘，面对着无以言表的希望和鼓励的信息——不琐碎，但是赋予些许幽默的高贵，不顾一切地竭尽全力——蒙塔莱不是这样的，但卡尔维诺是。《美国讲稿》描述了一个从未被抛弃的计划，作家对未来和文学的人文关怀，成为反抗、交流和快乐的最高形式。

---

① 见第二章第39页所引用的诗歌。

第二章
测量师 ①

眼睛四处搜寻，

意识研究，比赛，分离……

——欧亨尼奥·蒙塔莱（Eugenio Montale），

《墨鱼骨》之《柠檬》（ *I limoni* ）

一个分裂世界的观察者

在卡尔维诺的著作当中最有争议 ②的意大利主题之一，《一个监察员的一天》（ *La giornata d'uno scrutatore* ），上演了在第二个独立存在实体中，内在的矛盾情绪。"监察员"在这里指的是一个选举时的监票人，但也可以象征地把眼睛热情地盯在有趣事物上的一些人 ③。尽管这个词第一次进入卡尔维诺的词典，被描述为"扫

---

① 本章是我在几次专业会议上所阐述概念的再次详述。

② 它的现实主义使前卫的批评家们感到不快，它对于小规模选举政治的反思也使处于政治立场双方的评论家们感到不舒服。

③ 1996年，此手稿被完成之后，马尔科·贝尔波利蒂（Marco Belpoliti）的一本重要的书出版，名为《卡尔维诺的眼睛》（ *L'occhio di Calvino* ）。作者在书的序言中说："这本书将会告诉我们卡尔维诺意识之眼的故事，他不可压制的阅读世界的愿望，随着一个'取之不尽的表层'"（《卡尔维诺的眼睛》，第12页）。我的随笔反而聚焦于对卡尔维诺笔下人物的分析。

描"的行动，已经成为卡尔维诺小说和散文的主要特征，并将会保持到他写作生涯的最后。他的主人公通常是观察者，专心地检查和观看围绕着他们的这个世界，为了明白它们和自身。皮恩（Pin），在《通往蜘蛛巢的小径》一书中搜寻着什么，他的身份离开了他，专心地观察着在他身边所发生的一切，从而发现了蜘蛛巢；男爵科西莫在《树上的男爵》一书中，是一位生活在树上的观察者；探险家亚美利哥（Amerigo）在《一个监察员的一天》一书中，静静地观察某些作家傲慢地称为"人间条件"的证据；Qfwfq本质的意识栖息于宇宙，在《宇宙连环图》（*Le cosmicomiche*）一书中，"看见"锐利凝视宇宙的每个事件。帕洛马尔先生将会耐心地重新开始检查工作和安排每样事物、文本与世界。

一切都开始于热情的守望和发现，一种"分成两半"的状态，早存在于卡尔维诺人物角色的游戏中间，不完全地在每样事物中固有，首先在外面的世界表露它自己，而在被观察的内部暴露了它的存在和观察者的起源。那种发现和后来的努力交涉是迷惑的源头，好奇心导致卡尔维诺文本的明显特征：它的观察和现实的结构，是一个困境的复合体①。双重性是一面挑战和对照的镜子，成为一种特别受喜爱的修辞手法。作家的声音同时表现出困惑和幽默、玩笑和忧郁、悲观和乐观。

出现在卡尔维诺作品中不完整的状况之一，就是必须处理社会的不公正。虚构的另一个我，富裕家庭的一个处在青春期的儿子，在1948年题为《和牧羊人的晚餐》（*Tranzo con un pastore*）的短篇小说中，拥有不公正的感觉，但只能模糊地意识到那感觉的政

① 我已经描绘了关于被动困境问题的建议，接近一个作家的设想，来自马里埃特（Marietti）文章的真实表达。

治意蕴。他深思他的困窘，同时，与环境不协调的晚餐客人——牧羊人明显感到不适："在那时，我没有重要的事情或想法，因此我可以成为他；因此他也可以成为我，那些他未曾有的，这是一个不公正的证明。他们使得我和他是两个不完整的人……多疑而羞愧"（《短篇小说集》，第228—229页，重点强调）。谈及他回顾往事，叙述者尖锐地说，他的感觉属于一个特别的瞬间，在他的人生和历史中。然而，不完整的感觉在后来的文本中变宽泛了，成为许多其他卡尔维诺人物角色经历的基本部分，存在主义的裂缝，反映出他们自身和外在环境的差距。因此，意义深远的是仿佛存在于"自然"的现象。

　　世界隐藏的脸经常交给女性形象，是最令人沮丧的发现。在1950年《大鱼，小鱼》中，一个未婚的女人被爱的伤心事所折磨，在普遍受难的例子中，找到了她痛苦的回音，受难，甚至发生在一个男孩的海上天堂的美丽中。他有个田园牧歌式明亮的名字——泽菲利洛（Zeffirino），他是无意识的〔用莱奥帕尔迪（Leopardi）式的一个形容词，叫"浑然不觉"〕，得意于在水下捕鱼的成功；另一方面，她能够感觉到残酷的生存，甚至是当那个男孩将自己的猎物得意扬扬地带给她时，她都不能停止哭泣。她看到世界痛苦的证明，隐藏在大海闪烁的表面之下，也在泽菲利洛不可思议捕食的身躯上："那里，她看到美丽的银色身体有着凹痕，有着数不清的几乎是无形的小孔"（《短篇小说集》，第13页）。男孩在水下之枪的每一位受害者，都是证人，关于男孩和女人对世界愿景之间的矛盾："在同样的时间、同样的地点，两种强烈的感情共存，那样对立和矛盾。泽菲利洛不能同时考虑他们两个，他也不能抛弃自己给一个或另一个（《短篇小说集》，第12页）。"那是故事的困境，人们也可以说是经验，以肉体形式亲身通过人性意识的两张示范的脸，在卡尔维诺的小说中，一张是孩子的，一张是女人的。只有一条粉红色的章鱼，感觉上不吉利地动弹不得："孤独地在被捕获的生物中间，看似摆脱了肮脏和疼痛"（《短篇小说集》，第13页）。但是那生物正在深思着一次进攻；章鱼恰恰是世界危险和表里不一的化身，它出乎意料地进攻，使得女人保持了经典的惊骇姿势，"站在岩石之上，犹似从被关押的她自己的手臂中逃脱出来"（《短篇小说集》，第15页）。就像在神话故事里，某个近代的"小红帽"故事，它通过一个智慧而沉默的渔夫介入，使那女人从噩梦中被解救出来，尽管她在其中有关世界美丽的怀疑已设法被捕获。这短故事的复杂和意义、它的回响将会被发现，遍及卡尔维诺所有的作品，提示作者把它放置在开放的、他最丰富的《短篇小说集》版本之一，他在其中收集了他认为是最好的短篇小说。

《一个游泳者的冒险》（*L'avventura di una bagnante*，1951年）的主角也看穿了在世界中心的"二元性"，它的"双重精华"，日常生活预先躲开了她。故事的背景再次是大海，常见的地中海的延伸，它富有魅力的外表看似"坚不可摧"。世界的两面通过她自身对世界的双倍觉知被反射；那平行通过意外的和表面上不重要的危机裸露着，当她远离海岸游泳，她最小的损失是泳衣。那全新的、模糊不清的，她身体的体验，现在她赤裸着，向着一个峡谷暴露，"距离"不能被穿越，因为她不能简单地从水中出来，返回到海滩。她的第一领悟是，世界上有一种分裂应归于性别，有一种经验的维度面向男人，另一种面向女人，那是一个被详细分析的主题。但是她立刻被一种广阔的疏远感觉所压倒，某些东西让她一直费解，现实事物的不可测，令人惊讶。表面是亲切的，但是藏匿了深奥的意义。

另外一面的迹象我们称之为"真实"，可怕的未揭露的一面，被卡尔维诺小说里大量其他的现象所证实。没有什么更加令人不安，比起几次重访他早期的作品。例如，在《战争的开始》（*L'entrata in guerra*）之中：破坏的特殊景象、怪异或是疯狂的人类突然闭入公众的视野，因为一些戏剧性的事件，洪水、火或者战争。世界被隔开，看似"规范"地被迫显示它自己，在野外的危机时刻。一个贫困乡村的"古老秘密"被揭露（《短篇小说集》，第237页），对文本的厌恶明显揭示了控制人类的思想是多么贫乏，即使是在日常生活中。不完整的痛苦超出了社交和存在主义的裂缝。它是一个污点，能够损毁不属于我们必然的来源，卡尔维诺从一开始就把它排除出了他的小说，为了追求知识和完整的可能性。没有东西能够破坏世界的概念，其中根本的前提是主语的力量（眼睛），去看、组织和解释，富有更多理智的清醒。即使是提醒，那样一个失败的存在于人类的群落是令人恐惧的。只有一个分离和幽默的姿态，能够越过那样的发现，避开在戏剧方向中文本的变化。卡尔维诺笔下的轻松和奇想攻击了那个问题，被《分成两半的子爵》揭秘，它出版于1952年，类似寓言的特点使批评家们感到惊讶。故事用悖论去处理分歧，在卡尔维诺的世界里。无穷无尽和漫不经心的荒谬，起因于主角分裂的文字虚构①，来自他身边残段世界的描述方式，为了把它变成他自己畸形的一面镜子。这是卡尔维诺小说的主线，一个高度令人愉快的天真和复杂的混合体，因为想

---

① 卡尔维诺一定已经被出现在《堂吉诃德》（*Don Quixote*）第1章第10页的意象深深地打击，不可思议的凤仙花治愈了一个骑士，他在一场战役中被分割成了两半。从那个意象中，他完成了一个完整的故事，在书中，他用绰号效仿塞万提斯的"自我"，求助于几乎是和塞万提斯同样的词汇，去形容不可思议的康复。

象和事件过着双重人格的生活：他们存在于叙述者的记忆里，他是一个成人，但是当他作为一个目击者的时候，他是一个孩子，记住了所有发生的事件。

分成两半的子爵的故事，美丽结局是一个有独创性巨大伤口的康复与一场婚礼。启示我们是在读一个寓言故事。但是当卡尔维诺《分成两半的子爵》出版不久之后，开始了另一部长篇小说，面对同样的困境，在一个反映的模式中，他的创作经历了10年的苦心经营：《一个监察员的一天》，经过了从1953年到1963年的长期创作。那是编年史的日子，亚美利哥·奥尔梅亚（Amerigo Ormea）作为一名选举时的监票人，在无可救药的制度的墙内，著名的考托莱高（Cottolengo）在都灵带来各种各样的作者，反思世界虚伪的线索。通过中产阶级青年的共产党员，所经历的矛盾情绪，在市民的责任中表现为以下几种形式：首先，他混合了对于民主化进程的热爱，证明了法西斯主义之后意大利的变化，他对它的卑鄙行径和政治操作感到恼怒，感觉带来了幻灭和困惑、蔑视和惊讶，当亚美利哥·奥尔梅亚相继发觉分歧的政治理想来自世界的不透明性、无数张爱的脸（终究，他的姓氏"奥尔梅亚"是"爱"的变形词）、他和女人莉娅（Lia）关系的冲突。在和新事物长期的斗争和冲突之后，小说以发现另一种人类的存在作为结束。没有透过意识的力量和反省来定义，而是受它自己逻辑和感觉的指导，即考托莱高的宇宙。那些隐藏世界的居民通过代表主角而结束，一个神秘的人体，把问题放进他自己的身份，向他重复主张人类设计的价值：合作、博弈、城市的建设。

三角形

"寻找一个网络中的断链/捆绑我们/你跳出来，逃走！"（《诗意的工作》，第5页）。对于一个难以捉摸的听众，那是蒙塔莱的箴言。实际上有方法逃脱圈套，多年以来，卡尔维诺的人物角色因为他们分裂的自己，采用了各种各样的方法和技巧，去处理由他们的双面世界所造成的焦虑，以及所经历的痛苦。

第一技巧是返回惊讶和痛苦，进入滑稽的事物。当他们越来越笨拙和成熟，卡尔维诺的人物角色变得更加幽默。在《为利益而建设》（*La speculazione edilizia*，1956年）中，主角意识到虚幻的社会优越性，那是一个他资本家身份的重要成分。实际上，他不能处理他兄弟的账目，关于一些建筑物的费用，随后他和建筑物的承包人进行了讨论。他对"商业"语言的贡献是"愚蠢的尖叫"（《短篇小说集》，第407页），当他焦急地做成"牙签形状，通过手和牙齿，以之字形或直角"（《短篇小说集》，第405页）。那样的手势和姿态，像是从面无表情的小丑和几个别的卡尔维诺的主人公那里借来的，比如马可瓦多，他表现了类似的行为。①人物被难住了，被处理不了的现实和人生缺乏成功的不安难住，但是他们从未放弃。为了克服他们的困惑和不安，他们发展了另外有独创性的积极方式，通过适当地专心于"几何学"的研究，创造了它的外形，

---

① 但是，"在每一种神经官能症中有方法，在每一种方法中有神经官能症[《命运交叉的城堡》（*Il castello del destini incrociati*），第116页]。

在卡尔维诺早期的故事当中。①直线和直角的形成或绘画结合形成了平面的几何图形——三角形，经常在卡尔维诺的文本中出现。在《分成两半的子爵》中，梅尔瓦多被分开的身体和双重人格预示着普遍的威胁，古怪的三角形：山羊停在"一个奇怪的平角"的图案中（《短篇小说集》，第22页）；子爵拄着拐杖前进，"像卡尺一样运动"（《短篇小说集》，第22页和第97页），他露出了一个"冰冷的三角形的微笑"（《短篇小说集》，第33页）。重申那个三角形或许是不必要的，它在文化中有一段很长的历史，培育了卡尔维诺的写作。它是一个享有特权的几何学存在，在神秘的哲学圈中，从毕达哥拉斯学派到《圣经》的传统；在现代的秘密社团中，则如共济会。事实上，在卡尔维诺最优美的自传体文本之一中，叙述者引用了共济会会员的标志，一个三角形和一个圆规。题写或雕刻在他祖籍的入口处："古人居住在卡多佐……仍然忍受着它的门口上方已褪色的痕迹，那是共济会会员的象征，老年的卡尔维诺过去经常到他们的屋子里去。"《故事和短篇小说集3》（*Romanzi e racconti* Ⅲ，第24页）。三角形的关键元素是数字"3"，它和魔法有关，但同时，三角形是最合理和最实用的测量方式。在测量员的实践中，三角形是测定相对距离的基础。简言之，三角形总结了人类沉思的两个矛盾面：情绪的和超自然的驱动，以及寻找合理的必然。对于卡尔维诺，三角形有时是一个象征，象征着控制、占有和创造的游戏，也经常用于神经过敏防守的表现。在卡尔维诺后来的作品里，将会出现建立在几何学上痛苦的其他来源：复杂的迷宫、

---

① "某种类型的几何学和抽象的想象力是我们的审美和个性永恒的部分；它允许我以更伟大的方法工作，虽然我必须警惕不要落入一个机械的特性当中。"《其他人的书》（*I libri degli altri*），第526—527页。

坚硬的晶体、玻璃或无形的沙子。

在考察的实践中，关键元素首先是立场的选择或者测量员眼睛的位置；其次是测量值的精度。作为三角测量隐喻的证明，卡尔维诺的叙述从一开始就给了他的人物角色一个巨大的空间，信赖清晰的视野，给予眼睛行动的特权，测量，而不是眼睛的穿透。雷纳托·巴里利（Renato Barilli）在一篇感觉敏锐但怀有敌意的文章里，公开宣称了卡尔维诺寻找的方式是"间歇交战的姿态……从一个对象（转移）到另一个，以一种不稳定和不安的好奇心"，《巴里利》（*Barilli*，第214页）。那些是反传统小说的年代，或者是"新小说"的年代，巴里利在其中看到了真正的创新，在认识论的水平上，它吸引人在罗布-格里耶（Robbe-Grille）和卡尔维诺之间制造了对比。巴里利认为，他所称作的"意大利常识"胆怯地被翻译成了关于某种程度的巨变。因此，他看到在卡尔维诺的"测量"中，在他"快乐和诙谐"的方式里一种自由自在、无忧无虑的方式。批评大部分伴随着对文学争论的追赶。今天，这样做是有趣的，比起由卡尔维诺多年之后在他的《美国讲稿》中所设计的轻松赞扬。无论如何，卡尔维诺的规则既不是赠予也不是征服，而宁可说是反对的另一面，混乱地在他所搜索的遭遇之中，在世界和语言之间。卡尔维诺承认，他不趋向于悲剧的、悲伤的或者是黑暗的情绪；他对心理因素只存有很少的兴趣，不相信童年时代的神话是不可挽回的天堂，正如巴里利以含糊责备的语气所做的公正评论。卡尔维诺写作的中心是一种不可能的感觉，用某种驱动把规则带给世界，1976年，他在给桑德罗·布里奥斯（Sandro Briosi）①的一封信中写道：

①　清单25：（1987年，1—3月份），第7条。

对于他至关重要的点是自相矛盾的，找不到痛苦的出口和有疑问的自由概念，或是存在主义的虚无。但是作为一个不被接受的条件而保留下来，没有出口。尽管每一件事情都伴以知识和矛盾，他的主题仍是倔强的存在。

在卡尔维诺写作的第一阶段，有许多调查的实例，他的眼睛处于一个重要的中心位置上。关于1946年的短故事合集的书名《最后到来的乌鸦》，卡尔维诺改了好几次，年轻的主角作为一个绝不会犯错误的射手出场。一个乡村男孩，他惊奇于距离把他和他枪下的目标分离，"距离"缺口、令人不安的空隙，对他天真的世界视野提出建议。整个短故事围绕着问题为中心，当他瞄准的时候，他问自己："为什么在他和对象之间有真空?"(《短篇小说集》，第8页)。如果回答是，来自射击的行动："如果他端起枪瞄准……空气是笔直的虚线，从枪的尖端拉伸，去向事物……很容易看到真空是一个诡计(《短篇小说集》，第8页，重点强调)。"强调它的时候，孩子的手势消除了距离，因为抵抗的战士知道去打击一个目标有多么的困难。否定空间，成为残酷断言的一个呈现，男孩知道除了那目标之外，什么都没有，因为在他神射手的眼中，精准到绝不会有错误。男孩的快速和敏捷，以及精确的三角测量留下了痕迹，和它的联系变成了对死亡的神秘碰触。[1]

对几何学精确的依赖，旨在行使对现实的控制，设定了一个存在于世界的锚，通过主张一个人的存在，很快在卡尔维诺的领域里提示了它的模糊性。追踪的路线而不是支配的手势和他的自我界

---

[1] 对于卡尔维诺作品中"距离悲情"(pathos della distanza)的概念，可见切萨雷·卡斯(Cesare Cases，1958年)大量的列举文章，现收集在《故乡的书信》(Patrie lettere)，第160—166页中。

定，成为强迫性的行动，目的在于获得这样的信念：敌对和不受控
制在这个世界上可以被排除在外。在《阿根廷蚂蚁》（*La formica
argentina*，1952年）中，布鲁尼（Bruni）上校完全深信"每件事情
都必须被系统地完成"（《短篇小说集》，第374页），他不屈不挠
地测量蚂蚁为患的地形，建设了奇妙的装置，以一个"V"字形在开
放的一侧覆盖轻薄的顶部，给昆虫设了一个陷阱。在测量员固执地
坚持他的测量和营造的时候，昆虫持续地侵略，就像噩梦一样不能
停止。

　　失败的感觉加剧，当卡尔维诺创造了他喜剧讽刺的密友阿吉洛
夫（Agilulf）时，进一步制定了驱除测量的方法和达到它几何学的
效果。在《不存在的骑士》（*Il cavaliere inesistente*）中，没有经验
的年轻骑士兰波特，急切地渴望着采取各种行动来寻找阿吉洛夫和
找到他自己：

　　　　在一棵松树下……排列着落到地上的小小松果，按照标准
　　的图案：一个等腰三角形。黎明时分，阿吉洛夫总是让他自己
　　进行精确地运动：数东西。他以几何形状定位它们，解决数学
　　的问题（《不存在的骑士》，第29页）。

　　对于阿吉洛夫来说，关于他自身存在的缺失或许可以得到减
轻，通过依靠被理智所创造的抽象和精确的形式。单词"顽固"两
次回到台词中，成为"紧张的顽固"（《不存在的骑士》，第31
页）。那手势由骑士迅速地做出，集中显示了一个迫切的需要。他
在与非存在的斗争中选择了他的武器，正如可怜的富有小男孩詹
卡洛（Giancarlo）将要做的，他在多年之后克服了厌倦（《马可瓦

多》，第136页）。阿吉洛夫试图浮在水面，在卡尔维诺称为"岩浆"的世界里，在地主古尔杜鲁^①的领域。确切地讲，我们必须注意到阿吉洛夫的三角形不只是等腰的，而且是成直角的。他"然后放置了（松果）在三角形的直角里，顽固地合计直角边上的松果，拿它们和三角形做比较（《不存在的骑士》，第30页）。"当增加了它补充的想象，等腰直角三角形创造了正方形，一个完全的几何学象征和一个自信的结束，在毕达哥拉斯（Pythagoras）的思想里。它恰恰是毕达哥拉斯定理（掌握一点几何学甚至是完全不掌握几何学的人都知道），卡尔维诺唤起了这段插曲。面对阿吉洛夫着迷的行为，他的拉姆巴尔多开始感到失落，因为他好奇于真理所有的仪式、惯例和规则之下。他的怀疑加剧，于他而言，即使是行动也开始变得可疑。行动也许正是"避开陷入虚无的仪式"^②。拉姆巴尔多不是唯一的一个着迷于阿吉洛夫错误自信的人，他也是唯独看到在

---

① 　（第29—30页）的文章所提到的，包含两个语义的人群：一个表示不确定的、含糊和不舒服的人群；另一个表示坚定、有意志力及确实的人群。从而，我做了以下的词汇选择：

感动	相反
感激	诚心的交谈
孤独	愿望的力量
不安全	自我安全意识
阴的	不同的思想
暧昧	匆忙的决定
淹	愤怒
病态的影子	极端的努力
真空	计数
生病	线路
消失	秩序
解散	稳定的职业
全身乏力	明朗
牢骚	自若
躁动	添加
衰变	顽固
工作精度	比较

② 　拉姆巴尔多发现他存在主义的困境是真实的好奇，值得在别处讨论（第6章）。

他的混乱生活中"秘密的几何学、命令和规则，理解它的开始和结束"（《不存在的骑士》，第101页）。希望在卡尔维诺的世界中所领会的是这样的形式：当卡尔维诺的叙事进入了城市空间，三角形的作用变得更加不明确，人类构想假定的合理性更成问题，写作的本质更加复杂。一些故事有着童话式的特点，例如《猫和警察》（*Il gatto e il poliziotto*，1948年）。年轻的主角，一个警察，在一次搜索中迷路了，在一幢工人阶级公寓大楼的迷宫中。突然的对比和揭露发生在人类和几何学的建筑环境之间。他从高处的屋顶上沉思着，他相信那是敌人的领土："不规则伸展的城市……（那里）几何学铁的结构越过工厂的围墙升起"（《短篇小说集》，第132页）。然而，他找出了那个几何学的城市，它的建筑和围墙仅仅是隐藏在家庭晚餐的餐桌后面，老人、受惊的家庭主妇、淘气的猫、读浪漫小说的年轻女孩。

年轻警察看到特殊城市的中心是那种双重图像的矛盾，20世纪60年代，读者习惯于在卡尔维诺的书里找到它。1960年，他描述的都灵是一个矛盾的地方，"一个城市，暗示着活力、线性和风尚。它讨论逻辑学，通过逻辑学开启通向疯狂之路"[《巴黎隐士》（*Eremita a Parigi*），第16页]，确定了城市表里不一的根本重要性，卡尔维诺后来的文本不仅不止一次返回到对都灵的描述，而且重写了一个特殊的片段，反对城市风光的背景。自传的记录在附录中，他在1969年的《塔罗纸牌》①中写道："都灵，勤勉和理性，拥抱我，一个将要变疯变危险的城市……不会比别处更少。我到达那里的几年内，街道开放，自由和无限，因为很少有汽车……我穿

————————

① 《命运交叉的城堡》最初在弗朗西斯科·玛丽亚·里奇（Francesco Maria Ricci）的艺术之书中充当了主题，优美地重现了一本塔罗纸牌的文艺复兴的合集。

过它，仿佛在灰色三角形上拖曳着离线的斜边（《塔罗纸牌》，第161—162页，重点强调）。"城市中的步行者在欧洲是一个常见的形象，特别是围绕中世纪的法国文学，在这里有特殊的内涵需要分析。首先，对比引领了主题的经验 [1]：他出生于光芒四射的太阳，作为嘉宾之际及阴郁的土星进入和谐的天秤星座上，在光和影之间平衡；当都灵的街道还是灰色的时候，他所成长的城市，圣雷莫，是绿色和草木茂盛的，疯狂地隐蔽在理性的城市。叙述通过城市中的诱捕和矛盾的神经质游戏建立，但是他努力去面对困境，在监禁他的荒芜街道上，求助于几何学的驱邪力量。实际上，他通过步行的画线行为，模仿和延伸了他的写作职能。他在一个那样广阔空白的表面上制作标记，越过由纸组成的页面。让他自己插入城市的地形和它有疑问的合理性。他所画的线条完全是几何学的三角形，更具体地说是一个成直角的三角形，因为只有在那种情况下才可以谈及三角形的斜边。同时，在城市里的行者具体的姿势，提醒我们那些看不见的相同标志。写作原来也消失了，因此，这似是而非的突破口在几何学中被打开来，没有街道所创造的出口。

主题重现、变宽泛，越来越多的变化，出现在马可瓦多第二系列的故事之中 [2]。城市结构的僵化受到挑战，主角曲折路线的图像沿着"无止境和荒芜的街道"（《马可瓦多》，第25页）。马可瓦多在城市风光中的铭文常常伴随着自由的可能性。"灰色的墙……每一天的事物，生硬的和敌对的"（重点强调），当城市风光被降

---

[1] 文本包含了古代的词汇形式和建设："偶尔，我知道其他著名的大都市……我选择了姑娘和住处"，如同官僚政治和陈腐的规则一样："利用借书证#2516号"。对立面也明显地指导着文本词汇的选择。

[2] 见本书第三章。

雪抹去，突然消失，马可瓦多能给他的想象力完全自由的行动①。很明显马可瓦多继续着他曲折时尚的符号，模糊不清的自由，取决于在他的发现中既无欢乐也无悲伤，是欺骗和不清晰地对世界的反抗。再一次在"错误的车站"（《马可瓦多》，第75页），马可瓦多沿着不规则图案散步。"马可瓦多在超级市场"（《马可瓦多》，第100页）。通过走廊的时候以曲折的方式行进。我们注意到，自传的概念早期是被期待的，在《马可瓦多》中，几乎是完全相同方式的措辞，五年之后将会在《塔罗纸牌》中出现。在灰色的、宽广和荒芜的街道，马可瓦多逃跑的誓言在几何学中呈现："街道敞开，在宽广和无限之中，没有汽车和荒芜……灰色的树篱铺展在百叶窗下……现在，他能够……呈对角线地穿过街道……停在广场的中心"（《马可瓦多》，第113—114页，重点强调）。卡尔维诺的"观察者"，身体的姿势吸引着那些线条在他周围打开和关闭，变成偶然看到的，建设成他自己的一个世界[《属于他自己的城市》（*La citta tutta per lui*），是马可瓦多故事所用的标题]。很快，更加任性的一大群主人公——"固执的猫"，将会跑过隐藏在城市中心的小径，显示出它无情的背面，城市的某种蓝图是卡尔维诺隐形城市的第一图案。

其他的几何图形

即使是在1964年，当卡尔维诺唤起了从前的利古利亚②，三角

---

① 关于卡尔维诺的《降雪》（*snowfall*）的有趣阅读，见《谭博里》（*Tamburri*）。
② 意大利行政区名。——译者注

形的意象以它轮廓清晰的精确度重返了，但它是几何学的形状，而不是视觉的界定，逃脱了测量，后退到远方，就像海市蜃楼一般："大海在那里，在一个V字形的三角形裂口处，但它又似乎在千里之外"（《故事和短篇小说集3》，第26页）。当岁月逝去，几何学的线条纵横交错在卡尔维诺的写作中，模式变得更加复杂。早期的平面或直线的图形，年轻所经历风景的怀旧，让位于迷宫中的噩梦和四维空间里晕眩的盘旋。在卡尔维诺自己的文字里，Qfwfq仍然是"一个声音、一种观点、一只眼睛"[《世界的记忆》（*La memoria del mondo*），第7页]。但是他所居住的地方是空间和时间的地质年代。卡尔维诺的兴趣在于，让科学论述和意象变得更加有系统。他采用了科学的语言，为了探索准确论述的资源[《贝尔纳迪尼·纳波利塔诺》（*Bernardini Napolitano*），第853—859页]，着眼于建设更强大的几何模型，从而持续寻找规则和自由，通过更早的各种各样的计数器和测量器。正如弗朗西斯卡·贝尔纳迪尼·纳波利塔诺（Francesca Bernardini Napolitano）所说，卡尔维诺的文本追求一种开放的可能性，卡尔维诺的人物角色相信绘制围墙计划的能力，他们在其中被控制。立体几何提供了工具克服视角的局限，其中的世界是由模糊的民众、沙子和玻璃所组成。心灵凝视着一个世界，它由"无坚不摧、冰似的晶体"（《零》，第40页）所组成。但是几何学的精神趋向平衡也是一种热烈激情的冲力，同时给予水晶与火以特权。平衡被发现在不同的财富以多种形式在世界呈现的庆祝中。因此，规则并非"角色顺从于内部训练的符号，本能的抑制……世界的理念绝对的规律、匀称、有系统地连接第一次的冲动和自然的繁茂、热情的张力。"（《零》，第40—41页）①。

遗憾的是，这世界实际上是"一个已被腐蚀的、有污点和肮脏的晶体"（《零》，第45页）。崩溃的混乱，留下的只有沙化的谷物，原子化和无法控制（《零》，第44页）。只有当意识加强努力，去测量越来越多更复杂的结构，制图员延长着书页上的线条，拯救才可能留下结果。在《基度山伯爵》（*The Count of Monte Cristo*）一书中，从城堡或监狱里成功逃脱的概率不是交给阿博特·法里亚（Abbot Faria）不顾一切的企图，而是交给丹特斯（Dantes）概率性的运算：

> 开始于这些混乱的数据，我看到在每一个孤立的障碍物里关于某类障碍物系统的证明；我把每一部分发展成几何图形，连接那些图形，形成对固体形式的面对……在球体或是超球体铭刻那些多面体，如此一来，我越是围绕堡垒的模型便越是简化它、确定它，通过数学关系式，或者是一个代数公式。（《零》，第157页。重点强调）。

当需要普遍被认为是明确的球形、全球性，在《宇宙连环图》和《零》中是论述的自我反射，正如吉安·保罗·比亚辛（Gian Paolo Biasin）（《零》，1978年，第860—872页）所说的，测量的行动更加接近习惯于近代的科学观点；但是在那个非常时刻，它也变得更加焦虑于生产，寻找必然性的曾经的来源。双面的、尖锐

---

① 很久之后，在标题为《精确》（*Esattezza*）的"演讲"里，卡尔维诺声称："水晶，以它精密的切面和它折射光的能力，一直是我们完美典型的象征"（《美国讲稿》，第69页）。然而，他保持代表性的摇摆不定，在两种推进之间，一个向着"平静和艰巨的水晶课"（《美国讲稿》，第70页），另一个朝向火焰的象征。

的，我们发现1967年的短篇小说《水晶》（*Crystals*）中的三菱镜是幻想，它是玻璃的岩浆，世界表面的规则藏在一个深厚的混乱后面。《最后到来的乌鸦》（*Ultimo viene il corvo*）中绝不犯错的神射手变成了《零》中的弓箭手，对于他，箭和目标代替了成功的会合，彼此永远错过。悬念的时刻不停地反复，延迟最终目标——死亡，但是创建了一个虚拟的监狱。该做些什么？问题转向如何被解决，不是空间的，而是现世的："可能未来的路线起程于一个圆锥形，从这第二个……完全相似的线路，跟随从前开始的倾斜路径，那也是一个无限可能的层次"（《零》，第113页）。时间，不是空间，是空虚的，阿吉洛夫和拉姆巴尔多试图填满它。看清楚，建立一个定点，在宇宙阶段的振幅中（《零》，第109—111页）——那是真实的目标，或者有另外一个叫卡尔维诺的散文家称之为"项目"。这个以推论实现的小说文本，几乎不令人满意："为了找到一个固定的时间点，我们必须跟随时间的推移；为了成为客观，我必须保留主观"（《零》，第118页）。现状没有因为采用了相反的应对措施而改变（《零》，第163页）。阿博特·法里亚（Abbot Faria）从监狱堡垒里寻求一个脱险的通道，是丹特斯（Dantes）"堡垒思考"的消极图像。只要意识建造的堡垒与真实的堡垒不一致，就会有从中逃出来的希望。从监狱逃脱意味着牵引物理的，或是精神的线路在其中，在迷宫的中心，很难知道哪里是那些路径。1969年，一个叙述者是一名构造主义者和记号学家，置于他自己道路的尽头，涵摄一切方格设计，通过塔罗纸牌，不断地放置、移动、取代和被取代，倾诉这世上所有的故事。我们已经抵达了城堡，不是设想而是交叉的命运，或交叉的路径；我们已经到达一个双重起源的所在地，在"混沌的中心……在所有潜在命令的交叉点"（《交错的命运之城》，第33页）。

一个评论插入前言，是卡尔维诺为他的短篇小说合集所写，强调"几何图案是计算"，《艰难爱情》。不清楚这是否意味着驱除某种昏暗的恐惧，或是回到巧妙的构图。卡尔维诺的性格不满足于一个选项；他被多重性所吸引，对所有的理事会产生影响。在卡尔维诺所写的大多数自我指涉的短故事中，对于[《来自阴暗面》（*Dall'opaco*，1971年）]，他实验了一种新做法。叙述的声音仅是文本内在的参照对象，犹豫不决发生在领会易变的努力中，以及对线型世界的注视中："描述这个世界的形状，第一步就是查明我们的方位"（《故事和短篇小说集3》，第90页）。多岩山脉的背景，渴望的植被就在眼前，"发光的地平线的舞台"在主角的眼前，在三角形的尖端，濒临变形。世界伸张和扭动着，就如一只蜥蜴（《故事和短篇小说集3》，第98页）。我们回到利古里亚人的海岸，从晕眩中推动人类朝向各种各样的其他地方。别处或许是汇集，感谢那些汇集，眼睛得以返回凝视同样风景熟悉的线路。三角形可以简单地是海的形状，它激发了沉思，总结和抚慰了所有的推进。1973年，利古里亚海岸再次回归，不是作为一个表层，而是作为一根线条，一个人可以从那里弥补失去的幸福。[《利古里亚》（*Liguria*），第9页和第14页]。1975年，热那亚的船舶和利古里亚最卓越的城市被这样形容："卡里克门托广场是一个三角形，但只有两条边……没有那条无形的边，那两条看得见的边如果永远不浮现，广场将不会存在[《广场》（*Le piazze*），第84页]。"那是城市的原型，根据一个名叫卡尔维诺的人物所建立，他从来不固定在都市的风光里，这无形的、渴望的、难以捉摸的和有形的构造，比起马可·波罗（Marco Polo）毫不逊色。广场和城市恰恰拥有令人着迷的吸引力，因为它们履行了梦想，把两个溶解成有魔力的三个。这艺术大师的主题是"海是第三维的"，定位了存在和某个元素的缺乏，大海，遥远的位置和时间，同时分隔了它们。

从一开始，"无形"就居住在卡尔维诺的文本里，最后清晰地找到一个形式，在那些年里，通过城市的写作，男人不只是追求女人的阴影[德·瑞提斯（de Lauretis），1978年]，而是她们所有的幻影构图。1969年自传笔记的主角，明显被地理神经衰弱症所折磨，逃离了严峻的三角形、一个灰色的街道网络，陷入了城市的中心，所有认知的来源，"巴黎，一个被森林包围的城市……围绕着法国国家图书馆"，《塔罗纸牌》，他在那里查阅了珍藏本的书，包括取之不尽的世界故事遗产。现在许多的城市变得奇异和简洁，巴黎、都灵或纽约。无论他们是认知的视野[《法利森-马林》（Frasson-Marin）]或是一个二元结构的体系[《阿尔曼西》（Almansi，1971年）]，抑或是六节诗的模型[《巨齿鲨》（*Mengaldo*，1975年）]，隐形的城市支撑着他们，就像一个水印，旧的几何形状的痕迹变成可移动的，因此是有生产力的 ①。根据《隐形的城市》章节的两个图案②可以确定这个评价。在第一个图

① 在那些年里，卡尔维诺是艺术家工作室和展览的常客，他写了许多的序和书的前言。它们也有助于记起米歇尔·比托尔（Michel Butor）"非固定"（mobile）概念的重要性，对于他，卡尔维诺当然熟知。

② 对于这个讨论，奥索拉（Ossola）1987年的文章非常有价值。奥索拉所绘的图案每一章排列如下：

a1 a2 a3 a4   a5 b5 c5 d5 e5 f5 g5

b1 b2 b3   b4 c4 d4 e4 f4 g4 h4   h5

c1 c2   c3 d3 e3 f3 g3 h3 i3   i4 i5

d1   d2 c2 e2 f2 g2 h2 i2   l3 l4 l5

e1 f1 g1 h1 i1 l1 m1   m2 m3 m4 m5

此处：a=城市和记忆；b=城市和欲望；c=城市和体征；

d=城市；e=城市与交流；f=城市和眼睛；g=城市和名字；

h=城市和死亡；i=城市和天空；l= 连续的城市；m=隐藏的城市；

案中，两个成直角的三角形围绕着一个长方形；在第二个和更多的
分析图案中，两个长方形和等腰三角形围绕着一个正方形，完美
的有魔力的正方形，在所有反映胜利的因素中。它穿过卡洛·奥
索拉（Carlo Ossola）称为中心对称的轴向。"因此，被理想的直
角三角形的斜边一分为二，正方形被分成两个三角形[《奥索拉》
（Ossola），第246页]。"同样的图解描绘两个大的等腰三角形等同
于两个正方形。这像是一个过度操纵的几何学建议，但是卡尔维诺
提供了一个详尽的拼图，以重要的重复和回想，引导读者去分享他
的游戏。马可·波罗和忽必烈（Kublai Khan）之间的棋局以一个正
方形的几何图形结束，黑色或是白色，在将死之后。我们可以在简
单形式的平面图上读到两个倒三角形的相遇，卡尔维诺称之为"虚
无的象征"（《美国讲稿》，第71页），但是我们知道那包含一个无
底深渊的其他事物：没有边界的地图集、无穷的图形目录、生命形式
的文件、一个旋涡，试图把我们卷进地狱般的城市。在卡尔维诺设计
精巧的外表下，看起来是一个停歇，或是一点点停滞。经典的几何形
状早已被找寻，作为必然的基础看似已融解，如同阿吉洛夫，试验性
的写作进入森林/根基/迷宫的混乱。希望发现秘密的通道，通向不是
深渊的地方。对于隐约可见的危险，讲故事的人感觉是良好的："和
谐理智的几何边界，在于它的界限，在于一个偏执狂的痴迷"（《交
错的命运之城》，第107页）。必须有一个新的开始。

区域

1980年，卡尔维诺出版了散文集《石头之上》，写于1955年至

1978年。以一个负责选择的观察者身份明确介入，序言包含了对读者的说明，每一篇文章都有评注。对卡尔维诺不再抱有幻想的编辑反对文本选择线性序列，它假定的必然性和热情的张力栖居在文章中。观察者的名字和散文家的名字一样，叫作伊塔洛·卡尔维诺。前者的功能是以透视法取景散文，远离后者富有朝气的表达，把它放逐到一个几乎是虚构的过去当中。隐喻的思路、散漫的写作，已说明卡尔维诺早期的小说引人注目和有决定性的让步于墓碑的隐喻。虽然隐喻性的埋藏正如所期盼的那样成为战略性的一部分：旧的项目需要被分类、组织和撤销。同时，这种努力是一次卡尔维诺写作内容的预习，关于为什么写？怎么写？在障碍之外，一些新事物浮现、完成。帕洛马尔先生开始重新勤劳的、顽固的进程，就像是第一次去观察、测量、理解真实。

大海的波浪，爬行动物的规模，草地上草的叶片提供了帕洛马尔先生观察的领域，致力于他对于那些20世纪80年代的目标[①]反射的节拍。文章以诗歌奇异的调子书写，完全地掌控写作，就像一个鸡蛋那样自我闭合，使得它是一个完美的机制。在这个冒险中，追随卡尔维诺的进程，我们必须让我们的眼睛睁着，小心地检查里面的机制。主题本身是温和的陷阱，明显的暗示，说或不说，那论述是双重的，叙述的图层比表象更多。卡尔维诺谈及了一个双重的和相反的人物角色，叫莫霍先生（Mr. Mohole）；但是他的出现不断地延迟，直到帕洛马尔的循环结束，没有空间保留。当深入涉及帕洛马尔先生干预了世界的外观，莫霍先生被认为是二元的负极，另一个对立面。已经在过程中被排除的缺席角色将有他自己的空间；但

---

① 关于《帕洛马尔》，本书已经写了很多。关于一些读者强烈的反响，见奥索拉的文章。

是作家没有写第二本书，一部分是因为作者的疲劳；另一部分是因为叙述者决定帕洛马尔先生已经包括了他相反的角色。换而言之，"帕洛马尔也是莫霍"（《故事和短篇小说集2》，第1403页）。我们可以补充说卡尔维诺具有不喜欢专注于深处的性情，因为他已发现了足够多的、以保持他的角色忙于取之不尽之世界的外观。

另外，事情可能变得更加复杂，比起卡尔维诺提议的声音。叙事的空间居住于三个存在。首先，文本里藏匿了狡猾的法律管理者，无名、谦逊、预知每一件事情、计划每一件事情，用手引导我们，用他清晰的语言诱惑我们。正如在《石头之上》中，一个观察者（伊塔洛·卡尔维诺）借他的声音给主角，以这种方式创造了一个双重的自己，在一个叙事的组织中没有明显的接缝。作为一个必然的结果，读者的道路追踪作家写作的手，朴素而自信。因此，尽管帕洛马尔先生在他小说的中心是一个叙述者，讲述了人物的经历，就像他看到他们那样，读者不可逆转地被引诱进装扮成无害插曲的叙事旋涡。文本的距离可能由第一人称的缺席所促成，讽刺通过不光明正大的出现，隐藏在被迫的共生之中，不可避免三重牵连。眼睛是惯常的隐喻，"3"是一个主要的数字，论述是合乎情理的、阳性的和单一的。那本书的外观，属于西方写作文化最近流行的趋势。因为它的力量是一种高效和偏离正道的加工品，慷慨和盲目的顽固。有些事物隐藏在项目设计的重新定义和破坏全部的二元论之中。有一种躁动、紧张，可能不充分的感觉，也有一种克服它的决心。帕洛马尔这个人物是一个无情的探索，为了最终抵达骄傲的文化，他天生具有（讽刺的）有限想象力，而不是地面的重访覆盖和常见技术。然而诱人的重访可能已经成为大多数读者的行为，帕洛马尔转向了最初，但不沉重，思考着根本问题。

眼睛不是裸露的。事实上，早期和经典的卡尔维诺的人物图像检阅了世界"训练了（在它之上）他戴上眼镜的凝视"（《短篇小说集1》，第15页），适当地在文本中占据了中心的舞台。眼睛在技术上是加强了，加强了镜头的各种类型，因此从来没有实际的拦截行动"看见"没有滤波器的另一只眼睛。人物的名字宣布了天文学的胜利，光学技术不断地挫败在他视觉功能的练习中。无论过度地近视或远视、散光或是简单的思想不集中，观察者结束了疑惑、失意或混乱。在镜头的另一边，世界依然对抗；拒绝清晰地呈现它自己，置身于焦点之外，讽刺地强调所有观察者的局限性，他们面对着不可测的世界。因此帕洛马尔先生是镜头，或许让不够崇高的最小透明面穿过事物，彼此使眼色，世界看着它自己。此外，技术的假体揭示着实验的危险，因为一个有几分敏锐的想象力导致了较深的恐惧，不是发现蒙塔莱虚无的恐惧，而是人类消失的恐惧。在这样的环境里，固执似乎是徒劳的，"真实"的差异性看似被重新证实。焦点的缺乏也会通向失败的感觉，一个疲弱的声音，最后成为文本的宁静，相反，恰恰是在潜在的边缘落入了沉默，写作旺盛而有规则。叙述者检索了古代论述的技巧，从抒情诗到滑稽的调子，以帕洛马尔先生为代价。再一次地，写作意味着叙述的声音，安置它的存在，在宇宙中和莱奥帕尔迪一样不重要。"事物，难言"，这不是偶然的物质对象，正如萨特所写和重现。"从沉默广阔的事物那里，必须开始一个手势、一次呼叫、一次眨眼。有些事物从别的事物当中脱颖而出，意味着某些东西……但它们是什么？它们自己……而不是别的东西，意味着它们自身而不是别的什么"（《帕马洛尔》，第117页）。目标的引诱，造成了恶心的洛丁根（Roquentin）病，在人类和世界之间黏性的关系，回到这里寻找

一个基础理解世界。帕洛马尔先生号召了他所有的感觉，有限的
和叛逆的。卡尔维诺远没有同意一个新的接近知识的后现代幻象，
依据"已经结束的……指示物，通过脱离真实，被仿真的模型所取
代"[《阿利诺维》（*Alinovi*），第112页]。

大量表面的规则权限统一。叙述者终究已在别处说了，帕洛马
尔始终相信一个可能的对事物真谛的领悟："它并非被拒绝入境，
想想曾经令人信任的帕洛马尔先生，当至少有一个人期盼它——那
秘密的图案，形式盲目，趋向我们所有的文化，可以从任意和凌乱
的幻觉中跳出"[《书籍2》（*Saggi II*），1992—1993年]。帕洛马
尔先生的"探险"几乎是以安抚的姿态使规则易于发展。阿吉洛
夫和詹卡洛（Giancarlo）的算术和几何学，提高到一个更精致的水
平。卷本有组织的分成三份，第一部分固定在理性；第二部分在符
号学；第三部分在存在主义的沉思中。每一部分细分成三个截面，
写作在三个角度被完成，描写（一种零等级），故事和元叙事。没
有空间给读者误解或过度地推测：数字和图案被卡尔维诺以附录的
形式明确地鉴别，标志着一次返回，对于起源的观察、象征的使用
和西部的思考。这计划的专心是模拟的一个深海潜水者的探索，卡
尔维诺确定选择书的主题，他认为在其他更卓越的参考文献中，
有类似的腔调在帕洛马尔先生的名字和意大利的[《深海潜水者》
（*Palombaro*）；《故事和短篇小说集2》，第1405页]中存在。

书的第一部分，宇宙进化论在眼睛的隐喻上集中注意力，接
受了它经典之地的出发点，至少在地中海的传统里运行，在大海
中。努力存在于确定对象的尝试，捕捉它、明确它、限定它。再一
次地，眼睛不是沉思，而是调查和划界，它没有扫除海的广大，而
是企图隔绝单独的波浪。离散的物体被测量，因此被明确。强调置

于观察者之中。当他游泳时，卡尔维诺宣称，"我在我的意识中游泳"（《帕洛马尔》，第16页）。他位于金色三角形的尖端，天和海之间在闪着光，他是一个空间和时间体系的太阳。宇宙首先发现了它的规则，当善于接受彼此的轻盈物质相遇，彼此给对方生命，成为原始创造之源："有一天，一只眼睛来自大海"（《帕洛马尔》，第20页）。卡尔维诺在说教的时候更加明确："总之，大脑开始于眼睛"（《沙子合集》，第125页）；插图取自《一个梦想家的百科全书》（*L'encidopedia d'un visionario*），作者路易吉·塞拉菲尼（Luigi Serafini），伴随声明，显示了更多双水下的眼睛浮上一个虚构的海面（《一个梦想家的百科全书》，第149—153页）。因为腐烂和污染，海里满是碎石，那有什么关系呢？"这是我的栖息地……我能够只在它的中间存在"（《帕洛马尔》，第19页）。在第二节中，主体尝试渗透进客体，观察乌龟的求爱、画眉的口哨声、人们称之为"草坪"中的草的叶片，但是问题关于是否观察"规定的和有秩序的宇宙，或是混沌的扩散"（《帕洛马尔》，第34页）。在第三部分，专注于世界的行为是决定性的，因为帕洛马尔先生面对的未知已经成为帕斯卡（Pascal）冥想的对象，如同莱奥帕尔迪的人物形象不能够通过调解的感觉。实际上，他小心地限制他的视野："我必须给我自己的第一个规则是：限制我自己去看什么"（《帕洛马尔》，第40页）。对于满天星光的灿烂辉煌，他反对自我强加的谦虚训导，寻找逃避它的透明。在第二部分和它自己的三个截面，帕洛马尔先生通过了对于目标结构的探索，感觉和语言的关系也许是分离的路线，在人类和非人类之间。不一致的痛苦渗透着这些书页，其他恐惧的出现可能只是一个假设的想法。

在书的第一部分的环境中，通过海滨，一个中产阶级的概念和自然的联系，唤起了帕洛马尔先生孤独的假期；第二部分发生在一个城市景观中，那里的阳台、商店和一个动物园的标志，定义了人类的区域与非人类的对抗，和其他人的联系还原为一个热切期盼的妻子的一瞥；第三部分使不明确的变得明确，帕洛马尔先生的沉默。他的沉默是可听见的，当帕洛马尔先生在人群之中，叙述充满了数不清的想象：沙粒、被游人入侵的古代废墟的石头、在拥挤的集市偶然拾得的天然艺术品。

无形的、移动的，看似无穷尽的沙子经常出现在卡尔维诺的书中，在《阿根廷蚂蚁》里，它有魔法般的距离和缓解效果。在1974年他的自传里，《一场战役的回忆》（*Ricordo di una Battaglia*）[①]是一场记忆的隐喻："我的记忆仍然在那里，藏在灰色缠绕的脑中，在思潮的底部，潮湿的沙丘的床上"（《故事和短篇小说集3》，第50页）。在《沙子合集》里，它成为了观察的目标，但是越过沙子的广阔，越过埋葬的记忆，有一片寂静成长和涌入了整个场景，在本书的最后部分。世界看着它自己穿过一扇窗户，帕洛马尔先生在宇宙中是一个无形和无名的点，再也没有人知道他在哪里能被找到（《帕洛马尔》，第120页）。主题现在游戏之外消失了。那"模糊的不安是我们于世界的存在"（《帕洛马尔》，第124页）能够注视这时刻，当"在一个空的宇宙里，时间成为磨损和灭绝的"（《帕洛马尔》，第128页）。在这个时候，故事已经抵达了不可言喻的背面的风景，并非在但丁的狂喜中融解，而是像一个肥皂泡："在那个时候，他死了"（《帕洛马尔》，第128页）。眼睛已经闭上，事

---

① 在这个文本中，关于蒙塔莱风格的比喻和少许幽默的呈现好似回归到一个过去的环境之中："已经有很多年了，自从我唤起这些记忆，如同鳗鱼存在我意识的旋涡之中"（《故事和短篇小说集3》，第50页，重点强调）。

物已经冻结；聚焦不只是一次错过，或是一次完美的射击，但不管怎样，它的结论是死亡。文本的结束反驳了驾驶的隐喻，给了读者一把钥匙去往帕洛马尔的世界。

无论我们把它看成一本百科全书或是一本著述，《帕洛马尔》提炼了故事讲述者的努力，调和了创造转移三元的对立面。对立面，是由三分之一所促成，叙述者的存在是文本的中心，是它反讽的本源，能够独自牵制由怀疑造成的焦虑。洛根丁有他的憎恶，罗贝-格里耶（Robbe-Grille）的"偷窥"（voyeur）有它的（有点太明显了）测量员的计算尺。帕洛马尔先生在世界的眼睛/窗户，有一个阴影，作家能够操纵修辞手法。通过定义，某物不能在同时到达它的对立面，对立面是一个修辞学的象征，建立在没有矛盾的逻辑原则之上。这技巧自相矛盾地带来面对面的相反元素，捆绑它们在相邻的反对派旁边，揭露它们的隐身处和不明确的关系。对立面是修辞学的类似物，发现一个张着口的空隙，企图超越它。这或许是它为什么烦请那些作者的原因，他们生活在被折磨的历史时期，尝试强加规则在混乱之上的论述，通过强调和对立面的分类。①

通过叙述者的介入，一个对立面被调停的证据呈现在每一处。首先是语言的水平，那是古代的希腊文和学术上的细微差别，用诗歌韵律和本土的表达点缀着，来自"小玩意"（trappola；《帕洛马尔》，第17页）、"装死"（fare il morto；《帕洛马尔》第18页）、"欺骗"（scacazzanti；《帕洛马尔》第68页）。②对立面甚至是更加的强势，某种意义上它是显而易见的，在隐喻的水平上为主要功能服务。观察的欲望、观察最近的和最精确的方式，是不断

① 对于此分析，见《马瑞提》（Marietti）。
② 对于这个技巧的重要性，见德·瑞提斯（de Lauretis）1975年的文章。

地阻碍、避免或连同模糊的意象；挫折造成了诙谐以及几乎是滑稽的叙事声音。眼睛虽然通过各种各样的镜头被丰富着，结果在结构上是笨拙的。沉浸的欲望找到了它的对立面，在对难以捉摸的外观的持续测量中。对于静止的眼睛，聚焦于它的对象符合不断流动，后者甚至没有有序的方向，对于赫拉克利特（Heraclite）的哲学河流而言，一个人不能在其中进行两次沐浴。它是一个意象，躲避理解和保持刺激的活跃，也是在结构的标准上对立面的凯旋。《帕洛马尔》是三种声音的独白，它的结局是静默形成的论述。抵达知识的方法被提议，通过每一部分的文本固定在最负盛名的西方思想的传统中——严格、合理和有经验的观察——但它不是激发的信任，徒劳的激动。事实上，它暗示"失智症"（《帕洛马尔》，第49页），"弱智"（《帕洛马尔》，第76页）。一个声音说，"我必须"，另一个声音，静静地试探着穿过文本，说，"我不能"，或"我做不到"。哲学诗歌词典的精确断绝于诸多的实例，"可能"（forse）和"谁知道"（mah），特别的困惑和口齿不清。即使是在角色之中，也有对立的模式存在：一方面，他具有确切的开明和理性的机敏，他的眼睛睁开探索可能的发现；但是另一方面，他是"迟缓"（《帕洛马尔》，第15页）的，一个"勤奋好读书的人"（《帕洛马尔》，第41页），被他的体力所限，他轻微神经过敏的习惯、他奇异的理念和他的怪诞，有时无意的就像是动物的姿态。他的想象力是他虚弱视力的对立面，他是年轻和生机勃勃的。他的行为近似一个充满尊严的小丑，有一张类似最好的喜剧演员那没有表情的脸。

对立面是自我嘲讽的基础。在卡尔维诺的早期作品中，如果一个人着眼于结果的话，作者的冒险将以失败而告终。论及他未答复的问题，是可知的，观察者孤独地寻找，冒着保持贫乏的危险，当他对世界的认识变得更加丰富和多样，相反，文本却更加贫乏。写作，好像是一种生活，或许是唯一的死亡延缓剂。诗歌的丰富转向乏味，宇宙变得滑稽，滑稽又变成皮兰德娄风格记忆里的哈哈大笑。毫无疑问，皮兰德娄是一个重要的存在，比起卡尔维诺数次提及的泰斯特先生（Monsieur Teste），他在帕洛马尔先生的构成中起到更加决定性的作用。帕洛马尔先生是诚挚的、诙谐的、谦虚的，正如同瓦莱里（Valery）的另一个自我是苛求的、自大的、野蛮的。最重要的是，世界的感觉在它们的魅力之中，在帕洛马尔先生的领域。泰斯特先生阻碍了他自己，在一个冰冷理智的纯净空气中。关于皮兰德娄，有两个要素相关联，皮兰德娄的人物角色经常会出现一分为二的局面，在舞台上或是在小说中，当他们伴随对立面呈现的时候。在作者的全部作品里，死亡隐现出不吉和怪异，以它永远的存在，嘲笑着人类对于逻辑和清晰度的渴望。皮兰德娄任性的死亡，对于活着的人们是那样痛苦、那样具有颠覆性，一个有秩序的宇宙理想是栖息于卡尔维诺最后小说中严肃、关心、略带滑稽人物的最终来源。帕洛马尔先生说，他将会成为"一个坏脾气的僵尸"（《帕洛马尔》，第127页），以皮兰德娄的风格偏好。[1]叙述者挖苦地评论："在责任缺乏中，死亡找到了它们的快乐"（《帕洛马尔》，第125页）。死亡是最终的矛盾，不是由帕洛马尔先生来书写决定性的词语，而是由他无形的观察者/作家来书写。

---

[1] 见皮兰德娄的小说《后来的马蒂亚·帕斯卡》（*Il fu Mattia Pascal*），马蒂亚·帕斯卡在那里同时活着和死去，企图重新安排他自己的生活；在《完整短篇故事集》（*Novelle per un anno*）中，见《赤裸的人生》（*La vita nuda*）、《心烦意乱的时刻》（*Distrazione*）、《普兰斯》（*La rallegrata*）、《隐藏的盒子》（*La cassa riposta*），特别是《凡人的遗体》（*Resti mortali*）。

　　帕洛马尔先生是"老水手和流浪的牧羊人"（《帕洛马尔》，第45页）的继承人，但是他的眼睛来自光学仪器，他最能清晰看到的星星是那些标在地图上的星星。叙述者谈及"帕洛马尔先生"，好像他在他的创造物里面，但是拒绝做任何的鉴定，即使是通过小说；他的姿态看起来充满魅力，记录了他最密切的情感，咯咯地笑着。写作相当于对准一个焦点，隐喻性的三角测量，测量出令人眼花缭乱的距离，在欲望和成就之间。文本的勇气在于论及一个远古而来的棘手计划。到如今，从外到内被渐渐破坏殆尽。从诗人/无产阶级的马可瓦多，我们回到了一种角色——纪德（Gide）、漂泊的知识分子和斯韦沃（Svevo）的芝诺·考斯尼（Zeno Cosini）、卡夫卡（Kafka）困惑的主人公和萨特（Sartre）的洛根丁（Roquentin），他们对于作家而言是珍贵的，欧洲的平静在深渊的边缘。

　　英语"凝结"（freeze），表示停止追随想象的行动。在意大利，有另外一个类似的词语，"焦点"（mettere a fuoco），不明确地指"焚烧"或"聚焦"。卡尔维诺的文本凝视着主角的虚荣心转向制造一个精密仪器，那好像是无效的，但也是叙事的核心，事实上它是一个完美的机制，被折磨人的怀疑所破坏。对于现状没有选择，狡猾的、自我讽刺的游戏恰恰是吸引人的，因为它承认和拒绝了它的失败，当用冷静的激情来仔细地检查它时，了解了它幽默的来源。在杂技演员的练习中，吸引我们的是勇敢，在空虚之前沉静的片刻，顽固的注意力集中于无形的轨道。帕洛马尔先生的野心是找到"隐藏于存在深处的标准"（《帕洛马尔》，第87页），不均匀的人类和非人类的和谐；但讽刺的是，他回到了一个死胡同。

　　"教训"也许是我们都串通一气，当我们因为挑战而被监禁在文化幻想的迷宫里；同时，一个聪明的和象征的概念吸引了我们。我们分享（或习惯于分享）文化，以它的模式和原理，从希腊到罗马、从亚里士多德（Aristotle）到伽利略（Galileo）、从司汤达（Stendhal）到莱奥帕尔迪（Leopardi），都是我们的偶像。

　　艾迪奥（Einaudi）出版社的《帕洛马尔》版本的封面插图，以它的精致与书本的结论相应，封面是阿尔布雷克特·迪瑞尔（Albrecht Diirer）的绘画：一个聪明人全心凝视着一个斜倚的女人，她被网格线加了外框，使之成为一个三维空间的透视图。她静静地在睡眠中放松，把她自己变成一个温顺的对象。设计师的凝视，他最抽象的和"纯粹"的感觉，要感谢她的静止和距离，围绕着她，他能画她。在他们身后，集中和限制的网中有一处风景，也是通过矩形窗口严肃地构建，由一些小树盘景形成严格的图案。插图是沉静和安宁的美景；然而它是一个谬误，更确切地说是对文本对立性的确认。事实上，在帕洛马尔先生的世界里，没有必然和安定，意象是模糊的，几何学透视的路线和网格由文艺复兴的艺术家的精神框架设计，只有世界的细节通往虚无。对几何学的沉迷需要静止，它冻结在"真实"的表面，不能抵达到活着的核心。新的仪器和其他线路的逃跑必须被想象，在别处寻找到。人眼保持搜寻，从它的支柱到第三条边。第三维标志着边界，在有形和无形之间打开飞行的通道[1]，那是卡尔维诺所探寻的，在他去世后出版的两本合集中：一本散文集，一本小说集；它们彼此平行。沙粒在美洲的阳光下闪耀，在异国他乡，那里的寂静是一个网的符号。世界是一

---

　　① "我更加喜欢直线，希望它能延伸到无限，让我够不着。我更加喜欢小心地计划我逃跑的线路，正如我寻找那时刻，我能够飞快地离开，像一只箭，消失在地平线上。"（《美国讲稿》，第47页）。

个假设[《成文的和不成文的世界》（*The Written and the Unwritten Word*）]，尽管对于每一样事物，一个倔强的观察者必须不停地反复计划，直到他最后的声音宣称：

　　宇宙可以被溶进一大团高温里，或许沉落于熵的涡流，但是在这个不可逆转的过程当中，有区域秩序的可能性，竭尽全力达到一种形式的存在，享有特权，看似一个人从中能够瞥见一种设计和远景（《美国讲稿》，第68页，重点强调）。

眼睛和世界不是单独的实体，或许对比法和三角形已经被取代，通过相互的魔法和互惠的结构。

第三章
幸存者，或田园诗的拒绝 ①

世界已向它露出一张无常易变的脸……事物是险恶和难以捉摸的。

——纳塔莉亚·金兹伯格（Natalia Ginzburg）：

《作品》（*Opere*）

田园诗和非田园诗

对于卡尔维诺而言（假定任何人在这一点上能够区别于他），自然绝不仅仅是"自然"。他看到自然的重要性和概念的构想经过科学和文学模型的结合。杰出的自传《通往圣乔瓦尼之路》（*La strada di San Giovanni*）表明了双重的组织模式和他的意识复杂的意图。一方面，有着严厉父亲的典范和母亲的思想及实践[博努拉（Bonura）：《踱步》（*pace*），第19页]，卡尔维诺的植物学家

---

① 本章来自《田园诗的安魂曲：伊塔洛·卡尔维诺最初的马可瓦多故事》[（*Requiem for the Idyll: Itallo Calvino's First Marcovaldo Stories*），《斯坦福意大利评论10:2》（*Stanford Italian Review* 10:2，1991年）：第177—198页]；《从迷宫逃亡：伊塔洛·卡尔维诺的马可瓦多》[（*Escape from the Labyrinth: Italo Calvino's Marcovaldo*），《意大利研究年刊9》（*Annali d'Itialianistica 9*，1991年）：第212—229页]。引用自1983年版的《短篇小说集》。

的母亲拥有严肃的世界观，看似已忘记了对他的影响；另一方面，文学的财富使他着迷。有效的对比，建立在卡尔维诺对于自然世界的洞察力和帕韦塞对于世界的洞察力之间，他迷惑了乡村与它的居民，选择弗雷泽（Frazer）《黄金大树枝》（*Golden Bough*）里的自然世界作为他的旅行指南。卡尔维诺习惯于想象上的、也有意识地探寻他和自然世界的特殊关系，他描述他的阅读，承认他地主的血统，幽默地重述他学习的特殊习惯和他古怪的双亲。他早期写的短故事包含了一个生动的动物寓言集，里面是在果园和花园里生活的"居民"。它们是卡尔维诺关于动物的真实象征，它们的魅力归功于作者观察现实的精确度，以及他奇思妙想的喜剧爱好。关于卡尔维诺早期故事中的人物形象，他们或者是乡村的贵族（男爵和子爵），或者是各种各样的手工劳动者、园艺大师和有类似特征的人。他笔下的女性形象在对怀旧的18世纪自然现象的强烈爱好和那些现象善意健康的怀疑主义之间摇摆。我们看到，在《树上的男爵》和《分成两半的子爵》中，年轻的修女是科西莫的姐姐维奥拉（Viola），帕梅拉（Pamela）恰恰追随那样一个典型。

1958年，卡尔维诺在名为《短篇小说集》的合集中收录了他大部分的短篇小说，关于了解自然世界的10个故事，书中有一个中心人物，名字叫马可瓦多，内容形象化地强调了那些故事，从1952年写至1956年，在《第一本书》里又形成了一个单独的合集，内容包含一个更厚的子集，名为《艰难的田园生活》（*Gli idilli difficili*）。奇怪的是，马可瓦多第一本故事集的第一个版本如果存在的话，也很少被学者们所引证。引证多数来自于《马可瓦多》的后期版本。

第一版的元素 ① 对于所有的合集阅读而言，是基本的线索。首先，对于一个像卡尔维诺这样的作者和所有受过良好教育的读者来说，牧歌一词来自于田园，唤起了主要的文学传统。卡尔维诺词汇的选择是一个符号，把握了常见主题的誓言：伊甸园般的经验、苦乐参半的爱、培育的自然。然而，副标题所用的是矛盾修辞法，它并列于两个对立的元素：田园诗是被命名的，但是，它传统的内涵是矛盾的，其结果几乎是由第二项所否定的第一项所创造。此外，10个故事在一个名叫"艰难的田园生活"的单独分组里，清晰地表明了它的中心人物马可瓦多的重要性，他不只是一个偶然的创造。

马可瓦多的第一个循环

每一个故事都伴随有一个相当规律的概述：同样的主角、不变的特征，在同样标志性的城市里，生活的冒险是相似的内容和发展，在一个潜在的愿望之外完成理想的需求；一些线索以马可瓦多为记号，通过某些对象被给予内容，变成欲望的目标。然后一个障碍出现了，企图获得欲望的对象最终失败，故事接近消极的结论。②

---

① 此目录表明所有的元素，明确了"实用主义的维度"（pragmatic dimension）的所有功效，通过在"一般索引"（generic indices）的其他线索中提供，见《热内特》（Genette），第9—10页。

② 对于结构的讨论和马可瓦多故事的重复模式，见科尔蒂的《文本或宏观文本？卡尔维诺短篇小说集中的马可瓦多》（Testi o macrotesto? I racconti di Marcovaldo di I Calvino），1975年和1978年。科尔蒂在一个重复的模式中看到生产的结构或宏观结构，连同先进的叙述模式，给予了第一轮短篇小说以凝聚力。因此，那10个短故事，科尔蒂推断它是宏观文本的组合，或是一个单一的文本。

　　一开始的三个故事均写于1952年，但是一个故事置于三个之中，《饭盒》（*La pietanziera*）可能是最古老的，因为它始终在主题和文体上连接着卡尔维诺被称为"新现实主义"的叙事阶段。每一天，对象和手势日益凸显在它们的具体性和功能性之中。它的第一段是关于一个在社会上的对象的详细描述，20世纪50年代意大利的美国饭盒的等价物，变成了故事标志性的中心，马可瓦多的失望也是，他几乎实现了他的愿望，由社会与文化因素引起（他在社会上，作为一个无产阶级的存在始终是分层别的，特权是公然被编成法典的），而不是通过一个有形的障碍物或者存在主义的障碍物实现。短故事也包含了无忧无虑的梦想，对于社会因素的参与携带了少许的讽刺，作为一个手工劳动者，他和他的食物以一种可笑的方式形成对比，可怜而富有的小孩和事物构成了他的生活方式。[1]

　　当"饭盒"表达了限制和悲伤的感觉，叙述者建议开放和诗性的想象，开始以不同的长度陈述其他的故事。《城市里的蘑菇》（*Funghi in citta*）当仁不让地名列前茅，首先因为它适当地介绍了主角，建立了它的模式。在一个技术层面上，它第一段落的敏捷获得了对度量标准和节奏模式的运用，为学校培训的意大利读者所熟知。[2]开始是三音节和九音节的组合，非常符合传统重音，结尾是一个带口音的终止符在第六和第十个音节上。诗歌的音调，但是接触最为幽默，幸亏有"敏感灵魂"（anime sensibili）的表达。当严格的提倡连接了一个完整的词汇：有关18世纪的法语"敏感性"

---

　　① 我们注意到，有趣的是文化习俗是否随着种族和年代的环境而改变，香肠和萝卜代表性地意味着粗俗的饮食，但是我很怀疑喝醉了的脑袋表达着北美读者（或是今天的意大利读者）的内涵，它包含着经典意大利的20世纪50年代，文雅和健康的美妙。

　　② "风，从远处抵达城市，带来了它不寻常的礼物，只有少数敏感的灵魂注意到它们，比如花粉病的患者，他们打喷嚏是因为来自异国之花的花粉。"《短篇小说集》，第134页，重点强调。

（sensibilite）的表达降至了20世纪的术语，关于呼吸的疾病、花粉病。因此平凡的打喷嚏喧闹地在序诗中回响，创造了一个喜剧的参与，在诗意的散文里。然后，一个新的段落以"某一天"开始，气氛在故事经典的方式中已具备，在经济上，它已经完成。

马可瓦多是一次作为"灵魂意识"的呈现，但属于另外一种不同的类型。因为身体纯粹的敏感无法控制地打喷嚏，他调和了逃脱其他人注意的共鸣。他根据具体情况随机应变，从诗歌出发，列出了连续的——"一片叶子在它的树枝上变黄"——到异想天开的——"一片羽毛在屋瓦上被捉住"——再幽默地唤出一种失态——"无花果皮粉碎在人行道上"。[①]在他孩子气的"差异"（difference）中，马可瓦多看似既不高于也不低于视力的正规线路，不在意传统价值判断的成人特征。每一个故事都以编程方式坚持马可瓦多的独特性，调动了他冒险活动的机制。

《城市的鸽子》（*II piccione comunale*）跟随同样的大纲。鸟儿高飞在山峦和田野上，沿着押韵的"飞行路线的无形的风"（vie invisibili del vento），《城市的鸽子》，第137页。打开第一个段落，给做白日梦和冒险提供了机会。第四、第五和第六个故事都写于1953年，形成了三个相连的变奏曲，搜寻能治愈本性的主题。正如在早期的故事中，即使假定的民间故事是一个谎言，除了《饭盒》之外的马可瓦多故事是幻想的结果。药的苦味不再能保证它的效用。森林对童话故事里并不存在的可怜樵夫和他的家庭起作用，唯一值得呼吸的空气发现是来自对一个肺病患者的诊断。

两个1954年的故事介绍了典型的家庭驯养动物群，但这些是

---

① 最后一项是从文化角度表示盎格鲁-撒克逊（Anglo-Saxon）人的等价"香蕉皮"（banana pee）。

寓言，而不是童话。①动物们不需要经受蜕变。它们不是困惑的，也不代表自然，它们在那里当然不能活下来；不如说它们是合法的参与者，在城市的冒险中，在它们自己的伪装里。一只兔子被发现有毒，因为它一直遭受实验室的实验。一次去大山牧场的旅行，让一群牛进入痛苦的劳作经历。在所有的故事中，马可瓦多的失望和其他的生物一起共有。在《有毒的兔子》（*II coniglio velenoso*）中，兔子看穿了它与自然和人类疏远的深度距离；《畜群的旅行》（*Un viaggio con le mucche*），对于马可瓦多年轻的儿子米奇里诺（Michelino）而言是一段严格的早熟经历。马可瓦多没有变得更加聪明，因为他的幻想已经深深扎根。在1955年和1956年间，他是两次冒险活动的主角，《公园的长椅》（*La panchina*）（在第一本合集里的名字）及《月亮和Gnac》结束了循环。

在10个故事的背景中有幽灵的出现，它是在别处培育的图像，源自于欲望的幻想。每个故事的位置总是城市，是没有变化的和双重的。但是在其身后，作为城市自身必不可少的冒险当中，有"自然"的存在。因为所有的幽灵，是大多数人所看不见的，不能从它的缺乏中显露出来。如果有一个媒介或催化剂，那必定是马可瓦多。在作者10个故事的合集中，他的存在是识别因素。虽然是来自从心理学结构观点看的原理，马可瓦多是一个复杂的中介存在。他是一组对话的"联系方式"（contact），使他对于作者和读者成为

---

①　《阿沃拉》（*avola*）与演讲本身密切相关，《阿沃拉》源自拉丁语的一个童话故事。它表示一个"生命故事"，意大利式的《我人生的短故事已经结束》（*la mia favola breve e gia compita*），或者是它可能涉及植根于传说的历史小说，比如但丁的《菲耶索莱和罗马的揭秘》（*favoleggiar di Fiesole e di Roma*），通常具有启发性的维度。童话是类似的，从17世纪开始特别受到读者喜爱。它总是包含魔力和超自然的存在。见《巴塔利亚》《考特拉奇奥》（*Cortelazzo*）。

可能，以数个文学世界的职权，①以同样方式答谢他们共享的熟悉，在迷惑人的故事简单的实质里，所有的连接贯穿于他。马可瓦多的"处境"介于叙述的声音和阅读的呈现之间，从叙事策略的角度看模糊不清。叙事者矛盾的定位关于角色方面可能意味着不同的读者，多重效果在文本中得到实现。

叙事者以抒情诗和描写的段落在一个标准上介绍了每一段情节，偶尔发表评论。②他对一个隐藏的听众发表演说，被置于一处更加遥远的距离，比起叙述者，主角被认为是一个天真的听众。对于后者的利益，叙述者的声音最大化地魔咒文本，给予重复的情节线索以特权，操纵文学的陈词滥调，选择一定的句法模式有价值地讲故事。例如，主语和谓语的倒置、角色的挪用，如以下的例子："这个马可瓦多，他有，一只眼睛不完全适合于城市生活"（《马可瓦多》，第134页）。

在另一重标准上，叙述者似乎致辞了这样一个读者：他对文学的惯例是熟悉的，那是指，有人意识到正式工作的复杂性、思想性和互文性。语言的选择和讽刺的音调表明了纵容的态度。假设了一个读者，他不是幼稚的，而是被置于同样的距离，马可瓦多作为叙述者，既是重实效的也是人文的。对于读者而言，他是一个平等的

---

① 巴赫金（Bakhtin）的系列作品都必不可少地有关于马可瓦多故事的评论，特别是关于作者、人物和读者三者之间的联系。详见《巴赫金和梅德韦杰夫（Medvedev）》，第21—30页和第129—141页。见《洛夫（Volosinov）和巴赫金》，第46—58页。《生活和诗意的词》（*La parola nella vita e nella poesia*）。

② 叙述者的评论可能是简短的——"马可瓦多，总是在空气中用他的鼻子"（Marcovaldo sempre a naso in aria），《短篇小说集》，第137页；"更简单地说……"（Una parola），《短篇小说集》，第148页。但是常关于心理动机："怀疑的思想"，"充满恐惧"，"带着安慰"，"甚至他不知道为什么"（ragionamento sospettoso, pieno d'apprensione, con sollievo, non sapeva neanche lui perche），《短篇小说集》，第135页；"生气，愤怒……那些爆发的感情"（ira, rabbia ... tracollo di quelle passioni），《短篇小说集》，第136页；"非常担心"（molto preoccupato），《短篇小说集》，第138页，等等。

叙述者的声音，"马可瓦多"这个名字和伴随着名字的每一个词，都不是纯粹的一点语言的诙谐。①

对于作者而言（至少，对于写了这个短篇故事集的伊塔洛·卡尔维诺），他对叙述者的亲密，透露了论述社会历史的关注点，它存在作者、叙述者和所期盼读者的交流中，马可瓦多尤其重要，对于叙述者的成功，他是一个发明，适合于特殊的环境，一个成功的西方社会在20世纪的第三季里。②他的位置在社会最底层，但是政治上没有定义，他的本质特征（他不明显的敏感性）、他和他的环境根本的不协调，通过他的名字进行宣告，断然地以这样一个关键句子："没有人注意到它，除了劳动者马可瓦多"（《马可瓦多》，第134页）全部阐明。马可瓦多是一个被边缘化的人，在现实事件当中很拙劣，在社会环境中被孤立，但他既不是一个知识分子也不是一个反叛者、一个孩子或者是一个流浪汉。预期的读者不可能被他吓到。因为，他们知道他的差异，他们不会受到他的威胁。另一方面，他们分享了叙述者模糊不清的关于他的感同身受，因为他们对于自身的经历也感觉到矛盾和困惑，面对一个亲切自然的神话，不断怀旧和讽刺，他们被成功地都市化。

---

① 叙述者的干预可能是描述性的——"肩胛骨脆弱，像一只没有羽毛的幼鸟的翅膀"（scapole fragili come le ali d'un uccelletto implume），《短篇小说集》，第151页；"马可瓦多，高且瘦；他的妻子，矮而壮实"。《短篇小说集》，第151页，但是在后来的故事中，它们更多的是以格言来表达，好像被交付给分开的知识或智慧："孩子们，你们知道他们怎样"（I bambini, si sa come sono），《短篇小说集》，第145页；"一个孩子往哪里跑，当他被追赶的时候？他往家里跑"（Dove scappa un bambino inseguito? Scappa a casa!），《短篇小说集》，第147页；"马可瓦多不能想象，一只雌兔的可能性"（alia possibilita che fosse una coniglia, Marcovaldo non ci aveva pensato），《短篇小说集》，第157页；"对于狗而言，人是异类"（I cani, cui nulla di quel che e umano e alieno），《短篇小说集》，第163页；"你现在所要做的就是质疑你的现状，谁知道你能走多远"（Basta cominciare a non accettare il proprio stato presente e chissamai dove si arriva），《短篇小说集》，第170页，等等。

② 更确切地说，意大利战后的社会状况伴随所有隐含的事实，依据语言选择和文化典故，马可瓦多的故事在卡尔维诺被翻译成英文的作品当中，在意大利之外是最少被人知晓的。

在正式的层面也是一样，马可瓦多的存在是必要的。如果语言学的媒介以及它所有的特征是文本策略的符号，在马可瓦多的周期，他清楚地瞄准了一个文学的矩阵。谁在这里说？怎么说？叙述者和主角两者的差别，通过任务的分配看似首先被清晰地标出，允许现实的距离，使得讽刺成为可能。叙述者说到抒情诗调，运用了修辞手法，当角色被限制在一个平凡的、本能的层面，对话的风格简单地被叙述者证明。①

文本的双重性也很快以正式的标准变得明显。在两个声音中间有一种集合。观察者秘密地集中注意力于对象，当叙述的声音适合角色的观点，命名他的感动和隐藏他的感觉。在叙述的文本里，不只是词汇和句法的选择，甚至是马可瓦多的间接引语和心理历程，都成为叙述者演讲的证明。②马可瓦多变成了一个回音，他的词汇经常是古老和陈旧的，尽管通过他的上下文来焕发光彩；他文法的选择接近于书面的惯例标准，如任何的纯粹主义者所渴望的；他的语法始终运用最和谐的节约模式，绝不被方言所诱惑，但是极其频繁地使用诗歌技巧。事实上，在最后两个故事中，马可瓦多运用深思熟虑的诗歌的方式，修辞手法（换置、对仗、押韵、隐喻和对

① "他弯腰"（Si chino），《短篇小说集》，第134页；"这是我所说的"（Ecco quel che vi dico），《短篇小说集》，第135页；"越来越晚……天冷了，我们回家吧"（E' tardi... Fa freddo. Andiamo a casa），《短篇小说集》，第154页；"他太幸运了"（Beato lui），《短篇小说集》，第164页，等等。

② 描述蘑菇的外观，马可瓦多"解释传达很多物种的美丽和它们香味的美妙"（spiego con trasporto la bellezza delle low molte specie, la delicatezza del low sapore），《短篇小说集》，第135页。观察可以想象的贫瘠的城市环境，马可瓦多发现它们变成"他反应的对象，当他发现'季节变化，他心的欲望和存在的痛苦'"（oggetto di ragionamento, scoprendo i mutamenti delta stagione, i desideri del suo animo, e la miseria della sna esistenza），《短篇小说集》，第134页。城市从远处看着，"在他看来像是一个铅灰色的沼泽，污浊，被无数大小不同的屋顶所覆盖（Cgli parve una landa plumbea, stagnante, ricoperta dalle fitte scaglie dei tetti）"，《短篇小说集》，第152页，重点强调。

偶），还有富有节奏的熟练终止。①

必然嵌入循环的论述，在马可瓦多的文本里，主题有它连续的中心，诱发文学的老生常谈。例如，明显相对立的主题实际上是互补的领域：城市和自然。不可避免的，马可瓦多和他社会存在主义的地位已经吸引了评论家的注意，诱发了评估卡尔维诺确认或加强他自己对文本的阅读（见《马可瓦多》1963年版本的封面宣传，1966年版本的前言，都是由卡尔维诺所写）。根据阅读，马可瓦多是城市的一个被放逐者，他的出身是一个农民，他从某个时空抵达那里[《清洁的空气》（*L'aria buona*），第152页]。但是，早期卡尔维诺叙述的实际色彩可能引导我们走向错误。实际上，马可瓦多是一个完全非典型、来自乡村的移民。他贫穷，是城市的流浪者，但是关于乡村的记忆远非一个乡村的农民，而是一个文学的记忆。"自然"，活在马可瓦多的内部，作为理想概念的一个通用符号和一个文学信号，凭借整体否定城市的经历传递积极的信号，成为一个强迫性的动机，但是不可避免追求的失败。

马可瓦多从来没有将满满一铲子泥土放入他的生活。即使是有一天，②他不能在"真实"的乡村里幸存下来，显示他没有爱好去尝试这一经历。乡村对于他是这样的一个地方，作为沉思和幻想之地，一块肥沃而丰裕的土地，因为他只能作为典型的城市居民。马可瓦多生活的城市也许是一个牢狱；尽管如此，它是他唯一的家。在卡尔维诺

---

① 有一个例子将足够："啊，如果我能够有一次在鸟儿的鸣叫中醒来，代替在闹钟里醒来……噢，如果我能睡在这里，在凉爽的绿色植物中间，而不是在我的房间里，低矮和闷热……这里，在宁静之中，而不是在家人的鼾声里和地面电车的隆隆声中……这里，在晚上自然的黑色里，而不是在刺眼的街灯打上条纹的人造黑暗里；早晨当我睁开双眼，看见树叶和天空！"《短篇小说集》，第166页。

② 看，一个好奇的预览，一个早期的"寓言"，标题是《每一个人的重要性》（*L'importanza di ognuno*），《短篇小说集3》，第786页。

的语言里，它是一座迷宫、一个"内部"也是一个"外部"、一个梦想的机器，提醒了所有经历的矛盾心理。实际上，马可瓦多对于他的城市环境不是不在意的，对于它的潜力有高度的灵敏性，他几乎是一个奇迹般地出现。城市的经历是至关重要的，对于检索一个隐藏的维度，它构成了文本本质的核心：田园诗的记忆。[①]

田园诗的世界

城市居民的欲望可能获得什么样的形式？田园诗的传统以强有力的全部约定范围提供给他们。"自然"（natural）的田园诗场景是西方文化显性的隐喻之一。卡尔维诺文本主题的对立面定位了一个同时代的文本，紧密但是好辩，与田园诗的世界相连。《短篇小说集》整本书维护了它的主题"田园诗"（idyllic），与它最平庸的含义相反，不在"外部"（outside）：静和美的王国；更确切地说是渴望和失望的领域，因为它体现了我们内部的矛盾。越过诸世纪，因为一种内在的崩溃，田园诗的美景显然已经从固体的静止发展到模糊不清的自我否定，然而词语"牧歌"（idillio）的表达——在广大领域里的一个编码——仍然有力量去唤起它。

如果一个流派是世界文学形式在集体记忆中的沉降，米哈伊尔·巴赫金（Mikhail Bakhtin）建议，移位和转变已发生在一般的形成中，在它们代表性的特征里，语言、音调和主题，关于社会与文化的改变。主要的流派特别清晰，它的精巧持续了几个世纪，田

[①] 近期作品的一个简短目录，田园诗被包含在参考书目当中。

园诗通常这样存在于欧洲的文化中。尽管存在所有回忆与模型的询问，因为流派的可变性，作家们仍然面临托多洛夫（Todorov）所说"写作模式"（modeles d'ecriture）的问题，用里法泰尔（Riffaterre）的话来说，读者是"形式主义的"（formes phantome）。作为读者，我们对于似曾相识的阅读是敏感的。形式要素的循环、主题和意识形态的内容，被操纵或是伪装，提供了写作的参照点，为阅读提供线索。表达的语气部分创造了气氛，使得作者和读者之间的对话成为可能。在卡尔维诺读者的心中，从来没有任何的疑问，他的写作不是事实的模仿，是一个多重的过滤器，通过一个复杂的装置连接个体和社会、正式的社交活动和意识形态、语言学和主题（德·瑞提斯：《伊塔洛·卡尔维诺》，1975年）。在马可瓦多的第一个周期里，留下了绝对改造的田园诗，提供了叙事的基础。

模式中有一些主要元素。在正式的领域，元素是文本的抒情结构，无论是不是用诗歌写作，所有的规定都与抒情诗的形式有关。规矩主要是文体的选择，通常是简洁的，和其他简短的艺术作品相联系。每一个作品都重申这个主题，在每一个模式结束的时刻，不苛求决议，但寻找规矩的确认。有几种田园诗的修辞手法实际上存在于马可瓦多的时期，包括抒情诗的意象；隐喻；描绘自然对比措辞的明喻；特殊位置的描述（树荫）、物体（月亮、星座）、情境（清冷的影子、宁静、大自然美妙的声音）；对偶的使用和各个级别的重复，语言学的、主题的、创作的。①

在主题方面，田园诗体裁主要的元素是自然的传统主题。此外，马可瓦多的周期是一个困扰诙谐的重述。马可瓦多的摘录来自

---

① 那些观察者们得到支持，通过卡尔维诺后来在《美国讲稿》第48页里的回应。

散乱的线索，在艺术家的时尚里、"推理"（ragionamento，《马可瓦多》，第134页）的材料中。这是一个有条理的反思，关于熟悉的坐标（通行时间、人类欲望、狭隘和重复的存在）和一个神话的再创造。反响的机会由目标分类所提供，长期委托给那样一个功能。变黄和落下的树叶甚至不需要一个现象学的指示物，为了被占用。今天，在田园诗的透视里，为了哲学沉思的目的，逝去的时间要想被看见，唯有假借季节的循环，那些"季节性变化"（《马可瓦多》，第134页）是田园诗论述不可分割的部分和忠实地返回，在马可瓦多的每一个故事中。

在意识形态的层面，通用的元素是一个国家意识中的建筑物，置于不同的位置，与"真实"（real）的社会背景自相矛盾。出生在城市，都市人为都市人写作[《波焦利》（*Poggioli*），第1—41页]，田园诗不能沉浸于现实主义中。当现代与喜剧及异想天开的模式结盟，它在本质上是模糊不清的。通过许多的再生，从田园诗到传奇、到骑士的史诗与神话故事拙劣的模仿、新世界的神话、浪漫的叙事，田园诗印在我们的意识中，作为我们的文化典型的概念之一。即刻意识到的田园诗成分包含遗失的感觉，含蓄地唤醒一块良好的自然栖息地；恐吓的感觉与理想化之地的"外部"有关联（一个外部的、自相矛盾的西方社会）；有时自动地假设主要人物低下的社会地位；田园诗美丽的风景，不单是一个描写，而且是一个引证[花儿是"玫瑰"（roses），鸟儿是"夜莺"（nightingales）]；深睡在森林里。田园诗和文化环境导向的连接是真实的，摧毁了完美的构想[阿西娜（Alcina）和阿米达（Armida）花园命运的目击者]①，但

---

① 这是关于田园诗的又一个约定。巴贝瑞（Barberii）曾特别敏锐地探究了圣洁和非圣洁的冲突，或者是快乐和责任之间的冲突，在晚期的文艺复兴和早期的巴洛克艺术阶段。

也通向它的再现，从《堂吉诃德》（*Don Quixote*）到19世纪的田园诗，间或存在当代的低俗小说和流行歌曲。

马可瓦多不是一个简单的诗歌灵魂或一个从事古怪冒险活动的英雄，他关于阿卡狄亚（Arcadia）的图像，特别是他想象的方式，揭露了他家庭内部的关系。在他无产阶级的掩饰下，他是诗人的追随者，孤立地生活在城市居民中，对于他们而言，与诗歌（realite rugueuse）不发生接触。他的身份作为我们文化古老特性的化身，巧妙地被暗示，他的名字——一个古代英雄的暗示——表示了他的地位在幻想的世界里。然而，既不是简单的怀旧也不是拙劣的模仿，将适合这些时间的灵魂或是这个作者。文本必须承认它的环境，或被称作"后现代性"（postmodernity）。

以一种文化和文学的记忆对待田园诗，同时揭露它的歧义和不正常的存在，它可能由表达的语调促成，它是讽刺的，通过一种典型的卡尔维诺步骤，它包含混合的技巧，来自不协调的话语方式，我们称之为"污染"（contaminazione）①。

大多数时候，讽刺以微妙的方式渗透到整个文本中，但有时也非常明确。它标志着张力，在有条理、有主题的代码（然而是无力的）和意识形态的元素以及文本的要求之间，作为20世纪概念的自我反射。文学的约定、神话的主题和直接的经验不可逆转地分裂开，被作者的意识重写，它自己在拒绝和不被承认的怀旧之间分裂，为了一个过度使用世界的模式。在《长椅》（*La panchina*）的最后，自相矛盾的田园诗的传统图像落满灰尘和令人厌倦。比较城

---

①　"Contaminazione"是古典派创造的一个名目，表示技术手法，最初被认为是罗马的剧作家所为，结合了一个文本程序和可能从矛盾源头中提起的元素，巴塔利亚（Battaglia）的字典里援引了卡尔杜齐（Carducci）、帕斯科利（Pascoli）和帕韦塞（Pavese）。

市早晨的新鲜和活力：水从水龙头流出；地面电车"用铁爪抓着地面"（scalpitano），如同焦躁的马匹；工人们骑着摩托车；商店的百叶窗朝着天空喧闹地卷起来；窗户打开，他们的玻璃板在太阳光下闪耀……只有马可瓦多从他夜晚幻觉的疲劳、疼痛中再次出现，与周围的环境不相协调。

我们现在意识到文本的不明确是由于叙述者的定位。因为，在现实中，叙述者和马可瓦多是一个自我观察者的两部分，他日常的努力和失败我们可以以其模糊不清的消遣为证。分离和参与是同一件事情的两面。这里，没有历史的泛滥。每一段情节都跟随着同样的模式，每次我们都循回到开始的地方。对马可瓦多所处位置的误解通过他受到挑战，造成的严重性和在基本不利条件下的规律性，一个喜剧的结局是唯一的可能性；但是作者、叙述者、主角和读者的笑声带着悲伤。[①]

讽刺的腔调通过生硬的对仗，经常在文本中出现，作为意想不到的事件或微小的关注打破了抒情诗的冲力。例如，在预先提到的冥想场合的序列，诗歌暗示远离，鸟的羽毛追随所提及的昆虫和一块压扁的垃圾：关于"自然"的高贵证明的两幅漫画。在别的例子里，声明之后是相反的效果，或是一个夸张（及破坏）证实马可瓦多天真的愿望："要有耐心，黄蜂很快将到这里，——当门打开的时候，将有一大群侵入屋子里"（《马可瓦多》，第147页）。讽刺是强调不协调的图像（蘑菇在城市里，兔子在建筑物的顶上，牛在大街上）或者是通过面孔严肃地巧辩："我们可以送他们去的最好的地方……是大街上"（《马可瓦多》，第151页）。它也表现了一

---

① 关于田园诗的忧郁，见《加伯》（*Garber*）。

定的电影效果，特别是在一段情节结束之时，当马可瓦多以电影的
远镜头被观望，被人们限定和包围，他生气了。贯穿整个故事，尽
管讽刺主要的来源是探索田园诗的撤退，作为逆境的一个阴谋，各
种各样的对抗者和正式的约定有系统地击败了角色的努力。

体裁的减少经常是固定地按时间顺序转移，或者是代码转换。
换句话说，关于体裁在分层阶梯的"下降"，它明确地在这里受到
影响，因为"污染"。诗歌和现实，代表世界之间的距离，理想构
图和既定资源之间的差距，在幻想和现实之间，已经找到了在喜剧
电影和某一年份的漫画上20世纪的表达，主要是在20世纪30年代。
喜剧漫画对于复述讽刺的幻想，供给了卡尔维诺几条建议。重要的
建议是复述的模型，回响了早期的诗歌传统：短插曲同一情节画面
重复快速地演替。田园诗的文本被打破和转录，在第十个故事中，
以一个序列被美好地阐述。人物经历的两个时刻被记录在形成鲜明
对比的两次记录中：

> 夜晚的黑暗和乡土摇滚，18岁的年龄，感觉被月光调
> 运……听起来像是重复的小夜曲抵达她。有GNAC，那广播像
> 是抓住了一种不同的韵律，一种爵士的韵律，乡土摇滚乐伸展
> 在她的紧身裙里（《马可瓦多》，第173页，重点强调）。

语言[注意"敏感的转移"（si sentiva trasportata）和"抢占"
（pigliare），一个是抒情诗，一个是大白话]，想象（月光的晚上
和霓虹灯）和韵律（曼陀林和爵士乐）继续行进在平行和对立的
轨道。最后的想象和它现实的模仿在视觉对比中放任于早期狂喜
的情绪。

因为在田园诗的场景中，没有连环画的累进。空间是一个清晰界定的围场，固定的城市景观由漫画家描绘，以矩形框架严格的边数。时间是固定的。焦点是不幸的主角，他也保持不变，一副面具，一个木偶，福尔顿莱奥（Fortunello）和西格勒·博纳文图拉（Signer Bonaventura）①——一个以不同的方式"回归"（regressive）的角色。在主题的标准上，连环画讲述了对实现的寻找，意味着逃跑的愿望；但是在人物患幽闭恐惧症的存在里，唯一的自由是想象。然而，连环漫画有时以人物的胜利告终，或许只是为出版政策的原因，马可瓦多的故事有规律的结束于失败之中。抒情诗的呈现对于田园生活美景的魅力，在马可瓦多的世界里可能是一种提示，但是人物的失败尖锐地撕下了他虚伪的面具。

在附加的关系里，卡尔维诺绝不是浑然不觉的，但是他和其他读者简单地被提醒，与马可瓦多相近的另外一个边缘人物角色——卓别林（Chaplin）的流浪者，以电影形式呈现。在这两个人物之间很容易找到相似点：尤其是它们内部的不协调（因为陈旧）文雅的礼仪，那在电影中是形象的证明，通过姿态和服装的具体细节，卡尔维诺的文本通过一定的语言选择和人物的名字来表明这一点。它对于我们的讨论更加重要，虽然只是去注意一个基本的差异：流浪汉是一个漂泊者，尽管他徒劳地试图成为社会不可分割的一部分；然而，马可瓦多是一个"天然的"有工作和家庭的无产阶级，属于今日城市的人，在那里，一个被驱逐的人，诸如流浪汉，不可能被看成诗歌。

可能像人物角色一样重要的是，在电影短故事里，"污染"的

---

① 对于这些漫画的简短讨论，见第四章；卡尔维诺自己对此的反思，见《美国讲稿》，第6页。

决定因素是那些培育了讽刺语调的卡尔维诺的论述。基于对姿态的注意，即使是最小限度的，我可能提到深刻的场景；[①]空间的精度和文化的定义；施虐漫画的强调，每一段情节的消极推论；诗歌连环漫画的选择对于叙事者的幻想提供了必要的保证，正如曾经在卓别林的电影中出现的多愁善感和令人愉快的自我嘲讽。

　　文本居于和穿过它的媒介。我们必须回到卡尔维诺对于马可瓦多的故事语言选择的考虑。田园诗的传统在意大利和文学媒介有解不开的联系，在意识形态上和田园诗可能的"乡村"设置产生不一致。喜剧电影主要是无声的，尽管借鉴了语言学的材料作为情节的字幕。连环漫画，一部分来自20世纪20年代晚期到20世纪40年代的语言水准，中产阶级的意大利文化以自己的方式被严格的规定所统治。[②]它的野心是解决语言学的"国家"（national）和中产阶级年轻观众的问题，对于他们，社会要坚决传授语言的知识，通过学校教育和非正式的例子：在电视机前面的日子和在那样的乡村，儿童文学极其缺乏，必然非常有助于塑造和培养连环画的读者。

　　卡尔维诺面临一个关于语言选择的基本决定，正如意大利的作者一直以来的那样，毫不犹豫地选择了一个媒介物，儿童文学已经经受过考验和发展。[③]媒体反映了意大利语言受折磨的历史，文化和

---

　　① 　"他俯身系他的鞋带"（Si chino a legarsi le scarpe），《短篇小说集》，第134页；"他俯身"（Era cosi china to），《短篇小说集》，第135页；"他在床上坐着"（si levò a sedere sul letto），《短篇小说集》，第136页；"他车骑得更快"（pedalo piu forte），《短篇小说集》，第137页，等等。

　　② 　例如，不包括方言，除了一些托斯卡纳语"父亲"（babbo）和"儿子"（figliolo）。戏剧式的语言和引用来自一些戏剧剧本，经常用来达到戏仿的效果："悲伤的挽歌""高贵的战马""我不是怯懦的"（mesti lagni，nobile destriero，si vil non sono），等等。

　　③ 　另外有一些连环画来自孩子们的期刊，科洛迪的《冒险木偶奇遇记》（*Awenture di Pinocchio*）在卡尔维诺的艺术构成中扮演了重要的角色。对于这一主题，见《让内》（*Jeannet*），1994年。

政治的动机在文学中紧密配合。卡尔维诺是一个非常特别的作家，擅于用他自己的方式去解决"语言问题"（questione della lingua）。他也关心教育，他广阔的意识知道接收，即使是在他直接寻找的儿童和年轻人的特殊公众面前，正如他在1963年和1966年的《马可瓦多》版本里所做的。清晰、精确、可亲，是他所认定基本的写作特色，他始终如一地坚持。[1]因此，诗歌传统和连环画透露了一些本质的关系，因为它们造成影响卡尔维诺写作训练的语言学和思想意识形态。

在第一个马可瓦多的周期里，卡尔维诺的写作对语法标准是恭敬的，正如所有的学校建议的那样。词汇是丰富和精确的，偏爱意大利上流社会的词汇，即使是关于绘画复制品的不确定因素也是最少的，托斯卡纳语和辩证很少被使用。[2]句法的选择清晰地显示了卡尔维诺所关心的冷静的复杂性。有时候，快速是因为并列的模式，措辞很多时候是优美的、有结构的部属。然而论述是易懂的，感谢作者对他工具的掌握和他严于律己的克制。

两个典型的文本和一个结论

第一个马可瓦多的周期在最后两个故事当中，最充分地发展了整体循环的文学手法，发现了它的高潮与结束。常见的叙述模式

---

[1] 卡尔维诺在几篇文章中所引用的那三个特征现收集于《石头之上》。比如在《违抗的迷宫》（La sfida al labirinto）中，后来在《意大利语，其他语言中的一个语言》（L'italiano, una lingua fra le altre）和《反语言》（L'antilingua）中表现得更加尖锐。

[2] 在《饭盒》里，一个不确定的例证用了两个形式："salsiccia"和"salciccia"来表示香肠的类型。

（寻找田园诗的经历、干扰、失望）回来了，但是持续明显的所有
标准在《长椅》中循环，在《月亮和Gnac》中则是毁灭性的。在所
有故事里，一个更大的坚持在于重复的快乐、抒情诗的文本，主角
欲望的强度强调了失落感，正如田园诗的梦幻在阐述的时候是被取
消的。

马可瓦多的痛苦与英雄的激情无关。他的烦恼：城市的过度拥
挤、噪音、技术的荒芜，通过贫困给他制造了更多压迫，这是20
世纪生活的特点。正如在他之前所有田园诗般的人物角色所做
的，他渴望放松和冥想，悠闲地生活在自然中。一个公园长椅，
一个生苔河岸的城市的等价物，对于马可瓦多依旧是神秘的，它
是《长椅》的焦点，夜晚的天空，它的奇迹是月亮的背景。在前
一个故事里，马可瓦多的对抗者限定了卡尔维诺的精确度，都市
人的世界坐标（一对情侣、两个城市警察、两个黑市供应商、一
队城市修理工、一个街道清洁班）。在第二个故事里，对抗者依
旧不专心，更加地难以捉摸，在他们的冷静里更加强大：一个霓
虹灯，两个大的贸易商店。在所有的故事、主角和叙述者之间获
得了不可思议的平静；在欲望和现实、许诺和结果之间，依赖于
它作为定义，一个对抗着另一个。在第一个短故事里，只有文字
的冷水澡能够吓跑梦想一半故事分裂的意识。幸福地在第二个短
故事中前行，使人炫目的间歇灯光消除了所有主角的知觉和想象
力，在一个巧妙讽刺的盲人转换里，启示的光芒闪耀在权威诗歌
旅行的巅峰之上。

正式的影响因素再次揭示了文本的策略。在马可瓦多的故事
中，《长椅》是改进最多的。事实上，卡尔维诺意识到文本中的抒
情诗和喜剧的潜力，以此为基础作为小型歌剧的剧本，最传统的

人工制品产生于田园诗的模式。① 它的开始部分是田园诗隐喻的对位（contrappunto）和现实的接触，获得了喜剧讽刺的效果。库尔特（Curt）通过叙述者介于幻想和现实之间尖锐的对比进行评论，文本全部的诗性增强：词汇比平常更加讲究，句法模式追随诗歌的模块，特别是在形容词的布局中，修辞手法从反复到换置，通感的符号是极其频繁的。② 情人的争吵，完全是由传统的短语和抽象所组成，是一个精巧的置换，一个固定的惯用语句来自文学的爱情传统。作为它的一个对应物，《一对夫妻的冒险》是小心谨慎的宣布。有月光的夜晚陈词滥调的引证，意大利诗歌的伴奏扩展成精妙的分析，黄色色调、微妙的感觉区别在两个交战的现象秩序之间。

---

① 《长椅》拥有复杂的历史，玛丽亚·科尔蒂（Maria Corti）做了记录，《模型》（Un modello），1978年和1990年。开始时它是一个短故事，歌剧的剧本创作于1955年，由塞尔吉奥·李博奥维奇作曲，后收集在《短篇小说集》中，最后是《马可瓦多》的英文修订本，在剧本中，主角没有名字，他是"失眠症患者"（I' uomo insonne）。

② 许多形成鲜明对比的记录在第166页被找到：马可瓦多跋涉着，同时在森林中散步，他直接进入田园诗的梦幻——"他抬起他的眼睛看树枝……它们是浓密的……在阴凉处有血清般的透明"——并列于贫乏的托词："一座公共花园的一角，那花园在四条街的街心""麻雀的叫声也是"，那"于他听起来像是夜莺"，模拟彼特拉克鸟纯音的文学记忆。

如对于长椅，它是一个幻想——"有凉爽和安静……一个树林——他确信它——温柔而舒适"——它否定的转型通过一个简洁的句子产生效果——"那里凉爽和宁静，但不是一个自由的长椅。"——以省略号强调了一个否定的结尾。这里是一系列诗歌词汇的选择，将会被无所谓的翻译成："叶子，咆哮，选择"（le fronde, l'inveire, prescelte），《短篇小说集》，第166页；"缩回去，脱俗，面色苍白，神秘的"（si ritrasse, il mondo terrestre, pallore misterioso），《短篇小说集》，第167页；"沟壑"（anfratti），《短篇小说集》，第171页；"被按下时，鼻孔被堵住了"（si premeva,colmarsi l'olfatto），《短篇小说集》，第172页。

列句法的模式和修辞手法的提及，再次屈服于不同的英语结构和词汇选择："留下阴影迸溅进入黄色透明的光线"（lasciavano dardeggiare gialli raggi nell'ombra trasparente di linfe），《短篇小说集》，第166页；"薄云"（sottili reti di nubi），《短篇小说集》，第167页；"绝对自然宁静；飘忽的假月亮；黄色的眼睛眨着，孤独；怎么会睡不好觉……我怎么会睡不好觉！黄色；褪色带"《短篇小说集》，第168页；"嘴巴反驳和彩绘"（bocche storte e dipinte），《短篇小说集》，第169页；"阴沉抱负的气息；皱巴巴的枕头；高大城堡；牢骚和柔和；雕塑的著名作品；虫，农牧神，河；喷气机，瀑布和水景"《短篇小说集》，第170页；"高喷气式飞机；液体火焰烟花爆竹；这里……这里……阴沉的声音和路线；不透明的锣；软垫的光环；鼻孔的幻想"；《短篇小说集》，第171页。并且在高潮，"惊厥一堆毛茛中"《短篇小说集》，第172页。作为同样体裁的一个重要例证，也见注解14。

　　两个光度的色调，一个是难懂和微妙的；另一个是抽象和呆板的；各自习惯不同的节奏，表示意识的分裂，通过相反的传统诗歌的内涵和现代的机制。技术的现实对于马可瓦多而言更加粗糙，它不是过滤了诗歌记忆的事物。只有那些对他们来说诗歌记忆不存在的人，比如马可瓦多的妻子，一个新的悍妇，还有马可瓦多的孩子们，他们平庸的小名称，能够应付城市的现实。

　　马可瓦多的道路在夜晚是一个盘旋——"他走啊……走啊……他回头……他走……他回头"（《马可瓦多》，第167页）——向下进入梦的恢复，传统支撑着明显的"高水平"文化印记：夜莺的声音、新鲜的血清、神秘惨白的莱奥帕尔迪的月亮"大大地悬在树木和屋顶上"[（grande sugli alberi e i tetti），《马可瓦多》，第167页]。能治愈的宁静、潺潺的小溪和芬芳的玫瑰。通过文学的程序化经历，马可瓦多的感觉醉心于幽灵的共鸣和回声。一个新的堂吉诃德，他追求的只有诗歌。①

　　在后来的短故事中，观察哨已经恰如其分地从低处的地下室转移到了屋顶上，以明显空间的暗示和歌剧风格的隐喻。接近于天际悬浮，马可瓦多和他家族的小人类部落必须看到幻想消失在"月亮和Gnac"。不仅是月亮的自然光消失，且必须增加可安慰的冒险、学习、空想和浪漫，易碎的上层建筑由每一个人物所构成。更深的忧郁气氛弥漫在文章当中，当诗歌的飞行变得更加广阔和强烈，叙述者和角色之间的认同变得更近。对偶和交错法的规则来自第一段"黑暗持续了20秒，20秒钟的GNAC"（《马可瓦多》，第173页）。事实上，主题在一个自相矛盾的位置，两组，四个字母，

---

　　① 堂吉诃德这个角色和乡村生活的关系太过复杂，在这里不作分析。

Luna/Gnac。它们被一个"和"字分离，相当于"对决"。但不完全是，因为它也标志着作为一个等号（＝），从诗歌神话的转型期（马可瓦多的时期）到技术的创作神话（对于马可瓦多的孩子们）。[①] 象征的存在出自于古老田园诗世界的不可挽回，还有两个情人之间不能交流，矢车菊、月亮女孩，它们并不是由同样的肉体所构成，就像年轻的伊索利纳（Isolina），活在她短而紧的裙子里，她浪漫的幻想，通过霓虹灯和爵士乐，也变成有节奏的能量；对于马可瓦多中介的存在，他被阿拉斯（Alas）意外的不幸所压倒，处于眼睛的"激情风暴"中。繁星之夜的景象消失了，猫和人类爱的二重奏永远沉寂了，当阿卡狄亚和波希米亚（Boheme）通过商业广告离开舞台升空。

卡尔维诺田园诗的转换代码不是简单的技术游戏。对于意识形态的构建而言，这个短故事的循环是一个持续的告别。其中整体文化已经找到安慰和世纪的托词，那是美丽的概念，但是具有欺骗性。马可瓦多的轮转是关键的文本，在一个作家成熟的十字路口和在社会历史的形成中。在1952年至1956年所创造的10个故事里，关于意识形态的内部矛盾，马可瓦多被指定担起责任，中产阶级神话的田园生活和个人主义经过战后社会的新秩序遭到破坏，对"工人阶级"出现的定义和角色提出疑问。卡尔维诺，从他写作生涯的一开始，这个典型的中产阶级已经轻轻解构了一些中产阶级的神话。

---

① 在卡尔维诺和安娜·玛瓦亚·奥尔塔（Anna Maria Ortese）之间，有一个有趣的交换意见，关于月亮这个主题，可见《和月亮的联系》（*II rapporto con la luna*），《石头之上》，第182—183页。在其中，卡尔维诺拒绝了天文学冥想神话的安慰，但也是科学进步的神话，提议伽利略（Galileo）的著作应该作为典型的文本。马可瓦多"会去看一会儿星星，然后再闭上他的眼睛恢复睡眠"《短篇小说集》，第166页。过去的条件句强调了对美景的渴望。

他挚爱的《鲁宾孙漂流记》（*Robinson Crusoe*）的神话，还有他更明确在那些年里批判的《树上的男爵》，是被马可瓦多的创造所破坏，无能的勤杂工，没有一个幸存者的岛屿。他，马可瓦多，不仅是距离，而且是连接因素，在旧的诗歌世界分裂的象征和传统神话之间平衡，那是一个全新的、二维的境界，但是他的孩子们的世界充满活力，它萌芽的神话意味着抒情诗美妙的音乐偷偷伴随着它的出现，对于未知的世界不再抱攻击的幻想；但是因为在我们的时代里，抒情的放任是不可想象的，他必须满足于成为一个喜剧角色和讽刺的靶子。因此他在社会关系中是落魄的，他的举止就像一个孩子，一个不适应环境的人，一个"虚空的脑袋"（《马可瓦多》，第137页）。①但是他对于一个虚空的田园诗世界进行了浮躁的攻击，以令人吃惊的顽固，完全没有悲痛的装腔作势、不可避免和不可信的失败的幻想。马可瓦多和孤独的幻想者不能胜任一个解释者，关于生物学和自然，真实的乡村也沾染了劳苦和贫困的记忆，它被诱发出来，就如它真实的存在。在这里，自然是一个象征、一种文化的符号。蘑菇，在自然的版本里需要被赋予色彩绚丽的斑点，为了被认为是有毒的，就像在沃特·迪斯尼（Walt Disney）的电影里那样。另外，棕色的伞盖和茎只能表示"蘑菇"（mushroom）是可以食用的，并且神奇地免费奉送。

在这个世界上，鸟是象征性的动物，不是麻雀而是夜莺、不是鸽子而是家禽被烤。雨的声音在晚上唤起了诗歌记忆的宝库，通过中间人马可瓦多调整好的感觉，别的角色聋了、瞎了、对所有的信

---

　　①　"脑袋空空"（Testavuota），这么一个单词就像马可瓦多的绰号，他是完全的"不同于人"。事实上，当从乡村的传统敏捷地离开，马可瓦多甚至没有被给予一个爱的客体。爱的动机是他经历的缺席，借用波焦利（Poggioli）的话说，那是真正的"乡村的孤独"。

息（道路标志、广告、平面的连环画）没有感觉，极度心不在焉。感觉二分法最清晰的表现能被找到，在《与牛之旅》（*Un viaggio con le mucche*）中。对于一个轻信的马可瓦多，山和草地是戏院，弗吉尔之诗（Vergilian）的活动，忠实地援引于田园诗：在古老的树荫下休息，"用一片草吹哨，往下看，牛正慢慢地穿过牧场，可以听到在黑暗的山谷里奔流的水"（《马可瓦多》，第164页，重点强调）。对于米凯利诺（Michelino）——马可瓦多的小儿子，他和畜群的旅行是一次成熟的仪式，他用实用主义来概括它，他处境的狭义解释是：使人筋疲力尽的工作，痛苦的回报，米凯利诺的语言手势和他的父亲比较起来是那样成熟，挑战马可瓦多和我们的残余梦想，关于"欺骗，干草疲倦的芳香，牛铃的声音"（i menzogneri e languidi，《马可瓦多》，第165页），清晰地唤起了诗歌的光环，它的味道和声音，（或许只有）在老的一代分享文学的经验里被呼吸和听到。

在《马可瓦多》当中，根据普罗普（Propp）的处方，我们不需要面对以口头神话故事的模板静静地准备接收新的填充，尽管卡尔维诺也知道普罗普。当书本完全在织物上整合书写传统，结构力学重复指出别的文本方向。马可瓦多的故事诉说了田园诗的梦，意味着屈服于虚伪的伊甸园神话。在形式上，神话诱发了有效的途径，感谢卡尔维诺深厚的对文学宝库的精通。主题方面，文本先发制人持续地辩论人造和自然之间的关系（城市对比乡村、乡村对比自然、人工制品对比自然物）。卡尔维诺曾经宣称："我知道自然既不是好的也不是坏的，但更确切说，一些事物是冷漠的和模糊的，就像梅尔维尔（Melville）的白鲸"（法拉斯基，1976年，《马可瓦多》，第113页）。但是关于自然的平静，在他生命更成熟的阶段，他超越了年轻的莱奥帕尔迪的图像。城市和乡村的对立已经崩溃，后者只存在于前者，并通过前者活着。马可瓦多的故事揭露了传统的田园世界本来的样子，一个谎言预示着统一性和协调性，尽管田园诗本身是模糊不清的；尽管它明显不适合处理人类痛苦的经验，它提供了安慰的幻想。对于田园诗的寻找，原来不只是"困难"（difficult），而是在它妄想品质里的悲哀和诙谐。

在每一个短故事的最后，观察的眼睛脱离了主角，变得遥远，像声音诉说着每一个开始——除了《月亮和Gnac》，在那里，叙述者抵达了广大无边，感谢一个远景的快速倒转。首先，运动是离心的，在卡尔维诺散文的抒情诗篇章之一，它被充分引证；它开始于："啊！——他们都呼喊着，宇宙的苍穹升起了无数的星星，在他们的头顶"（《月亮和Gnac》，175—176页），然后运动变成了向心的，即使是幽闭症患者在他狂乱的重复里："既没有月亮也没有天空，没有夜晚的黑暗，只有科尼亚克·托马沃克（Cognac Tomawak），科涅克·托马沃克"（《月亮和Gnac》，第177页）。地平线已经清晰地靠近，[①]移入梦境中，世外桃源成为不可能的事，死亡的错觉唤起的不是莱奥帕尔迪的绝望，而是一个悲壮的惊讶。

第二个马可瓦多

抄写一篇文章，即使是一个字一个字的，也是重新写，正如博尔赫斯（Borges）告诉我们的。词汇、短语和句子并不意味着

---

① 对于"删除的地平线"（orizzonte negate）这个概念，见米拉尼尼（Milanini）有趣的文章。

他们曾做的，当它们被再次写在纸上，以一个新的格式被重新推荐，在一个新的语境下被重读。马可瓦多故事的第二部，卡尔维诺出版于1963年，平装本，书名是《马可瓦多，或城市的四季》（*Marcovaldo ovvero Le stagioni in cittd*），这是一部迷人的作品，重写了一个以前的文本。第一部依然保留在《短篇小说集》中，几乎是从卡尔维诺读者的意识中消失了，在某种程度上是因为它难以接近，所以隐藏起来，作为一个相对较大和昂贵的版本。

什么是卡尔维诺重新阐述马可瓦多篇章的意义所在？关于被给予转换的文本和改变历史及文化的文本，何以1963年的重述建立在第一版本的元素之上，又涉及其后的作品？我主张，第二本《马可瓦多》是主要作品，宣布和预示了卡尔维诺行动的未来阶段。到目前为止，最近的50年标志着一个纪元的结束，在意大利第二次世界大战的历史中，特别是在那些知识分子的生活里，他们在任何方面都与意大利共产党相关联。①苏联共产主义的苦难构成了失望，以这样的方式，意大利政治已经逐步形成在阻力之后。很多人感到越来越多的困惑，在他们私人的和政治活动的方向上。1956年，卡尔维诺写了马可瓦多系列的最后一篇短故事，《月亮和 Gnac》。1957

①　对于这个历史时刻以及它对文化生活冲击的广泛处理，见《阿索·罗莎》（*Asor Rosa*，1982 年）。在第 614 页上的标题念作《1956 失，周期结束》（*II 1956: fine di un ciclo*）。那些记录在卡尔维诺的社会文化背景中的，见《法拉斯基》（*Falaschi*，1976 年），他描绘了卡尔维诺的主要肖像之一，宣称和论述了近 50 年的危机，"1956—1957 年是极其重要的，至少对于共产主义者的两代人来说……环境……传递了更多的重要性，比起个体所处的位置"，《法拉斯基》，第 544 页，德·费德里奇（De Federicis），在《一个监察员的一天》卓越的学校版本中，致力于全部的"1953 年至 1963 年间文化变化"的章节，那是从规划到实际的出版所经历的 10 年时间，也经历了两个马可瓦多的历史时期。法拉蒂重申，"卡尔维诺的反思……以及他对于人和世界整合的寻找持续着……即使是在 1956 年的危机之后，但是有些事情已经改变了，《法拉斯基》，第 46 页。他加了一个有趣的修正："然而实际上，1956 年代表了一个飞跃或是卡尔维诺旅程的一个转折点，充分地诠释了卡尔维诺从一开始就携带的内在力量，（《法拉斯基》，第 46—47 页，法拉蒂重点强调）。

年，他出版了《树上的男爵》，在书里，玩笑和能量伪装成一个阴
沉的意识，被小说的叙述者所挪用："我们青年的理想，都是灰
烬"（《树上的男爵》，第283页）。同一年，卡尔维诺也明确地
退出了他对政治的承诺。1958年，他出版了《短篇小说集1》[①]，小
心地选择和重新整理了他最好的短篇小说（并不是全部）。他清楚
地重新考虑了个人的位置及文学实践。他所做反应的声明此后简短
地坚持两到三个思想：首先，清楚地不沉湎于悲观主义；每一个记
忆通过讽刺和幻想筛选的重要性；卡尔维诺再三强调"没有顽固幻
想"（obstinacy without illusions）的必要性。[②]

　　1963年，仅仅是在6年之后，有些东西清晰地转入意大利的文
化生活。在卡尔维诺40岁的时候，他已经扮演了上一代人的典型角
色。他主要的作品集中注意力在这个关键时刻，熟练地通过作家越
过他们的无能使语言和行动进行和解——写作和存在于世界——但
是他们也需要被一个许多人诱捕的感觉挑战，在人类的新环境之
中，为了通过"迷宫"（labyrinth）来表现魔力的消除，透过消费
主义，客观的世界被提议。[③]散文的姿态类似于同一年出版的《一
个监察员的一天》（La giornata d'uno scrutatore）的精神，1963年，
它遭到一些年轻评论家的尖锐批评。回顾往事，很明显，为什么那

---

　　①　对于《短篇小说集》全书的分析，见《里奇》（Ricci），特别是第1—17页，那些短故
事被定义为介入一个"复杂的旅程"（labyrinthine journey，第10页）。
　　②　主要随笔中出现的概念是《小说的自然和历史》（Natura e storia del romanzo，1958
年），现在在《石头之上》，第19—38页里，句子"不顾一切地固执"（ostinazione nonostante
tutto）首次出现（《石头之上》，第38页，卡尔维诺重点强调）；"当代意大利小说的三种潮
流"（Tre correnti del romanzo italiano d'oggi，1959年），在《石头之上》（第39—45页）里，
"固执没有错觉"（ostinazione senza illusioni）作为一个结尾的表述。
　　③　我解释的概念存在于《帕韦塞：幸福和行动》（Tavese: essere e fare，1960年；《石头之
上》，第58—63页），《两个作者之间的对话》（Dialogo di due scrittori in crisi，1961年；《石
头之上》，第64—69页），《迷宫的挑战》（La sfida al labirinto，1962年；《石头之上》，第
82—97页）和《苦涩的宁静》（Un'amara serenita，1963年；《石头之上》，第98—99页）。

些作品看上去和60年代早期不协调：它们采用了新兴的意大利回声，文学和文化论述，详细阐述了过去的30年。其间，"新小说"（nouveau roman）在法国取得了胜利，其标榜为政治献身的不屑，具有让大众快乐结合的人物和情节。今天，卡尔维诺1963年出版的《一个监察员的一天》（特别是《马可瓦多》），比评论家们所能相信的更加复杂，与它们的时代相一致。卡尔维诺的离开也在1963年，他从被称作意大利经济奇迹的都灵，去往结构主义和符号学的巴黎，进一步暗示了象征性的正确转入。但是，一个作家有意义的举措是写作，第二部《马可瓦多》就是那个举措。

谈及1975年的两部《马可瓦多》，玛丽亚·科尔蒂宣称：和第一部相比，第二部没有一个有结合力的模型或是生产力的结构，它已经离第一部的精神和自然太远，尽管它在艺术上是卓有成效的，但不是一个统一依照原文的主体或宏观的文本。卡尔维诺，这个自我反思的作家，仔细思考了她的结论，正如我们从一个注解中得知的，在1978年再版的科尔蒂（Corti）的随笔中，她引证了卡尔维诺写给她的一封信。卡尔维诺坚持：

> 保持开放是研究转换文本的可能性，从宏观文本1到一个新的（或许只是潜在的）宏观文本2。在后者当中，列表的结构变得重要，开始于《城市中的四季》，一个历史维度被提出[科尔蒂：《文本或宏图》（Testi o macrotesto），1978年，第200页]。

这些评论不能简单地归于作者对批评的敏感，或是他对于自己的作品特殊的观点。卡尔维诺敏锐的批评意识提供给我们一些宝贵的线索：在新书中，结构是重要的添加物，历史的远景是一个积分元素，文本的凝聚力可以区别于早期的循环。

10个故事最初的集合，线性的构造，从它的语境中提取和分割，位于《短篇小说集1》中。在新的规则里，每个故事都成为一个可移动的成分和独立文本的部分。缺口由新的故事创造和填补。可见的脚手架直立着，通过含蓄的连接支持和稳定整体，预先已经被难以觉察的保留。移动的线索吸引了改变文集同一性的注意：书本有它自己的名字，《马可瓦多》，副书名是《城市中的四季》，有护封广告和插图。对于文本的分析而言，正如作者在早期引用的文字中所建议的，一本书最明显的元素经常是最有效的线索。新书的书名是一个信息，强调了主角存在的中心，书名和副书名打断了过去。马可瓦多是卡尔维诺的第一个人物角色，以他的名字给书命名，在20年之后，只有帕洛马尔（Palomar），将会发挥同样的作用。副书名的转化不是那么抽象，但是更加的决断，矛盾修饰法在最初循环的副书名《艰难的田园诗》（*Gli idilli difficili*）中呈现。主角世界的悖论现在变得更加明确。"季节"和田园诗的泛音，连接到"城市"，习惯上表明一种压力，令人兴奋的真实对立面是"自然"。介词"里面"插入悖论的第一项，它是传统的，但决不证明进入第二项，副书名的朴素（比《城市的四季》更简单？）进一步反驳受控的图集。在卡尔维诺的职业生涯中，他第一次有意识地玩起了网格、书名、循环和重复，通过伪装来控制主角的世界扩散的、难以处理的元素外观上的透明。关于用"即"（ovvero）来联系书名和副书名，那是一个玩笑，不是可译的古语。寓言嵌入传统的故事叙述当中。

在书的护封上，一个无名的声音谈到了作者的意图，标注了写作的交谈维度，疏远和具体化了作者和文本。①简介说，作者保持了忠实，对于"体裁上的理想，柔软的、敏捷的、平静的散文"。新款是被称作《儿童和青年图书》（*Libri per l'infanzia e la gioventu*）系列的一部分，观众现在被特别提及。它尽管不排除更早时候的公众，由各种年龄段的孩子所组成："即使读者不再是孩子，能够在其中找到腐蚀性的趣味，他们习惯于期望一本卡尔维诺的书"。马可瓦多的冒险——正如宣传所说——"忠实于经典的叙事结构，来自孩子们的连环画"？声明需要有资格，正如我力求在文本中分析的。现在我将指明，实际上文本的视觉装置由一个主要的作者，塞尔吉奥·托法诺（Sergio Tofano），提供意大利的连环画给孩子们，这是一个重大的选择。②

　　总的来说，经典的10个故事的正式改变进入两个类别，所有的人物形象都获得了名字，还有一些获得了新名字。《城市的鸽子》（*II piccione comunale*）中的女仆——特里萨（Teresa）变成了格温多林（Guendalina），《长椅》中夜晚的守夜人变成了托尔纳奎因齐（Tornaquinci），领班变成了斯格勒·委内哥莫。作者确认了他已经建立在两组人物之间的二分法。成人低下的地位承载着古旧、高贵的名字，表示他们和社会历史环境的疏远。③另一方面，

---

　　①　实际上，出版人的大肆宣传材料，将会由卡尔维诺本人来写。他对于马可瓦多的分析就像是后续批判性阅读的预演。他提及书的喜剧—诗学的奇思妙想、关于新现实主义的日常斗争、"经济奇迹"的讽刺等等，他在期待自己书的诸多玩笑的元素是读者预测反应之一。

　　②　塞尔吉奥·托芬诺（Sergio Tofano），1886—1973年，是一本异想天开之书的作者和许多连环画角色的创造者。其中的一个人物，斯科尼·博纳文图拉（Signer Bonaventura）出现在孩子们的期刊里，例如插入《晚邮报》（*II corriere della sera*）的《儿童邮报》（*II corriere dei piccoli*），托芬诺被卡尔维诺羡慕和援引。

　　③　这技巧让人联想起20世纪30年代和50年代连环画的风格，吉吉（Jiggs）和玛吉（Maggie），他们的名字有着蓝领阶级的寓意，植根于美国的原创，在意大利的翻译中变成拘谨而陈旧的名字：阿奇博尔德（Arcibaldo）和彼得罗妮拉（Petronilla）。

孩子们自由自在地在世界上，不感到失望，通过最后的修改，他们获得了更多现实的名字：保利诺（Paolino）加入了早期的米歇尔（Michelino）、菲力派托（Filippetto）和特雷西纳（Teresina），正如曾经的达妮埃莱（Daniele）变成了皮尔丘齐奥（Pietruccio）。

有些改变也与读者的反应有关。为了调出大众文化的日期，20世纪50年代早期的超人（《短篇小说集1》，第173页）被60年代早期的孩子的昵称所取代（《马可瓦多》，第84页）。①卡尔维诺也根据具体情况不自觉地用于被淘汰和转换的年轻人的文本。例如，女人在黑市售卖香烟的情节（《短篇小说集》，第169页），从《公园的度假长椅》（《马可瓦多》，第17页）中消失了；谈到"钱"（quattrini，《马可瓦多》，第55页）代替谈到"女孩"（ragazze，《短篇小说集》，第63页）；"四个乳头和肮脏尾巴"（le quadruplici mammelle e sozze code，《短篇小说集》，第163页）的牛消失了；乳房的隐喻（《短篇小说集》，第156页）和兔子的"繁殖技术"（《短篇小说集》，第157页）也消失了（见《马可瓦多》，第63页和第64页）。

两个重要的故事经历主要的变化，与20世纪60年代相协调，也强调故事"抒情诗的特点"（lyric quality）。《公园的度假长椅》是一个故事的重述，被简单地称作《长椅》。提及"乡村生活"（la villeggiatura），增加了讽刺的社会文化内涵，夏季的假期曾经是中上层阶级的特权[正如戈尔多尼（Goldoni）在他的喜剧中所证明]，

---

① 有趣的是，在威廉·韦弗（William Weaver）的翻译中（第72页），他变成了独行侠。

在永恒之外——不可避免——马可瓦多被城市束缚。在第二个版本里，诗歌/喜剧的气氛变浓了，许多现实的接触被清除。例如，一只枕头令人回忆起莱纳斯（Linus）的毯子，它本来是被当作一个枕头用（《短篇小说集》，第166、167、168页，替代了旧的卷起的衬衫；《马可瓦多》，第14、15页）。新现实主义论的一段情节，涉及两个黑市供应商和他们的被逮捕、淘汰（《短篇小说集》，第169页）。"一个真实的评论消失了："夏天，他们离开，在城市里只能获得更少的水"（《短篇小说集》，第170页）。主题胆怯地宣布（《短篇小说集》，第169页），动人的成熟在《一对夫妻的冒险》（《短篇小说集》，第345—348页）中是牺牲，因此它将会转移马可瓦多故事的主题。《短篇小说集》第171页上的句子——"他用半静的眼睛找到它，如同某人用锐利的眼光"——通过一个转移，从过去到现在，变成一句格言，与新书中开玩笑的说教保持一致："他在监视、寻找，即使是眼睛闭着的时候（《马可瓦多》，第19页）。"拉扯"（tirar su，《短篇小说集》，第171页）的口语变成了"空的"（vuotare，《马可瓦多》，第19页）；另外，"真讨厌"（Orcalorca，《短篇小说集》，第145页），被淘汰了。另一方面，一些修辞手法被坚持使用：惊叹词"噢，如果我能……"（Oh，potessi...）在故事的第一段；"可以听见他在那里"（da sentirlo laggiu，《短篇小说集》，第170页）变成"几乎在远处不能识别"（che appena s'indovina laggiu，《马可瓦多》，第18页），因为更多诗歌的不确定性。

在《月亮和Gnac》中，除了更早显示的孩子们名字的改变，还有主要的伊索丽娜（Isolina）和菲奥尔达里基（Fiordaligi）的变形，来自浪漫梦想者的无产阶级青少年。伊索丽娜18岁（《短篇小说集》，第173页）的时候不明确"现在……一个年轻女人"（ormai...
una ragazza grande，《马可瓦多》，第83页）已经失去了身体优美的
姿态渴望给她的活泼（《短篇小说集》，第173页）。菲奥尔达里基
爱着高不可攀的"月亮女孩"（ragazza color di luna），从一个"早
熟的15岁男孩"（ragazzo quindicenne precocemente sviluppato，《短
篇小说集》，第174页）变成了一个"忧郁的年轻人"（giovinotto
melanconico，《马可瓦多》，第84页）。

　　语言包含着文本的基本线索，因为它承载着所有先前使用者的
痕迹，行动就像是一个社会记录，承认它们，他不去掩饰和它们的
关系。第一个马可瓦多的论述是精致的文学，写在一个媒介中，充
满隐喻和至上的约束。早期故事如同漫画的品质现在被强调，揭示
了其他回忆录的清晰痕迹。例如，最显著的科洛迪（Collodi）的声
音现在清晰可辨。当然，比起卡尔维诺后来阅读的诸多文章，《皮
诺基奥的冒险》（Le awenture di Pinocchio）是语言学更好的媒介，
在他的形成中有着更加重要的影响。作者的声音向对话打开，对于
老年的托斯卡纳作家而言不易听懂。比起皮诺基奥论及更多天真和
顽固的《布拉蒂诺》（burattino），马可瓦多从来没有学到过经验，
从来没有受过那样的侮辱，一个美好的小男孩 [科洛迪（Collodi），
第280页]，还是消失为好。

　　论及《马可瓦多》中的两个主要声音以模糊不清的方式相连，
叙述的声音被干扰着，表现为旁白和诗歌，大胆地占用马可瓦多的
声音、观点和感觉。在书的一开始，叙述的声音建议施加于人物角
色全面的控制，唤起了文本的精神，在那里，马可瓦多存在于《隐
藏在雪里的城市》（La citta smarrita nella neve），通过题为"圣诞
老人的孩子们"（I figli di Babbo Natale），制造物理笔迹给马可瓦

多提供人生故事的焦点。卡尔维诺后来坚持，纸上的墨水画"假定一支钢笔追溯它，每一支钢笔都假定有一只手握着它"（《石头之上》，第295页）。对卡尔维诺，故事本身就是清晰地说故事的领域。

新文本中的主要变化是网格的形成，两个坐标、时间和空间。这个网格间隔了叙事，强调了"自然"和"历史"的交叉。自然循环的季节、因素，好奇地疏远在它机械的重复中，人生的结构在城市里，当城市扩大了它的作用，作为一个不可缺少的牢狱和一个梦想的机器。每一个坐标都承受着文本矛盾的重量和时间在两条轨道上奔跑：一边有记忆和愿望，情况视历史的力量而定；另一方面，有日历的严格模式，关于马可瓦多的存在和叙述者的论述，有日历的严格模式，它们与历史无关的阶段标志着平行的边界。正如每一个季节所反映的主角的人生控制了第一个短故事，空间也是两面的，尽管插曲发生在狭窄的城市环境里，瞥见另一个世界从城市风光中出现，在隐喻之中熟悉和丰富。是什么暗示使得最初的10个故事现在更加明确？在第一个《马可瓦多》里，世界的表里不一是本质的需要；在第二个当中，时间和空间的测量强调了外部约束的影响在内部的动机，赞美了迷宫的存在，恶化了摆脱困难的方法。自然历史的二分法更加强调了否定，因为它的地位提示了它们不可分割的关系。在一个多层次的城市文脉里，马可瓦多的冒险获得了力量，比早期的丛书更加清晰，铜墙铁壁的"真实"，必须基于一次逃跑。

历史背景在诗歌的成果中运用微妙的方式布置了文本的结构和主题的移入，比起卡尔维诺在他书信里的建议，第一个马可瓦多是幽默的，潜挖贵族文学的传统，在那里，城市被称作"自然"，躺在丰富宁静的虚幻风景中。第二个版本增加了催促逃亡的寻找，当功能失调在经济、社会和文化中变成一个扩展的现象。最后，文本也在迷宫之外提供了一条线索，如田园诗的白日梦文学的隐喻让路于超现实主义，然后是魔法的写作。最初的10个故事关于欲望的无能为力重复声明，在现实的"贫困"（miseria）中有规律地接近主角的失败，主题现在是一个可能成功的逃跑。在这一点上，两个故事的例证是《固执猫的花园》（*Il giardino dei gatti ostinati*）和《圣诞老人的孩子们》，阐明了从1954年到1963年间正确的转移。现在，城市在隐匿处漏洞百出，文本以它的灵活性、嬉闹、变化的力量作为实施逃跑的工具，故意对诗歌论述重新评价。

如果我们更近地看20个故事，会看到一个新格局的出现（见本章附录）。前三个故事对于早期叙述的3个和音保留了忠实：欲望/干扰/失败；但是增加的第四个故事——《隐藏在雪中的城市》，城市没有消失而是隐藏在雪里，第一时间唤起了一个短暂的王国和威胁的自由，只有典型的城市居民可以想象。宁静和雪也第一时间用了白色的隐喻/空白的纸张（以它不可译的含糊）。

第六个故事，《星期六的太阳、沙子和睡眠》（*Un sabato di sole, sabbia e sonno*），发展了两个更早、更为小心的马可瓦多主题，关于睡眠被幻觉拜访，主角文字"飞行"在每一天的真实当中。然后是《错误的车站》（*La fermata sbagliata*），细数12个新的系列，重申和强化逃跑的需要，被主角感知。通过可见的关于异国的电影，他积极追求一次逃跑，他梦样的飞行传达着电影院的黑暗，对比了：一方面是无色的雾洗涤了城市，清除了锐利的线条和感觉；另一方面是生动的电影的"光彩"，当马可瓦多真实地登上了开往遥远之地的飞机时。^①逃跑的主旋律在飞行中变得更加有形。

故事以第13、第14和第15命名，玩弄超现实主义的主题，以各种方式精心策划：《哪里的河流更蓝》（*Dov'e piu azzurro il fiume*）倾向于神话故事；《月亮和Gnac》因为怀旧再访了它早期与幻想的告别，以及不可思议的田园诗的谎言；《雨和树叶》（*La pioggia e le foglie*）跟随主角经历了一次近似的变形（进入工厂），然后是一次替代的飞行，一个世俗的假定通过彩虹的表象来确认。

历经消费主义的失败，在《超级市场的马可瓦多》（*Marcovaldo al supermarket*）和《风烟和肥皂泡》（*Tumo vento e bolle di sapone*）中两次试图逃跑之后，18世纪和19世纪的故事——《属于他自己的城市》（*La citta tutta per lui*）和《倔强猫的花园》——回到寻找一个隐藏城市的主题，城市存在于它的隐形中，一个"否定"的看得见的城市，一个拼成的空虚之地。夏天的城市，另一个城市"仅是瞬间能瞥见，或者只是在梦中可见"（《马可瓦多》，第115页），当城市被雪消融，允许马可瓦多一个玩笑式的自由："他沿街闲荡，以一个'之'字形行走"（《马可瓦多》，第115页）。在《倔强猫的花园》中，"相对的城市"已经变成了一个真实的城市，它加倍颠倒，主角接近另外一个变形，这次是变成一只猫顽固和自由的画像。当季节很快过去，猫狡猾地进行了僵持，在一个拆除和建筑的工地、在奇迹城市科技的中心。"古老的猫人"（L'antico popolo dei gatti，《马可瓦多》，第118页）体现了没有幻想的顽固，躺在马可瓦多内心的顽强抵抗和卡尔维诺的写作里。第20个故事带

---

① 亚瑟·兰波（Arthur Rimbaud）"醉舟"（bateau ivre）的隐喻出现在背景之中，在围绕马可瓦多盲目搜索的很多回声里面。对于卡尔维诺常常如此，可以在故事中列出诸多文本隐喻，关于英雄向着他欲望住所的旅行。卡尔维诺的文学知识真是广博。

来了马可瓦多奇幻经历的结束。

逃出迷宫

　　一次奇幻经历是一首重返之歌。通过《圣诞老人的孩子们》
[有些东西迷失在英国的"圣诞老人的孩子们"，也即，极为传统
的、托斯卡纳式、科洛迪语言的父亲（babbo）]"城市人"的被摧
毁不夸张地受到影响。极为传统的、托斯卡纳式、科洛迪语言的父
亲（babbo）]。当他们快乐的破坏性很快被借鉴，通过疯狂消费的
政治经济学系统，马可瓦多回到了大街上。他在人群中迷失自己。
叙事的线索是他的本质，解开和提供了细节图的迷乱，在卡尔维诺
的写作当中，①它总是宣布一个结局，然而模糊不清。城市的人造
光和人造的夜晚，在混乱之中精致而亲切，预示着细节浮现：烤栗
子小贩的明火，在"黑暗中围成一圈的火焰"（tondo fornello nero
ardente），变成女巫不可思议之火。一首抒情诗已被具体化，柔和
但醒目的模式。②圆圈、黑暗但是炽热的坩埚吸引了、唤起了"黑
色神秘的山脉"（buie misteriose montagne），在故事的一开始可以
看到。因此，世界在它的多样性里，简化为一个就像包含着凝视，
以晕眩的速度回撤，被共生的双重影像。它是谁的观点？一个人为
了"城市看上去更小，卷曲在发光的球体中，在黑暗的森林中心被

---

　　①　作为卡尔维诺技术手法的例证，可见《短篇小说集》当中：《阿根廷蚂蚁》《诗人的冒
险》《树上的男爵》《不存在的骑士》的结局。
　　②　在文本的转移中向着诗歌的音调和写作的标准，形容词的使用和布置是重要标志，就像
我们在《公园的度假长椅》和《月亮和Gnac》中所看到的，那是卡尔维诺的两个主要的充满诗意
的短故事。卡尔维诺坚持全神贯注于体裁要素（科尔蒂，1985年）："我相信散文创作需要投入
一个人可以获得的所有语言资源，正如诗歌艺术"，第49页。

埋葬，在栗树古老的树干中间和无穷的雪的覆盖里"（《马可瓦多》，第130页，重点强调）。在炼金术式的蒸馏器里，城市是一个物质，他注视着它欲望的变形。马可瓦多全神贯注地注视着，基本上被叙述者的眼睛所吸收。

一只蜘蛛的计谋在我们的鼻子底下被设计。叙述的线索忙于跟随叙述者的幻想，以黑的印刷填充了页码。拟声词和押韵被运用，以唤起出自古老寓言的人物角色，如同狼和野兔。叙述变成纯粹的快乐，三种生动色彩的轻交响乐：黑、白、红，白衬白，黑衬黑，由一个不可逾越的线路隔开。那路线和暂停飞行的奇迹阻止了混乱和全部的关闭。

现在，路线迅速地描绘了追逐序列的动画片，致命而幽默地在运动和姿势的精确优雅中。追踪的消失通过隐形的野兔、单音节词和问号的增加宣布，通过文本实现了传递技巧的表演："它在这里吗？它在那里吗？不，它有一点儿遥远"（《马可瓦多》，第139页）。角色的变态允许和叙述者融合，然后逃逸。强加色彩因素的紧张乔装成恶作剧表演，广阔的雪和空白的书页单独留下，向着模糊的成功写作，证实它们的苍白和空虚。

旧的模型实际上已经被消除，宏观的文本被使用，但已变得与新的文本定义没有关系。这个文本合并了分裂的元素，置它自己的过去于不同游戏中，压缩进确定的网格，将它们放进一个新的结构。它更加严格地考验了对于一次逃亡的选择，同时保留一个可移动的结构，一个考尔德（Calder）式的人工制品。建立在第一本合集上的模型，寻找田园诗的行动不可避免地通向可笑的失望，"舍弃没有价值，逃跑或慰问"（senza lasciare margini di fuga e di consolazione，《法拉蒂》，第43页），这一套插曲逐步引进了一个新的主题。主题是形式化的游戏，在其中，纸牌、流苏、土豆条和零件是可移动的，服从于不同的诠释，取决于它们在文本中的定位。另外一个主题是实施逃跑，当错位的"飞行"越来越少地以"下落"倒回"真实"而结束。现在，逃跑的企图是动态的，在《一个阳光明媚的星期六，沙子和睡眠》中，马可瓦多泰然自若地调查了在他下面热闹的海滩风景。在《错误的车站》中，他在一定程度上是无意识地离开了一个真实的旅行。通过试验和错误，城市"无形"的脸完全浮现。就像田园诗的梦想一样，尽管超现实主义和消费主义脱去了假面具，以错误的路径逃跑，文本在必然的墙内打开了一个缺口。摆脱的方法提示了主角的追求，即使是成功留在不确定之中。新的隐喻是充满危险的追求，写作和幻想被提供，作为合理的拯救出现在这样的叙述里："对迷宫的挑战"。追逐的悬念指向了一个不可能的结局，写作被提议作为线索直通迷宫，向着曾经威胁的自由。对于被困扰的人类，一个新的"愉快欺骗"（ameno inganno）可能被找到。

附录：在两个马可瓦多周期里故事的序列

第二栏后面的数字表明在早期合集里故事所在的位置，星号表示相对于早期合集增加的故事。

《短篇小说集》（1958年）《马可瓦多，或城市的四季》（1963年）

1.《城市里的蘑菇》（1952年）

2.《城市的鸽子》（1952年）

3《饭盒》（1952年）

4.《黄蜂疗法》（1953年）

5.《公路上的森林》（1953年）

6.《好空气》（1953年）

7.《有毒的兔子》（1954年）

8.《与牛之旅》（1954年）

9《长椅》（1955年）

10.《月亮和Gnac》（1956年）

1.《城市里的蘑菇》（1）

2.《公园的度假长椅》（9）

3.《城市的鸽子》（2）

4.《隐藏在雪中的城市》*

5.《黄蜂疗法》（4）

6.《一个阳光明媚的星期六，
沙子和睡眠》*

7.《饭盒》（3）

8.《公路上的森林》（5）

9.《好空气》（6）

10.《与牛之旅》（8）

11.《有毒的兔子》（7）

12.《错误的车站》*

13.《哪里的河流更蓝》*

14.《月亮和Gnac》（10）

15.《雨和树叶》*

16.《超级市场的马可瓦多》*

17.《风烟和肥皂泡》*

18.《属于他自己的城市》*

19.《固执猫的花园》*

20.《圣诞老人的孩子们》*

第四章
讲故事

在巴厘语的信仰中，讲故事能够保护人的灵魂。

——罗伯·丹屯（Robert Darnton）：

《伟大的猫马萨克尔》（*The Great Cat Massacre*）

文学的城堡

卡尔维诺的逐渐成熟表现在私人的舒适和引人注目的公开事件矛盾的特点上。在独裁政府的沉重年代之后，一段时期出现了，欧洲看似变得像斗争胜利的主人公那样年轻。即使不理会在武装斗争期间行动的牵引力，越过这些，另一个领域已经向年轻人招手："遥远的文学城堡接近和打开，作为一个欢迎的避难所"（《通往蜘蛛巢的小径》，第20页）。神秘之地的意象，遥远和如魔法般地可以靠近，这并不是意外，它的中世纪建筑风格建议文艺复兴的幻想和冒险活动。虽然词语的唤起对于卡尔维诺进入写作十分重要，但是他们同样请求他作为一名读者的经历。卡尔维诺经常谈及他和书面文字之间深刻的关系，以及"对于口语根本的厌恶"[《卡蒙1973》（*Camon 1973*），第183页]，华丽辞藻的滥用超过了100年前，不仅仅是在法西斯主义霸权时期，或许与他所接受的姿势相关。但是纪律需要实施它最好的状态，他的不喜欢和不信任，主要是和一定人类交流的概念相关。写作是投身工作的保证，严肃地使用语言，人在职业中所取得的技术证明——"概念"约会了卡尔维诺，并将他置于具体的文化视点中。但比起他早期的批评者所相信的，他的预述将较少限制，直至他整个的写作生涯。

在他写第一部小说之前很久，卡尔维诺常常去写作的城堡，他在那里找到了全部的世界，秩序、幻想和玩笑的存在，超越失调和混乱，仅仅是人类经验的一部分。意识引导他曾经更深地探索历史的结构、个体旅行的复杂度和写作行为的形成问题三者之间的关系。自然而然，各种各样的声音使得它们的回声在卡尔维诺的文本中被听到，一起流动，加速了一个典型的"意大利语"，既是世界的也是特殊的统一整体。他的小说和众多其他作品之间联系的探索在某种程度上仅刚刚开始。我相信，因为卡尔维诺使文学的自我评估更加完美，他看似优雅地率先取得了特别受喜爱的学者风度的练习。首先，我希望讨论的是在卡尔维诺的世界被称作儿童文学的领域和它的意义，这将会易于对卡尔维诺遗产的持续研究。

对于相当一部分的意大利人而言，卡洛·科洛迪（Carlo Collodi）关于儿童文学的经典著作《皮诺基奥的冒险：牵线木偶的故事》（*Le avventure di Pinocchio: Storia di un burattino*）是他们人生的第一本书，不是自己读，而是听着亲爱的大人阅读。卡尔维诺在文章和访谈中不止一次地阐明这本书在他个人写作形成中的重要性："我想，任何的（阅读）清单，必须始于皮诺基奥：我一直所考虑的一个叙述典型。"[科尔蒂（Corti），1990年，第48页]。科洛迪不仅提供给了卡尔维诺第一本小说的经历，而且对于还是孩子的他而言，科洛迪作为榜样，从语言学、建筑学和主题观点来讲是根本性的。[①]首先，科洛迪所演示的一些东西成了卡尔维诺的基本信条：文学首要的是讲故事。科洛迪也提供了同样必要的证明，证明与对立面的和解是可能的，因为他的小说证实了讲故事的行为可以同时是玩笑和严肃的、无端的和富有教育意义的、个人想象和集体想象的信号，简而言之，一个复杂而必须的人类存在的表现。

影响文本的关键因素经常是一个单词、一个名字或者一个手势。"吉姆（Kim）"来自吉卜林（Kipling），在《通往蜘蛛巢的小径》中，作为皮恩（Pin）的原型。吉姆和皮恩同时都是孤儿。他们机灵而聪明，走过一个象征神秘的世界，他们同时陷入了这个自身不理解的世界，当他们与成人交谈关于战争和秘密信息的时候，假装自己知道得更多。他们同时在混乱的事件和多样化的人群中生活和交易。一些吉卜林的叙事手法也很好地被卡尔维诺所运用，例如，客观叙述声音的使用，得以瞥见男孩的角色——"吉姆将会记起那长而慢吞吞的旅行，直到他死亡"（《吉卜林》，第353页）——大量珠宝的生动描述，诸如我们可能在《宇宙连环图》（Le cosmicomiche）中所找到的："桌子上的珠宝在晨曦中闪着光——红色、蓝色和绿色，闪耀着蓝白色光芒的钻石到处都是"（《吉卜林》，第362页）。皮恩是吉姆的新化身；然而他是一个成人，在反抗的背景下，卡尔维诺人格的另一半，在《通往蜘蛛巢的小径》中，他的名字叫吉姆。吉卜林记忆的影响必须被间接地承认，或是被不止一个人物角色共享和扩散。同时，这个名字（我们必须记住，是一个年轻的反抗战士的化名）确认了卡尔

---

① 对于此主题更详尽的处理，见《让内》（Jeannet，1994年）。

维诺遇到英国作家的重要性。同样，借用的一个名字，特里劳尼（Trelawney），来自《金银岛》（*Treasure Island*），同样人物类型的返回，出现在《分成两半的子爵》和《树上的男爵》中，对于史蒂文森（Stevenson）表面上的怀旧不只是一个明显的提示，它们是一个理论的象征，是与结构的密切关系和一个古老的冒险故事。卡尔维诺必须承认他对挚爱的模型的强调，对于写作功能的调停（"我拿起我的笔……"；《斯蒂文森》，第3页）。他如同史蒂文森一样，选择了第一人称的叙述，"疏远"，从而不沉湎于情感，就像他的前辈，意大利作家总是选择通过一个年轻男孩观察的眼睛来看世界，一个边缘和天真的观察者和事件的目击者，但是，所有的作家用他自己的人物角色讲故事，只能是在男孩到达成年之后。时间差在事件发生和被陈述之间，在行动的兴奋和写作之间。因此，故事同时享受记忆的和眼前的特权。正如卡尔维诺让科西莫（Cosimo）的兄弟所讲的"我记得就像是今天"（《树上的男爵》，第11页），他让Qfwfq经常巧妙地重复说"他在那里"，斯蒂文森让他的叙述者用同样确认真理的策略："我记得他，就像是在昨天"（《斯蒂文森》，第3页）。尤其重要的是，卡尔维诺钦佩吉卜林和史蒂文森运用精确和丰富词汇的散文来论及冒险精神，对透明媒介的详细阐述。

当卡尔维诺说到影响他构成的越过童年和青春期的阅读，他一贯首先放在列表上的是儿童文学：科洛迪、吉卜林、史蒂文森、笛福（Defoe），还有连环画。至少有两个原因激发了他的积极性。首先，正如我们所观察到的，卡尔维诺吸收了他认为是根本性的他们风格的信息。另外，那些作者，如同卡尔维诺，高度意识到读者的存在，有着和集体主义相关联的重要感觉；那些连接，依次、适当注意变化的环境和特点，赞成年轻作家在20世纪四五十年代的立场，后来更好地符合了新理论的原理，他探索了写作、文学和接受的主题。作家卡尔维诺控制了他造物之一的本质特征——朗多科西莫：他有观众出席的强烈感觉，尽管他保留的姿态几乎是冷漠的，大部分的作家认为卡尔维诺进入的文学领域属于19世纪后半叶西方小说传统的伟大宝库，正值中产阶级的统治阶级关心培育特殊的语言学和年轻人的文化能力。①然而，有意的受众是虚构和假定的，是"儿童和青少年"（bambini e ragazzi）的观众（《马可瓦多》，1966年，第11页），一如卡尔维诺所赋予的。事实上反应模糊不清，尽管它的存在那样清晰；它不能影响到产品的"质量"，甚至是它们的方向，因为最好的小说在各种各样的书架上找到了位置，让那些年轻人、成年人，甚至是学者们得以找到它们。毫无疑问的是，一代代的年轻人在作者的意识中，他们推测自己是年轻的读者，像虚拟的观众进入未来，这也涉及一定的出版商，因为中产阶级的年轻人看上去大有前途去拓展新的市场。

按照卡尔维诺的折中主义，所有这些评论更加的恰当，我们看到在第二次世界大战期间，因为它们的影响，连环画出现在意大利的出版物中，正如卡尔维诺自己所承认的，很好地延伸了年轻读者对它们直接的兴趣。对连环画的快速浏览出现在孩子们主要的期刊当中，《小速递》（*Corriere del piccoli*）是一种展现。20世纪30年代的问题特别有趣：他们包含了美国连环画的翻译[显而易见的玛吉（Maggie）和吉格斯（Jiggs），还有《喧闹的孩子

---

① 科洛迪、吉卜林、史蒂文森，成为被羡慕的对象，也受到近来更多的批评，因为他们对于新政治、文化和语言学存在形成的影响（真实的和假定的）。远及意大利而言，新民族出现的问题伴随着新语言，出现在19世纪下半叶。对于讲英语的世界，问题是帝国的创造对于一个在20世纪里新的通用语言一定会提供传播的基础，虽然存在对帝国主义意识形态的所有异议。

们》（*Katzenjammer Kids*）]，和年轻意大利作家的作品一样。后来者当中最成功的要数塞尔吉奥·托法诺（Sergio Tofano），"博纳文图拉先生的创造者"（il signor Bonaventura）和他的"黑伞"（nero ombrello）。在《宇宙连环图》的第一个故事中，我们发现它被吹在风里），书夹在他的腋下；人物的名字——古德勒克先生（Mr Goodluck），不完全是讽刺的，因为他的冒险最终令人难以置信地以一百万里拉（在20世纪30年代的价值！）的赢钱结束。托法诺（Tofano），他签署自己的名字的样式是"STO"，他将会成为一个作家，也被卡尔维诺所钦佩。连环画建立在美国的素材基础上，意大利人在其中题写了新的插图说明，意大利连环画运用了语言层面更多的混合物，暗示了他们持续性的、描写意大利通俗故事的几种类型，不排除曾经有影响的《皮诺基奥》（*Pinocchio*），他们的模式运用了讽刺性模仿的语调，是史诗作品和《民谣歌手》（*cantastorie*）的骑士传统[将会通过传统和阿里奥斯托（Ariosto）的声音结合]：即兴喜剧、木偶剧和音乐剧。讲故事的风格又是卡尔维诺留意的范围：连环画，通过可获得的空间和固定的听众加强牢固的限制，是可视化的、空闲的、幽默的，它们是时间的造物，尽管其傻里傻气的古语显得与外观脱离。它们也是成人想象力的作品，寻找一种不可思议的新鲜感。感谢距离的效果，那是成熟的特权。它们的简洁是有效的。直到今天，当很多老老少少的意大利人只读连环画的时候，它们是完美的叙述机器，其特点保证了它们快速的成功。连环画作家的广大公众预知，由阅读的父母和祖父母组成，还有年长的兄弟姐妹和前任的爱好者，他们太老了，以至于不能公开地沉溺于那样的"文学"，最后，孩子们的连环画可能受到制约。作家和读者喜爱语言标准的混合物、古怪的混杂和轻松愉快地形成对于流行讽刺的依赖。

人物形象和冒险活动充满了三卷本的《我们的祖先》（*I nostril antenati*），马可瓦多的短故事当然受惠于冒险活动和假贵族群体，反复无常的女人、讨厌的孩子们、无能的男人，充斥在连环画中。卡尔维诺故事的语言和修辞手法在他简短地嘲笑新现实主义的模式之后，是除了其他方面，再访，在一个更加精确的技术层面上，戏剧式的、传统的诗句，连环画作者从较少的骑士诗歌和歌剧剧本中被提起。我们必须相信，大部分的意大利连环画运用了诗歌的形式，诸如韵律、诗节和四行诗。反问号经常强调叙述，创造悬念以及与读者建立直接的联系，讲故事的人很知道技巧，特别是在将读者定位成孩子们的时候。正如我们前面说的，人物的名字在小说中经常有互文性的标记，我们在《小罗马》（*Corriere dei piccoli*）的连环画里找到了卡尔维诺笔下人物角色的原型：休（Ugone），他模仿查理曼大帝（Charlemagne）的圣骑士（1932年1月），一个佩德罗尼拉（Petronilla，1930年3月9日），一个格温多林（Guendalina），一些可怕的孩子，时常出入的警察[在《信使》（*Corrierino*）中被称作"宪兵"（gendarmi），科洛迪的脉络]，"基于暗洞"（*fonda buca scura*，1930年4月6日）：见《圣诞老人的孩子们》的结尾，"巴尔巴内格拉（Barbanegra）悲观，泽菲利洛乐观"[（1930年4月27日），《短篇小说集》，第9—15页]，"儿子——胸有点弱"[（1932年7月3日），正如在《新鲜空气》（*L'aria buona*）里]。到了1941年，《信使》（*Corrierino*）里的连环画已经更少，来自美国作者的作品因为审查制度慢慢消失，新的连环画变成了战争宣传。从那时起，只有三个或四个提起卡尔维诺名字的精彩瞬间：有一个喜剧人物的故事，他吃了一只鸽子（1942

年1月11日），见《城市的鸽子》；福瑞·皮恩（Pin Focoso）去滑雪，金发的利亚（Lia）让他相形见绌（1942年1月25日）：名字利亚出现在《一个监察员的一天》，情节出现在《一个游泳者的冒险》；阿韦拉多（Abelardo），《雪人》（*uomo di neve*，1949年1月9日），见《隐藏在雪中的城市》。

流浪者和观察者在包罗万象的文学领域，卡尔维诺变形成他自己建议剧本的元素，来自小说的诸世纪。毫无疑问，比起一个小说家，他更是一个叙述者。

神话和民间故事

当卡尔维诺进入50年代，反抗的风险后退到过去，恢复越来越成问题，静下来的卡尔维诺开始仔细考虑，作为一个作家，他是什么？在此指导下，围绕着他的世界是迷人的。如果文学的处境已经改变，正如让-保罗·萨特（Jean-Paul Sartre）、埃利奥·维多利尼（Elio Vittorini）和娜塔丽·萨洛特（Nathalie Sarraute）所声明的，在现实中寻找，卡尔维诺——作为更年轻的一代，我们有理由相信他所分享的一个挑战和一种自由。他总是喜爱新的开始，盼望最好的，即使期待最后会失望——如他经常在他的小说和散文中重复的。作为一名记者和社论的读者，他创作的散文深深涉及意大利文化生活，并引起了注意。写于1955年的《狮子的骨髓》（*Il midollo del leone*），从那时起已经被援引、称赞和攻击，特别是因为它的诗意，没有明确的提醒构成它隐喻的根源。半人马座凯龙（Chiron）的神话，一个学生理想化的老师，阿基里斯（Achilles）饲养了狮

子，因为它经典的开始和拉伯雷式（Rabelaisian）的再生，频繁地
出现在诗歌传统中。对于卡尔维诺那一代人的意大利读者，显而易
见，凯龙是颂歌中的一个主角，出现在18世纪的意大利诗人和道德
家朱塞佩·帕里尼（Giuseppe Parini）之前。[①]宗谱的意象目的不
在于使卡尔维诺得到一个新的知识分子的喜爱，他们因为各种各样
矛盾的政治原因，坚决要埋藏以任何方式想要连接历史或社会文学
的概念。但是散文在卡尔维诺的行动中表示一个更重要的阶段，讲
演者找到了动机，制造明确好战的生活和写作视野，在反抗中提供
了一个新世界的梦想，一个新的社会代名词——新文学。狮子骨骼
的意象庆祝了在文学中被找到的寄托概念，一个在西方传统核心的
概念，但是被那些看到和欢呼人道主义死亡的人所拒绝。在卡尔维
诺的作品中，文学慷慨的设想作为一种手段对历史起作用，通过理
解"未来的人"，提供给他一种声音、一种伦理的动力、一种方式
看世界，并行的作家对于文学的坚持就像是对话。卡尔维诺想象的
读者是同样抵抗的神话，年轻人、工人、农民。好奇心、希望和惊
奇构成了感情的三和音，作者预测那些通过打开一本新书而转向文
学的人。作家的功能，是半人马座父母的功能：刺激想象力，养育
严格的品行，增强读者控制人生的境况。作为一名作家宣布他的拒
绝，关于"一个知识分子的机敏提出和暗示"（《石头之上》，
第15页），他把自己的声音置于回到意大利文学起源的点上，那
里道德意志论的张力滋养了深奥、或许含蓄的教育学的兴趣。及
时靠近卡尔维诺的传统继承者是阿尔菲耶里（Alfieri），福斯科洛
（Foscolo），帕里尼（Parini），他们在卡尔维诺掌握特权的时期

---

① 朱塞佩·帕里尼（Giuseppe Parini）：因他的讽刺诗《一天》（*Il giorno*）而著名，
1729—1799年。

进行操作，在18世纪和19世纪的交会点上。很清晰的，几个因素有助于确定和形成卡尔维诺的声音。在偶然发现的汇合处，他们是他家庭的背景，因为他阐明了很多次，尽管他的抗拒不像个人的回忆、历史的连接、他的阅读。他面对文学和生活的态度，严肃而快活，通过幽默和讽刺的玩笑，不是不受约束，而是小心地保护着本质的距离，在幸存于50年代的历史——政治环境里，向70年代和80年代通报他的文学和政治观点。他宇宙的坐标保留了他早期所追溯的，除了更多关于未来的概率性观点："我们将会看到文学出现，敏锐地意识到围绕着我们的否定陈述，在古老民歌里的骑士或者18世纪旅游日记里的探险家应该表现同样的清晰和活力"（《石头之上》，第15页）。

卡尔维诺受雇于重写一个民间故事选集，取材是意大利乡间传说，同他1955年的散文写作同时进行。他在《意大利民间故事》（*Fiabe italiane*）所作的序中，对于《狮子的骨髓》内容以柔和的语气回归。他"翻译"的故事宝藏首先坚定了他风格的标准。当谈及佩洛（Perrault）的作品，他强调了作为一个作家所起的作用："最后，在纸上（他重新创作了）同样宝贵的（来自）民间故事的朴素语气"[《意大利童话》（*Fiabe italiane*），第7页]。法国的民间故事诱惑了他，以"它想象力的游戏，高雅和温和，通过笛卡儿哲学理性的对称"（《意大利童话》，第7页），意大利民间故事集合了它的对立面，"准确的韵律（和）轻松的逻辑"（《意大利童话》，第32页）。另外，他对认为有同感的特殊读者的关注和广大的接纳被强化："我必须记住将会读它们的这些孩子，或者是将会被读的孩子"（《意大利童话》，第24页）。访问大众，就如一个口头讲故事的人所做的，他的工作有了具体性，通过写作来调解，面对接触，正是他所需要的。民间故事在文学中的一种真实形式是可见的，局部的真相永远不会结束。但是真理尽管如此："民间故事是真实的"（Le fiabe sono vere，《意大利童话》，第 12 页）。它们是人类的寄托，想象力作为放弃的解药，潜在的工具通向自由的出口，将成为卡尔维诺工作反复的动机之一。在那里，可以找到一种道德寓意："（民间故事）真正寓意的叙述者逃避（自由的缺乏），能够谈及什么是接近他心灵的东西（《意大利童话》，第 35 页）。卡尔维诺推断，远离逃避现实的梦想，民间故事演示"意识到一个人的处境，不排除想象别的命运……现实的力量完全转换成幻想。民间故事不能给我们更好的教训，以及诗歌和伦理。"（《意大利童话》，第 36 页）。

　　毫无疑问，卡尔维诺的陈述都是真诚的，他喜欢以悖论和矛盾断言，从而让他的读者为之惊奇。好的例证是他以民间故事所进行的重构，看似已经产生了幸运编辑首创的结果。卡尔维诺基于意识选择的搜寻，自己的剧本满足了他的洞察力："这是我的需要，去强调理性和人为讲故事的元素，秩序和几何学推动我向着民间故事的方向前进。[《我没有写的故事》（I racconti che non ho scritto），第 12 页）]。民间故事造就了卡尔维诺，编辑的主题潜入故事当中，成为幻想的呈现："我跳入海底的世界，没有专业的鱼叉，不具有教条主义的镜头，甚至不提供氧气瓶，是热情……自发的，天真的[《意大利童话》（Fiabe italiane）]。隐喻不重要，我们找到的是同样持续完整的段落，在明显和隐藏的形式里，在《大鱼，小鱼》（Tesci grossi, pesci piccoli）、《一个诗人的冒险》（L'avventura di un poeta）和《帕洛马尔》中。在所有四个文本里，卡尔维诺的人物跳进一个隐藏的海的世界，混乱而阴沉，目的在于带回一个矛盾的"猎物"：人类希望创造秩序，连续不断的威吓，但是又达到了必然的快乐。

口述故事常见的记录已经通过早期的收集者转成了作品，也显示了卡尔维诺生动"叙述"的作用，旨在创造悬念和好奇心——例如著名的表达"我以后会告诉你"（che diro piu in la）。一个天真的解说员选择视角的效果，一个孩子、一个哑巴年轻人或是一个边缘的成年人，即使是第一人称的叙述手法，也应验了基本的距离设置，对于卡尔维诺接近小说是必不可少的："我是那孩子"（quel bambino ero io，《分成两半的子爵》，第26页）。

什么是来自儿童文学的教育意图？意大利的传统很少在作品中给予年轻读者，直到第一次世界大战之后，仅仅依靠方言的口头叙述和两部19世纪的作品：已经提到的《木偶奇遇记》（Le avventure di Pinocchio）和爱德蒙多·德·亚米契斯（Edmondo De Amicis）的《库雷》（Cuore，1886年），后者成为了多年被惊人模仿的对象，因为一个多愁善感的格言看似成为了自以为是的中产阶级的表达（正确的思维）。《库雷》不只是一个让卡尔维诺高兴的文本，它签署了他在50年代中叶所做的、一直到最后的根本声明，关于寓意和讲故事之间的关系。

> 民间故事的寓意通常是含蓄的……它几乎从来不用警句或是教授的方式，或许讲故事的道德功能……被发现，不仅是在通过注意主体内容，而且是在于民间故事的习俗，在于讲故事或听故事的陈述（《意大利童话》，第35页）。

　　在法西斯主义和对抗的那些年后，一个新的（恐怕是太短暂的）意大利儿童文学年代开始了，故事由新流派的实践者讲述，异想天开的现实主义，丰富的幻想和滋养，特别是，远离了"习俗狭窄的世界"[il mini-mondo di convenzione，《罗大里》（*Rodari*），第6页]。

一个编辑，名叫托尼奥·卡维拉（Tonio Cavilla）

　　20世纪60年代，卡尔维诺完善了他的化装，从观察者亚美利哥·奥尔梅亚（Amerigo Ormea），到一个"一丝不苟"的老师和教员（《树上的男爵》，1965年学生版本的序言，第4页）。他一度选择了一个名字，一个诙谐的变形词，自我——愚弄，结合了田园生活[托里奥（Tonio），狡猾甚至诡辩，卡维拉（Cavilla）连接着那个单词："卡维诺（cavillo）"，相当于"诡辩"或"欺诈"]。卡尔维诺的密友是他所写的每一本书爱批评的读者：他们为书写了序，准备了书籍护封上的大肆宣传，设计了传记的说明，写了各种各样的评注。首先，对这些重读有一种天真，卡尔维诺在《通往蜘蛛巢的小径》的评论中做了改变："我想……读者们将会有几百个人……反而，当我看到有那么多人读它，这本书对我而言改变了方向[《短篇小说集》（*Romanzi e racconti*），第1247页]。如果被我们自己的人工制品迷惑，在作者本人和完成的工作之间，以善于分析的创造性分离，作者与读者将会被置于更遥远的距离。由于改变的历史和文化状况，那些早期文本的主题和修辞手法传达了作者的不适，就如同他在创造和对话中找到的快乐一样。1980年，以较少有玩笑的情绪，卡尔维诺对他过去的作品做了相似的回顾，编辑了题为《石头之上》的散文集，另外关于他书的副本材料，卡尔维诺在其中写了一些自传式的文章。例如，他在一次采访中回应了关于《困难时期的一代人》（*La generazione degli anni difficili*，1962年）的问题；《通往圣乔瓦尼之路》（*La strada di San Giovanni*，1964年）（那也是卡尔维诺最著名的序，提供给《通往蜘蛛巢的小径》的学生版本）；在《塔罗纸牌》的结尾手写的注解，1969年；《艰难爱情》的前言，1970年。

向前回望生活最初所拥有的把他所有作品"结集成册"的愿望，看似已遥不可及。作者和读者变成他自己不满意的编辑，切下、拖曳和聚集了眼前和投影的材料，不安的规则追求。《最后到来的乌鸦》（*Ultimo viene il corvo*）的出版历史是那种现象的一个例子。几个主题同时一次次回归，在众多的干涉中。卡尔维诺创造了第一人称视角（偶尔是插入的人称），明确了作者始终如一的洞察力，关于讲故事的默契。首先，他坚持变化的环境在方向上所产生的影响，通过他的想象力："那是已经改变的空气中的音乐"（1960年之后），《我们的祖先》；见1964年的《通往蜘蛛巢的小径》的序言，以及许多其他的对话、信件等等，现在可见"梅里迪亚尼（Meridiani）"版本的《卡尔维诺作品集》，第5卷。他含蓄地在文本中前置了伦理的方面，在他的视野中命名他为主要的叙述主题——"一个人决定为他自己选择艰难的规则，追随它们到最后，因为没有它们，他将不成其为他自己，既不是他自己，也不是别人"（《故事和短篇小说集》，第1213页）——如同人生的选择，"纪律"必须作为写作的伦理，以体裁的约束渐增地呈现。作者惯常的位置和文本面对面的存在也是一个经常的主题："要想真实地和他人在一起，唯一的办法是和他们分离……正如同诗人的天命、探索和革命（《故事和短篇小说集》，第1214页。卡尔维诺的强调）。最后有重复的声明，文本在读者的反馈中发现了它的成果；伦理关怀最后融入故事叙述者的诚实中，以及来自读者不可预见的问题和回答的妥协之中（《故事和短篇小说集》，第1219页）。

很多有意的对话者是年轻读者，他们更靠近卡尔维诺的心灵。虽然在他们后面，一如既往购买和阅读的还是那些成人，巴赫金的观念是意识形态的视野[《形式方法》（*The Formal Method*）]，在这里能找到它最显著的范例之一，可以掩饰假定的朴素和文学的脱离，目的就是娱乐。卡尔维诺明确宣布他的希望是款待——"读者必须拥有乐趣"[《我们的祖先》（*I nostri antenati*）第14页]——快乐地给读者增加游戏。他孜孜不倦地配置给预期的观众他所写的改变，当他编辑自己的作品为课堂所用时，他小心地解释他怎么做，为什么这样做。他和悖论玩耍，一方面通过作者发挥，强调控制；另一方面打开文本，扔进即时的评论，这是熟悉的对话——"如果你想的话，你可以去相信它"（《我们的祖先》，第15页）。小说"不是无端的空想，它固定在时间、空间和个人的经历"（《我没有写的故事》，第12页，卡尔维诺强调）。作者、作者/读者、读者之间三角的关系从来没有转移到"文字"的范围之外，但是对话追求精巧，通过文本发起众多的元素：社会历史的因素、语言学、想象的自由游戏，通过文学形式交流，在任何被给予的文化使用者面前存在，（只有表面上）一个简单而清晰的多样性机构的矛盾目标。在他的一本由学生写序的书《圣·格尔索列的练习本》（*I quaderni di San Gersole*）里，卡尔维诺表达了他对所寻找到适意的书的羡慕：表达准确、冷静客观、对世界的描述在过程中被发现、绝对不存在感情用事。他在《练习本》中看到一个托斯卡纳村庄的真诚、赞美诗的记录。他大部分的处境和看法已经在多年之后发生变化，他和年轻人的对话持续着，从来没有停止地通过书面文字来传递，因为他找到了那部分阅读公众，他所珍视的、严肃的、没有沉湎于悲伤的情感，直率使用的语言。对于那些相同的事物，他感到成年人和整个的消费型社会已经变得感觉迟钝。

在一次关于教科书的品质和名次的问答采访中，卡尔维诺强调了他所处位置的复杂性及他对年轻人持久的关心，通过把他自己的声音置于最好的漫画中："当我出版了这一系列"马可瓦多"的短篇故事，作为孩子们的书，我的教学理想……是一次对于悲观主义的教育，那是一个人可以从伟大的幽默中所提取的真正信息（《故事和短篇小说集》，第1367页）。同时，他作为评论员重复了"道德的姿势，正如个人主义建立在有生命的阿尔菲耶里（Alfieri）人生的意志力，几乎是作为漫画返回到他的作品，通过一个哈哈镜（《树上的男爵》，第7页）。他说，讲故事唯一的主要元素实际上是保持来源于它的意象（《树上的男爵》，1965年，第10页）。

"这些是不赞成解释世界或伟大小说的时代"（《我没有写的故事》，第11页）。因此卡尔维诺在1959年宣称，利奥塔很久以前的宣传小册子描述了后现代理论的根本来源。他添加了小说需要聚焦眼前的目标，有限的生物和考古的详细资料，一只蚂蚁的眼睛或一根脊椎骨的化石，事物最终得以被建立。在通过各种各样卡尔维诺世界的部件追踪转换的经历时，比起动物居民的演变，没有什么更加实用，包括作家在内。在卡尔维诺忙于重写意大利民间故事很久以前，他的书页上就充满了从家庭领域而来的小生物的出席，那些不是特别地吸引成人，因为它们的大小，却都是孩子们的最爱，生动和古怪的形状：蚂蚁、蟋蟀、蜘蛛、蜜蜂、蜗牛、蟾蜍、鱼。在写于50年代的短故事里，动物栖息于一个自然的世界，那里的人类是入侵者，经常搞破坏和不相容，就像在"动物的森林里"（Il bosco degli animali）。然后，动物日益变得更加稀少，被禁闭在一个城市的环境里，如同写于1948年的短故事里一样[《猫和警察》（Il gatto e il poliziotto）]；在马可瓦多的故事中，动物世界变成了人类关于失去自然天堂梦想的托词，虽然动物与假设的荒野疏远，事实上被束缚在一个人造的环境，就像那些城市居民。到了60年代，动物已经穿过所有宇宙事件的纪元，成为人类意识不可分割的一部分，被承认和驯服，真实的卡尔维诺模式展现在他所看到的圣杰罗姆的一幅卡巴乔（Carpaccio）的油画和狮子，他凝望着它：

> 在内心里，这些场景的主题是和一只野生动物的关系……或许我们自己所带的这些动物改变了形状，伴随着我们生命中的第一次变化……一个主要的步调将会接受存在……那萦绕我们，作为生物学的传承，起源于人类和我们之前的人类，我们集体和个人历史的阴暗面。我们必须改变它，进入我们生活和患难的阴影，实现一个和自然的约定，在我们的内部和外部，把破坏的冲动变为力量，就像狮子伴随着智慧的老人［未公开出版，1973年，《卡尔维诺纪念册》（Album Calvino），第283页］。

魔术师的游戏和作家的诱惑

20世纪70年代开启了卡尔维诺重写阿里奥斯托（Ariosto）的

《奥兰多的怒火》（*Orlando furioso*），继续了一系列和阅读公众之间强劲的联系：对广播节目的参与、给许多不同的作者写序。例如，一个有灵感的和私人的简介，对于色诺芬（Xenophon）的《远征》（*Anabasis*）、给他的批评者写信、对一个艺术展览目录进行介绍、为孩子们收集寓言，比如《美丽的鸟》（*L'uccel belverde*，1972年）和《螃蟹王子》（*Il principe granchio*，1974年）。对我们最有启发的是为奥维德（Ovid）的《变形记》（*Metamorphoses*，1976年）所写的序，极好地描述了卡尔维诺的视野和在世界的多样性里讲故事的功能。

> 《变形记》目的在于表现所有可能的叙述……在可能的解释中没有做出选择——就像是给予神话恰当的不明确……在诗歌中接受所有可能的故事。《变形记》的作者确信以这样的方式，不是服务于一个局部的目标，而是服务于一个多样性的人生（《为什么读经典》，第40—41页，重点强调）。

卡尔维诺是一个已经固定下来的作家，他越来越参与到他所处时代的文学和文化生活中，如同想要把所有的资源投入它的多样性。例如，在1978年，他参与了教育家、精神病学家和心理分析家的会议，会议主题包含了三个关键词："创造力、指令和文化"。他的介入专注于作家的作用和独特性，在那时刻做了一个速记的预览，成为小说《如果在冬夜，一个旅人》。标题《小说和它的敦促者》（*Il romanzo e il suo suggeritore*），谈话的主旋律是缺少"独创"（originality）的个性作家（卡尔维诺称之为"诗人"）。每一个行动的产生或是个别的诗歌创作，起源于已经存在的群众基础，对于它，个体是一个新的导管、合成器和注释器。卡尔维诺喜欢这些概念，他在1980年和图里奥·佩里科利（Tullio Pericoli）的对话中以更多的连贯性和强制性返回它们。他宣称阅读是一种挪用，写作的逻辑性追随于它。他非常生动地提起它，"在每一次真实的阅读中，有非法入侵的盗窃"。《书籍2》（*Saggi II*，第1808页）。

　　通过现在的理论思想了解到，在卡尔维诺多产的那些岁月里，其作品的丰富，展现在他小说成功的出版。毫无疑问，结构主义者首先是克劳德·李维–斯特劳斯（Claude Levi-Strauss），甚至是微妙的作为理论家和艺术家的罗兰·巴特（Roland Earthes），还有以读者为本的理论家、深深陶醉的卡尔维诺，我们必须保持连接的透视，在他发酵观点的介入、包围他的理论和他持续经营的原创个人概念之间。我们经常忘记真实的艺术领悟，包含反思的种子，是苦心经营的理论体系的基础。家庭气氛通过理念、理论、小说或实践共享，作家详述的观点被给予更广阔的流通，这是一个证据。卡尔维诺就像各个时代所有的作家和艺术家一样，经常盼望建立一种理论体系。他的写作是"今天的一个游戏，意识到结构主义的发现和组合，但是和他们的想象及诗歌的创造混合在一起"（《塔罗纸牌》，第14页）。在70年代，他关于读者的意象通过人类学的隐喻成形，那里的部落着迷于讲故事的人，他们是导管和部落神话的详细阐述者；他创造性的视野通过术语和控制论的建议获知。1967年，他被邀请做一次演讲，题为《控制论和影舞传说》（*Cibernetica e fantasmi*），它现在收录在《石头之上》里。卡尔维诺热爱假设、严肃以及多重的可能性游戏，无论他如何围绕结构主义、语言学或后现代社会理论结构的旋转意象，他在根本上是一个探险家、实验家，他独立尝试了他可获得的所有材料，并且保持着一定的观察距离。他的名字可能被加入几种运动的成员资格，但是在人类精神的普遍性当中，没有证据证明他同意一个含蓄的或是明确的信仰，或是相信一个个体意识的完全融解。

这里是一个有趣的例子，关于从理论基础而来的虚构人工制品的独立性，也关于它们的对应。回顾一封卡尔维诺寄给玛丽亚·科尔蒂（Maria Corti）的信，"卡尔维诺热衷于深入查找他每一个文本中所讨论与建筑相关的方面"（《科尔蒂》，1990年，第140页）。她通过自己的兴趣着色，做了精确的陈述，科尔蒂作为一名理论家，她习惯于严格的编纂。在同样一封信里，后来的部分带领我们理解卡尔维诺的技术手法，他在一系列的马可瓦多短故事中，做了关于科尔蒂提到的超现实主义的结尾。他在信中阐明，他使用的一个技巧，属于"更广阔的分类，最彻底的视野，目标拥挤，一个开放的视野进入了详细的全景，可能是超现实主义或者不是"（《科尔蒂》，第140页，卡尔维诺重点强调）。在《圣诞老人的孩子们》的结尾当中，评论恰恰适合于远射，但同样适用于《一个游泳者的冒险》《一个诗人的冒险》《阿根廷蚂蚁》以及《树上的男爵》。那种技术手法经常被联合使用，对于《隐形的城市》《如果在冬夜，一个旅人》而言，同另一个卡尔维诺典型的体裁特征相结合，混乱的列举也是含蓄的基础。另一方面，我们在《原始文化思考》（*La pensee sauvage*）中找到一篇文章，对那样一个技巧的分析和解释建议了可能的方向。利瓦伊–斯特劳斯（Levi-Strauss）谈及绘画技巧，把它定义为"满足智力和情感的幻觉"（《利瓦伊–斯特劳斯》，第35页）。他谈及了现实的小型化普遍存在于画家和工匠的作品中（《利瓦伊–斯特劳斯》，第33—36页），某种技巧——在人类学家的意识里——有着生产的特殊效应：

一种逆转的知识进程。为了理解对象的总体，我们经常趋向于处理每一个个体。通过对象所提供的反抗，被它的分割所压倒。依比例的减少破坏了现状：当它由多变少，对象的总体看上去并不可怕，它数量减少的事实使它看上去更加简单。更确切地说，这种数量的增加和多样化、我们对相应实物的控制权，通过它的对应物可以被挪用……以单一的眼光来理解"（《利瓦伊-斯特劳斯》，第34—35页，重点强调）。

卡尔维诺朴素的追求和对混乱复杂性的控制以一个类似的装置找到了它领悟的形成之一，通过利瓦伊-斯特劳斯的观察：因此他创造了详细的图像，形成他许多小说文本的结尾。

之后，卡尔维诺的行动按照三条战线行事：他给予了其他艺术从业者的作品更多观察，他在写小说的过程中，演示了技术的精湛，进一步地阐述了他喜爱的想象，追随他称之为"更严格和朴素的纪律，但是却要隐藏在讽刺和悖论的屏风后面"（《世界的记忆》，第8页）。

我们不必"读"卡尔维诺的书，但是可以参与他的幻想：那是他的小说课。《我们的祖先》三部曲很少有对于传统的延长，作为对一定的"看得见"的文学纪元、体裁惯例、时间和空间的挑战，叙述作为发明，叙述作为操纵。当卡尔维诺把他的读者们带到更为遥远的旅程，沿着宇宙演变的光年，即使在获得任何形式以前，宇宙的意识也将成为强烈独特拟人化的呈现。第一个意识的火花已经成为一个激励，去寻找并看到，什么是"其他的"，隐藏、无形，但是必要；它已经成为想象力的飞跃。疏远的主题和顽固的寻找被投射，以一个展开时间和空间坐标系的广大栅格为背影。作家唯一的立场找到了反思的可能，在巨大的问题上上升，通过一个空间，分界线开展得越来越远，正如我们对它了解更多是通过喜剧的立场。当帕斯卡（Pascal）的独白从一个极度痛苦的深渊伸出手来，《宇宙连环图》的声音以散漫和诙谐的讲故事的方式，从感觉上圆滑地把读者牵入对话之中。宇宙的意识在它变化的栖息地通过讲故事叙述，因为讲故事的人是宇宙和它的纪元合法的居民。没有神的干涉；一个黑暗的历史和混沌的世界变成了一些故事，以及一些关于宇宙的经历无数概率性的解释。

当卡尔维诺获得了精湛的写作技艺，他对于炫耀它并不感兴趣，他在《交错的命运之城》里所采取的行动，正如为了批评家和文学理论家们获得更多的愉悦。他考虑了塔罗纸牌的理想插图作为民间故事收藏（《意大利童话》，第35页），但是他放弃了在计划时的理念，一些有利的情况允许他回到它，玩弄一套纸牌，作为最煞费苦心的工艺品，同时把它在结构化和发明中分开。那告诉我们一些什么，关于他的计划顽固的坚持，证实了洛思诺普·弗莱（Northrop Frye）的主张："每一位诗人都由他自己与众不同的意象所构成，即使是在他的早期作品当中，它会经常出现，它不会、也不能在本质上改变"[《关键路径》（*Critical Path*），1971年，第22页]。

塔罗纸牌对卡尔维诺的吸引力并不是它们和魔法的关系，但是历史的光辉和神话的秘密已经定居在一副牌里，如同它们对于扰乱和解释一个表面上看起来无限（然而必然是有限）时间的接受能力。穿过诸世纪，在一个孤独的戏剧表演里，每一张牌都再现了永远的静态和简洁的平静，人类的脸、着迷、创意、梦想、恐惧和理想。玩家们看着自己手上所分配到的牌，每一次重读古老的故事，都以不变的性情去适合自己的故事。从印度到中国，从意大利15世纪的法庭到俱乐部和后来的酒馆，向着我们自己的时间，喜好逃避、渴望预言，塔罗纸牌长存在游戏当中。纸牌在那里，准备被拾起，个人着迷地喜欢宁静，卡尔维诺的新游戏用旧的材料做成：森林、城堡，围聚在一张桌子周围。主角已经到达了森林的中心，迷宫的中心，偶然只是表面的。故事的讲述呼唤他和吸引他去那里。他或许通过找到他自己，感谢作家的记忆和创造力，忘记价值，失去对应，所有各种各样的叙述设置为他的工作内容，从寓言到探索，从《哲学小故事》（*conte philosophique*）到漫画和史诗。

创造绝不是随便的，卡尔维诺曾在他的作品中以最有趣的生气和缓和的表达提醒他的一位读者。安杰洛·古列尔米（Angelo Guglielmi）有过不成功的建议理念（《故事和短篇小说集2》，第1390—1391页），卡尔维诺或许已经做了一定的无心选择，在《如果在冬夜，一个旅人》当中。可获得的文件是证明，相反，长长的酝酿、甚至更长的沉思领先于卡尔维诺的每一个文本。作家不只是关注表达，而且是详细的阐述，越来越受控制的形成遇到了预期的读者，他们在等待这本书。对于写作恰当的隐喻是思路，细丝卷入更复杂的结，挑战眼睛通过阅读去理解它和解开它。作者和读者之间的合作是一个新的阿里阿德涅（Ariadne）的计谋，小说被定义为故事的写作，通过希望去阅读引出它们的读者。

我们不必相信作者纲领的保证和叙述的设计，他公开宣称的实用性和开放性在很大程度上是魔术师的骗局。毕竟卡尔维诺不羡慕阿里奥斯托（Ariosto）这样的诗人，正是因为他们的技巧和想象。"阿特拉斯（Atlas），或阿里奥斯托？魔术师的角色……诗人的角色……重复，只到他们别无二致。幻想的交易会是宫殿，诗歌是世界的全部"[《卡尔维诺重述奥兰多的疯狂》（*Italo Calvino racconta l'Orlando*），第80—81页]。在意读者和自己本人的意识，觉醒的快乐操纵着读者的情感，那对于作者来说是强大的说服工具，从变形到魔术师。在对卡尔维诺最好的访谈之一中，我们能够感觉到转变的情绪，从教育学至魔咒，反之亦然：

> 我……梦到一本完全不同的杂志，既不是理论上的也不是技术上的，不是为通常的三到四个专家提供，而首先是为不同的公众提供，如同那些出版狄更斯（Dickens）和巴尔扎克（Balzac）系列小说的杂志。真实的作家也会为它写作，他们将会在指挥上记述（在指挥书面写作方面，我是一个坚定的信徒）。通过杂志，我们将会开拓真实的和大众交往的功能：哭泣、欢笑、恐惧、发现冒险和解密……许多的部分将会示例不同的叙事策略、人物类型、阅读方式、体裁传统和人类诗学的功能，全部通过故事有趣的阅读实现。通过普及的工具，它将会成为一种研究的类型。侧拉提（Celati）说，你不能给任何人上课，我们不能担任教师的职责。但是我相信，通过向别人展示这些东西，或许我们也将会理解他们。[《卡蒙》（*Camon*），1973年，第191页]。

置于上下文语境中的卡尔维诺对卡蒙所说的话帮助我们作了分析，《如果在冬夜，一个旅人》的小说文本，表现了卡尔维诺在国外的成功，它在国外所拥有的读者超过意大利的读者人数。意大利的作家以小说在英语世界里所取得的名望并不令人惊讶，因为后现代的著述，成为了北美创造性和评论生活的主要特征。小说"宣告了它对后现代美学的参与、模仿、文本的景象、乔装和自我反身的超越"（《德·瑞提斯》，1989年，第131页）。卡尔维诺已经对后现代模式操作了很久，虽然是有意识地较少公开。他享受于用他自己的天才熟练地进行"拼装"，博弈、网格的营造、前后移动；从创造性的快乐到大胆的语言强调进行引证；他强调文本的自指性，创造了多媒体的叙述，制定了各种各样的结构化战略。在1975年的一个展会上，关于人工制品的评论，他对计划进行了具体的规划："作家，看着他们，可以阅读无数初始的版本，他将会创作假冒文本的图书馆"[《正方形》（*The Squaring*），《书籍2》，1990年]。他复杂的背景和对计划的委身投入以及"纪律"，在一些后现代主义的声明中找到了一致的回应。这些有时是矛盾的，但是无论选择后现代主义的哪一个定义，①必然的循环主题是它的一部分。首先，是后现代历史地位的不明确。安德烈亚斯·胡伊森（Andreas Huyssen）写道，"单词'后现代主义'已经表明，即使是强迫性的

---

① 材料仅涉及后现代主义，以它丰富和多样性的焦点呈压倒性之势。我依赖于那样的概念，更直接地叙述我的主题，伊哈布·哈桑（Ihab Hassan）后现代文学的观点作为对启示的回答、利奥塔尔（Lyotard）关于知识危机和叙述职能的讨论、胡伊森（Huyssen）在60年代和70年代关于后现代主义演化的综述，见第三部分：《朝着后现代社会理论》（*Toward the Postmodern*），关于他的《生死关头之后》（*After the Great Divide*）。文本由E.安·卡普兰（E. Ann Kaplan）编辑，包括弗雷德里克·詹姆斯（*Frederic Jameson*）的《后现代主义和消费社会》[Postmodernism and the Consumer Society，普兰（Kaplan），第13—29页]，探索了在大众文化和政治思想语境里的后现代主义。

和现代自身的谈判"（《胡伊森》），"处于险境中的是不变的"《胡伊森》。当自我反射被下了不同的定义，不管是作为现代还是后现代，过去——对于后现代——不是必然的起源，但却是一个怀旧的时机——废墟的景象。仓库产生的碎片不断地排列在重复的叙述中。另一方面，未来把握了决心的许诺。惯例的范围是移动的，成为一个不安全的基础，在贺拉斯（Horace）的语言里，任何持久的结构都是"monumentum acre perennius"[《歌剧》（Opera），第100页]。角色代表已经出发，通过自我的危机观念和有疑问的合法化知识，从主观到功能的模式已妥协。结果是后现代仅仅重访了过去，没有纯真，不相信所有的社会建构；文学是其中之一，以必要的开玩笑和讽刺的方式利用它们。最后，这尽管是天真的，后现代操作读者的存在宁可被赋予一个分享的文化和文本的权限。所有这些不可能与作者没有关系，他们的工作，我们一直在进行检查。

一些枯燥和乏味的东西，比如过分的挑剔，威胁了卡尔维诺的文本，当他忙于一个狂乱实验的时候。是否该接受E.安·卡普兰（E. Ann Kaplan）介于"空想家""商业"和"借鉴"的后现代主义之间的差别？后者是一个流行的趋势，前者对身体重新估价，抛弃了二进制的世界观，然后在1969—1679年的卡尔维诺时期，以它非凡的产出在两者之间摇摆，它在精湛的技巧间犹豫，"期待……记忆的永恒循环"（《胡伊森》，第182页）。方式的寻找证明了混乱的可理解性。卡尔维诺的拼装有很多种产生相反效果的方式，卡尔维诺本人后来抱怨：他培养的简化阅读作为他文本正式的部件被评论家们切开。在卡尔维诺的世界里，身体，固有的内在和文学文本总是相关的。写作对于他不只是一个通过电脑而发展的仿真模型，在历史中从现实分离。卡尔维诺的笔早已经拦截，就像它是一个地震仪的敏感点，在社会文化环境里变化；但是他关于"危机工具"的意识和文化更广阔的危机，不会引发他对后现代的漠不关心。对于卡尔维诺，文本的乐趣和价值必须和风格及伦理互相渗透。卡尔维诺的人物角色虽然不能够确定，但仍旧委托给编年史工作和"真实"的新联系，不间断地寻找。

卡尔维诺在《如果在冬夜，一个旅人》中过度分析了小说的绝技。多数的主题之一计划是："这里是冒险的开始"——从这里开始的第一次冒险——是神圣的第一句——托法诺的博纳文图拉先生的连环画，仍旧回响着，像一首副歌，又几乎是一个咒语，在所有读者的脑袋里。他所写的讽刺方面和他熟练的漫画手法涉及小说所有的理论、实务及叙述，小说没有给予足够的重要性。他的理论观点没有呆板的示范；它的"喧嚣"也告诉了我们这一点。或许《如果在冬夜，一个旅人》中最幽默的手法是作者的复活，真正的A和一个有侵略性的"男性"轮廓。作者绝对不是死的；事实上，因为理想的读者以一种公平的方式读进去，纯粹的快乐是女性的，男性的读者人数减少到苍白的数字，警告、推、拉和威胁，通过作家的声音，对话脱离了对操纵的指令和挖苦！故事转向情色和包办婚姻是奇妙的？男性读者是一个工具，存在于女性读者的诱惑之中；他是一个便利的"障碍物"，在一场三角恋爱里以一种好的文学形式通过写作文本展露。女性的存在通常被称作"缪斯"，就像经典和浪漫那样，但是在这里，她渴望一个任性的化身，对阅读强烈的爱好刺激了作者的多产，帮助他克服了虚弱的片刻，作者是她的一个兄弟，或者是双重的，他说，"如果我不在那里，我将会写得多么美好"[《超越作者》（*Beyond the Author*），第128页]，作为一名成员被列在一群为作者的死亡而哀伤的人中间，他在读者中间主导了更多的轻信。

让我们回到风格和教育中来。作者有一种倔强的情绪：他提供给读者们的自由是虚幻的，他很明确这一点，并且得意于此；他用基本的文学手法展示艺术大师的变奏曲时，就像是在进行一个魔术师的表演。他的世界是一个独白，乔装成对话；假装、欺骗和独裁主义，含糊不清地分享文本的快乐。对历史的深远影响经常与卡尔维诺的名字相连，这是最清楚的证明，作者的形成在于启蒙运动。① "相信明智" 的冲突与不再抱有幻想的观点不可分，人类的冒险和投机存在于变幻无常的概率性世界。并非是形而上学的观点形成卡尔维诺的文学背景；年轻作家们起草了他们的第一篇寓言，在根本的与宗教制度的抵触中展示了基督教的原则。"没有宗教信仰的宗教伦理" 的坚定需求（《故事和短篇小说集1》，第1212页）好像是他唯一的基础。② 文学游戏是一个严酷的游戏，效力于悬念的激情，教化了知识分子的悲观情绪，憨第德（Candide）和皮诺基奥（Pinocchio）曾经学到（Barberi-Squarotti，1976年，第105页）同样的教训。关于叙述风格的精巧，启蒙运动的理念和世界视野应运而生了非常重要的课程。丹尼斯·狄德罗（Denis Diderot）（卡尔维诺称其为 "我们的兄弟"），曾在1984年《共和国报》（*La*

---

① 关于这个主题，见跻身于许多其他人当中的巴贝利-斯高瑞奥提、卓纳（Jonard）、布赖斯（Bryce），以及卡尔维诺在《其他的书籍》（*I libri degli altri*）中有趣的评论。1964年，在给李奥纳多·夏夏（Leonardo Sciascia）的信中，他写道："启蒙运动的理性主义已经遭到了最坏的打击和几乎是两个世纪的否定，它持续地和所有挑战共存。我假定表现了那种共存（《其他的书籍》，第491页，重点强调）。

② 选择不是没有弊端："我知道只有世俗的抑制形式更加地内在化，更加难以克服。"《故事和短篇小说集3》，第48页。

Repubblica）上发表了一篇文章。①是一个最重要的老师和实践者。
特别是在他的《雅克·勒宿命论者和他的主人》（*Jacques le fataliste
et son maitre*）中，关于猫和老鼠的游戏，"他的反传统小说—戏中
戏—超小说"[《猫和老鼠》（*Il gatto e il topo*）]，其故事叙述的中
心重要性、距离装置、文本的突然中断、一个受迷惑的读者滑稽地
冲击、文本方向的变化、错误的尾端开放、强制的命令给了一个运
气不好的听众彻底地漠视，或者说炫耀，这些是卡尔维诺在令人愉
快的阅读中找到的例子，并进行了认真关注。欺骗实际上是文学的
基础；作家/叙述者/编辑是一个傀儡，必须引出公众的好奇心，保
持它的注意力，实现和它分享他或她自己的快乐；同时操纵整个事
业的方向。超现实主义的表演是声明，以极大的约束，只有艺术的
表现能够打破宿命论的镣铐，同时讲授人类的条件是多么地黑暗，
以及在哪里能找到可能性的自由？或许是为他自己代言，卡尔维诺
写道："狄德罗（Diderot）已经直观地看到它来自最严格确定性
的世界观，可以向着个人自由牵引出动力。只有当他们突破了不可
避免的重摇滚，好像自由将会选择实施。"生活方式和写作方式在
散文之中找到了它们的描述，依靠熟悉的概念和词语和谐的结合：
决定论、自由、跃进、意志、自由选择、文章、摇滚、必需品。然
而既不是美学的自治，也不是文学和生活的混淆让卡尔维诺找到了
支持。边界保持了完整，以及在两个同样的要素之间人类经验的连
续："在生活和书之间只有白色的边界，标志着书的界限和人生的
界限。"（《故事和短篇小说集2》，第1400页）。

---

　　①　《书籍》的版本，遗憾地淘汰了一些类文本成分，诸如副标题《狄德罗，我们的兄弟》
（*Diderot fratello nostro*），标题《猫和老鼠》（*Il gatto e il topo*）突出了卡尔维诺赞扬的那些狄德
罗的特征。

准备未来

对于那些在卡尔维诺后期作品中所看到的，人生黑色景象的表现，特别是在《帕洛马尔》中，对他最后所写的遗言做了清晰的否认。不只是他向未来转动他的眼睛，而且在他的想象力面前，下一个新千年开始了，向着充满潜力的文学的繁荣王国。对未来明确的关注不是他在孤立的场所所表现的。1977年，政治和社会动乱的痛苦折磨着意大利，卡尔维诺写了一则社论，在《晚邮报》（*Carrier e della sera*）刊登出来，题为《我们的下一个五百年》（*I nostril prossimi 500 anni*）。那是他的政治声明，坚定地扎根于生活概念，作为“纪律……坚定性……和严格，比起任何自由的渴望要更多深刻的解放”（《书籍2》，第2299页）。他在1985年所起草的“备忘录（memos）”，为他所喜爱的读者、年轻人，详细阐述了同样的主题，现在转移到他声称是他自己的“书面世界”领域。他也总是把写作视为一门学科，即使是接受一种由安伯托·艾柯（Umberto Eco）发出的幽默邀请的观点，他赞扬了一种经典的实验练习——写总结（Elogio del riassunto），被所有意大利的在校孩子们憎恨。12个作家接受了艾柯（Eco）的挑战，写了15行著名小说的摘要信息。这12个人当中包括卡尔维诺，他选择了《鲁宾孙漂流记》（*Robinson Crusoe*），然后写了一篇简短文章的评论，题为《直奔主题》（*Toche chiacchiere*，1982年）。没有对他而言太过基本的工作，当他开始研究技术的时候，他视之为在人类经验中的基本原理。正如他所讲的，“拯救一些东西，只有写作在一个固定的模式中可以做到"（《故事和短篇小说集1》，第1221页）。

卡尔维诺充分地意识到掌握技术的努力，可能变成一个没有意义的练习。他的序文之一表明了致力于技术上的精密演示，通过色诺芬（Xenophon）的故事，关于一个溃不成军的军队的归乡之路（那对于所有经历过第二次世界大战的人是一个熟悉和痛苦的提示），他回忆他年轻时候的困境，在所有涉及"技巧"和"语用学"的寓意之间分派，空虚的意识在他们下面张着口。但是直到现在，它看来是如此的遥远，远离时代精神，我找到了它积极的一面。"[《远征》（Anabasis）第8—9页]。我们完全可以说，在卡尔维诺的全部作品中，蒙塔莱和海明威的模式已经找到了它们的停战点。

在卡尔维诺去世前不久，通过他的对象（《成文和不成文的世界》，第39页），他返回到了（表面上）最单纯的练习：观察和描述世界的多样性。作家的新形象现在并列于他写作的新焦点。不管是对小学生们的采访（1983年5月13日）还是为意大利日报写短故事，都集结在《帕洛马尔》中。卡尔维诺的人物角色日益选择低调的陈述和狡猾的谦卑。1983年采访的标题是：《作家？是一个像福楼拜（Flaubert）那样的白痴》。"你为什么要写？"孩子们问。他回答说他不擅长别的东西，之后他继续了一个更为严肃的脉络："这是一个成为自己的方式……和交流的工具，那是人们所能看到的方式，反映、判断和表现世界；渗入它，把它放回到交流之中[《作家？是一个像福楼拜（Flaubert）那样的白痴》，第1页]。和年轻采访者的对话屈服于一种遗嘱，涉及文学的功能作为娱乐的社会责任；在娱乐方面作为严肃的事情；卡尔维诺关于天才的内省和无理的探索的本质缺乏；在生命里，它"不是美好的，但恰恰是我们的元素"[《作家？是一个像福楼拜（Flaubert）那样的白痴》，第20页]。①

《帕洛马尔》的出版已经在长久的酝酿之中。早在10年前的1973年，卡尔维诺就表达了他最后所满意的需要或愿望：工作于"一种抽象概念的十字路口，建立一个故事的演绎方式……经历细节添加的模式，对目标、地点和方式艰苦地描述"（《卡蒙》，1973，第186页）。70年代晚期，他开始写作同一个主角——帕洛马尔先生的独立篇章。一位年长者的眼睛和社会上更多"可敬"的马可瓦多的化身变成了所有他的能量，被耗尽，向着终端的信号，游离于所有法律之外，他专注于"每一天的生活中落入视线里的那些事物。"（《帕洛马尔》，简介）。

最后，再一次通过写作，在另一个"野兔和狼"②的游戏里，作家以空间和时间策划了每一个瞬间的战利品。帕洛马尔先生经历的故事讲述，再一次地授权给一个叙事者，正如在《马可瓦多》中所叙述的，作家在后方，在无形的全面控制中；显然是简单的探测（大海的一个波浪，草地上的一片草）通过他建立，以一种苦行者练习的形式，苦行可以获得世俗人类渴望的理解。在前进中，安静是工具之一，死亡的模拟是帕洛马尔先生的策略，"看世界没有他如何运行"（《帕洛马尔》，第121页）。正如对于叙述者，他有最后一句话；可以假设他继续孤独地寻找，因为他是那个靠近一系列插曲的人，简短地宣告角色的消失。

在卡尔维诺的全部作品中，关于帕洛马尔这个观察者的职能解释已经说了很多。相反，关于环境说得很少；对于环境，他掌控

---

① 卡尔维诺和年轻读者的对话，见《其他的书籍》，特别是1974年他给一群中学生所写的一封信，关于《马可瓦多》《其他的书籍》，第605页。
② "任何现代写作的理论必须……同时，是一个游戏的理论"［《苏莱曼》（Suleiman），第2页］。

（或者说他未能掌控）。卡尔维诺没有明确唤起对环境的注意，围绕着富有的中产阶级的世界，坚持置帕洛马尔先生以一个非常清晰的社会中。[①]虚伪平静的生活方式：午后，停留在一个城市充满植物的露天平台、在夜晚沿着沙滩漫步、对于存货充足的肉铺和奶酪店的造访、海外的远行，再次暗示了这一切接近皮兰德娄世界的矛盾气氛。存在物的减少并不令人惊奇，如同来自后现代的超真实一样遥远。正如在皮兰德娄的"资本家的戏剧"里面，日常生活暗示着深渊的深度，威胁了它表层下面的开放。不同于前半个世纪小说和戏剧的情节，卡尔维诺的"情节"不需要突然的危险（意外的怀孕、地震、决斗）允许主人公意识的苏醒。在《帕洛马尔》中没有情节，历史的流动看似已经停止，正如其他世纪的作者们。此处的问题由人类的拯救构成。角色的消失是作家的策略，最后的飞跃朝向超越最高的逃亡，正如卡尔维诺在《美国讲稿》里所说的"六个备忘录"——再一次——忍受着文学的王国。

帕洛马尔先生和观察者躲在《沙子合集》（*Collezione di sabbia*）的篇章里，为了在世界上获得理解，坚持呼吁感官的觉醒。实际上，与许多被强调的卡尔维诺的阅读相反，当感觉的经验只能为我们提供依赖的线索很少，他的角色，询问的理由掌控着现实。在卡尔维诺的作品中，感觉获得了越来越多的训练，直到庆祝它们最后的胜利，于作者死后收集在《阳光下的美洲虎》（*Sotto il sole giaguaro*）当中。关于这个加速的事业有好奇的模式。我们必须牢记：首先，在卡尔维诺的作品中，感觉是一贯整体的一部分，包括原因和愿望，因为它们曾经强大地在但丁的世界视野里，作者

---

① 这阅读区别于米歇尔·巴利采（Michele Balice）的阅读。在文章中，他强调了主角"与世隔绝"（hermitic isolation）的孤独，断言他避免了任何"城市图像的庆典"（第86页）。

着重关注的是"文字"的感觉，一个感觉世界的类似物，过滤和赠予的形式，通过一位"正确的诗人，他知道怎样去抓住最微妙的感觉，用眼睛、耳朵和手，快速而自信地抓住"（《美国讲稿》，第61页）。关于把感觉翻译成写作的过程，我们必须提供一只留意的耳朵去示意离开这里和那里。因为它获得了强度，文本的表达变得更加简单，因为它获得了力量，表达世界的观点与写作实践的观点已经成为同一件事。卡尔维诺曾经严肃地说，"任何对于体裁'贫乏'的操作，还原成本质特征之后是一个文学伦理的行动"（《意大利童话》，第17页）。后来他宣布，谈论"表达自己的思想"类似谈论排泄，使得他想起压榨柠檬："如果作家希望选择一个水果来作比较，他将会选择一种不能被加压的水果，胡桃、杏仁，或者——在他最慷慨的时刻——一个无花果干"（《书籍2》，1982年）。

在1984年和1985年，卡尔维诺开始重新欣赏回忆录，这并不令人感到惊讶了。关于严格文学的偶像——埃米利奥·切基（Emilio Cecchi），"一个苛求和尖刻的人"。卡尔维诺那时候已经接近自己的老年，考虑着切基（Cecchi）所教授的神命，他沉默寡言的表达，经常被浓缩在感叹和隐喻中[《切基和深海龙鱼》（Cecchi and the Dragonfish）]。他对他年老导师的敬意清晰可见：

在那些打开意大利文学世纪历史的伟大先人中（我所谈及的是那些正在向70年代移动的人，当我刚开始迈开我的第一步到处寻找的时候），切基是我最频繁接触的，甚至超过那些用他们的想象力和方式对我产生较大影响的人。

在他的成熟期，卡尔维诺回顾了分享阅读选择的意义，它们经过了世代所建立的微妙约定。切基和他最喜欢的文本是那些"伦理和冒险活动变成一回事，事物形成一种固定风格"（《切基和深海龙鱼》）的文本。

卡尔维诺的第一部《美国讲稿》是他在1983年给纽约大学所做的演讲。他所提供的第一瞥，引起了不错的反响，在《成文的和不成文的世界》中，他从那里考察了他们如何作为成熟的开创者从事写作，被听他的系列演讲的哈佛大学的学生们所追随。可以想象，卡尔维诺孜孜不倦地回顾和组织提供大量的概念，从事他关于文学的总结性论文。标题是卡尔维诺亲手写的，似乎一开始就重复了"备忘录"的印刷文本（《美国讲稿》，1988年），它是简单的"下一个千禧年的六个备忘录"，那六个词语将会引导一系列演讲的章节。卡尔维诺不需要单独为文学的将来演说他的备忘录，因为——正如他重复的——他看到文学作为"一个存在主义的功能……对于沉重生活的抵抗……对于理解的找寻"（《美国讲稿》，第28页）。①职业（专门技能）、娱乐、存在主义的完整性，于他而言是统一的。

论及卡尔维诺文本的声音宣称他是"做最坏的准备，但永远要求达到最好的。"②同样的声明被强调，就像一首副歌。卡尔维诺

---

① 卡尔维诺抱怨他的读者对于他文本的技术方面所给予的过多关注，他在一篇文章里辩论地重复："这些天以来关于内容的议题，读者甚至没有接触，就好像它不适宜在交谈中提到似的"[《迈诺斯的尾巴》（Minos's Tail）]。关于这个主题，见1973年，卡塞斯（Cases）的《卡尔维诺的放逐》（Calvino al bando）。关于亚瑟·罗沙（Asor Rosa）和他呈现于卡尔维诺文本中一直以来有伦理维度的见解，见1985年，亚瑟·罗沙的《卡尔维诺的核心力量》（Il cuore duro di Calvino）。

② 《塔罗纸牌》的附录。

的散文和小说作为主旨在起作用①，从1960年开始表现为格言的形式，直到1983年，在《帕洛马尔》最后的章节里，叙述的声音被公开，"现在，他不再记得有什么被期待，好或者是坏"（《帕洛马尔》，第123页）。不管卡尔维诺的个人气质是怎样的，重复是作家的特点，从事他认为有问题的关联，在文学的世界和存在主义的维度之间，文学运行着。这是他所找到的切基的例子："我瞥见……回答，在我和文学的密切关系中，在它即将到来面对面的与世界的行动中，我从来没有满意的期望"（《切基和深海龙鱼》）。但是关于幽默的来源，卡尔维诺人物的天真和认真的态度，与卡尔维诺关于消遣的文学价值的信仰所一致。各种各样的叙述者继续提及混乱和幻灭；与此相反，人物形象严肃地致力于寻找一些包含的一致，以及在它们杂乱世界里的意义。②

生于怀疑和否认，但是具备幽默和简洁舒缓的功能，所有卡尔维诺的文本都隐含着艺术和历史的视野，它们是多样化的，却又必然连通着人类的经验。所有卡尔维诺的文本都意味着艺术和历史的视野。他的困难意识也是潜在的连接教授动机的基础，通过他所有的写作交织在最包容的感觉里，词语"教育学"与卡尔维诺的作品对话，他关心感受，关注学者的需要以及他"文学使用"的陈述。卡尔维诺在不连贯的经历中寻找连贯性，但是最后相信语言和文学的价值，专心于一个完整的生命。当他做了声明总结他作为一名作家和"教员"的全部生涯，在某种程度上，他的死亡到达了最恰当的时机。他确认他是一个"在边缘"的作家，这解释了丽贝卡·维

---

① 许多的例子可以从《石头之上》中，从几乎每一个小说文本中引用。
② 作者机智地开发利用了这个对比，甚至是在散文集《石头之上》中，见《让内》，1989年。

斯特（Rebecca West）关于蒙塔莱的研究主题，但是他的边缘是一个出发点，旅行开始进入蒙塔莱的人物角色不希望承担的未来，那是能够欣赏的代际和本质的区别，在两个声音之间：人们不能想象蒙塔莱的写作对于今天的年轻人，特别是对于孩子们和青年的意义。卡尔维诺做到了，他的"备忘录"没有幻想的世俗信念，这是他留给他们的遗产。

第五章
在垃圾和秩序之间

　　我宁愿抽出……一个对于对立面信仰的确认：……熟悉世界尽头的景象，作为世界延续的一个坚定保证。

　　——伊塔洛·卡尔维诺：《无畏污点》（*Con Macchia senza paura*）

主题

　　正如我们所见，卡尔维诺是一位特别始终如一的作家，贯穿他的各个"周期"，他忠实于某一主题和元叙述的关注点。从一开始，在名为《最后到来的乌鸦》的短篇故事集中，就包含了他从1945年到1949年间所写的全部短篇小说，关于双重世界的存在，他给一个基本的主题以特权，因为他的主人公有着突然的揭露，令人不安的事实背面[《事物的另一面》（*il rovescio delle cose*），《最后到来的乌鸦》，第121页]隐藏在表面的事物之下。作者对人生体验的兴趣和它的矛盾，以两种特殊的卡尔维诺方式表达：他集中于"分裂"的形象（见第2章），玩弄两个对立的和有联系的方面，关于角色的环境、垃圾和废物的世界；我们所抛弃的每一样东西；宇宙。或许是出于忍耐，通过这些年来卡尔维诺参与到我们的时间困境中所显示的魅力、他和意大利写作传统的联系，追踪了早期主题的转变，看人类的条件束缚于它的人造的和"自然的"环境。任何受过教育的意大利人所形成的阅读，从但丁、彼特拉克（Petrarch）、薄伽丘（Boccaccio），到阿里奥斯托（Ariosto）和塔索（Tasso），还有那些不同的作家：莱奥帕尔迪（Leopardi）、帕韦塞、莫朗泰（Morante），确定了意大利文化对于人类社区形象的偏爱，作为一个构想，它是建构的，专心于趋向良好的习惯，被称为"自然"。

对于卡尔维诺笔下的年轻人物，世界表现为感觉的天堂，那里的植物和动物庆祝用之不竭的多样性。不同叙述者的注意力详细地和不同寻常地形成宇宙，能够有助于给卡尔维诺的文本以魔幻现实主义，常为读者所援用。正如一贯所呈现的那样，早期小说田园诗式的设置，总是藏匿着一个善于分析的观察者，或是一个专心于破坏的观察者。无论是哪种情况，文本建议模糊的混乱催促，在迷人事实的表面之下。在战争故事里，例如在《送往指挥部》（*Sent to Headquarters*，1945年）、《最后到来的乌鸦》（1946年）、《布雷区》（*Minefield*，1946年）、《三个当中的一个还活着》（*One of the Three Is Still Alive*，1947年）、《动物的森林》（*The Animals' Woods*，1948年），和更为显著的《谁把我放在海里？》（*Who Put a Mine in the Sea?*1948年）当中，暴力和死亡是恐怖的，由战争中的人类制造，在一个安静的好像是动物和植物王国的世界里。[1]另一

---

① 吉安·卡洛·法拉蒂（Gian Carlo Ferretti）选择《比基尼的山羊》（*Le capre di Bikini*）作为卡尔维诺的书的名字，在他还是一名新闻记者期间，这一词语卡尔维诺曾用于他1946年的一篇文章。文章的主题是比基尼环礁的核弹，那里许多的牲畜死于原子核实验："你曾经问过自己，在比基尼的山羊会怎样想吗？……它们怎么裁决人类？在那样的时刻？"（《比基尼的山羊》，第9页）。

方面，诸如，《一个在法洛斯的人》（*A Man in the Fallows*，1946年）、《一个下午，亚当》（*An Afternoon, Adam*，1947年）和《施了魔法的花园》（*The Enchanted Garden*，1948年）在神话的意象、亲切的自然和先于有疑问的战争的人类经历之间，确认了某种不协调。因为矛盾而惊奇，或许是一个在宇宙中的秘密缺点，卡尔维诺的人物角色因为他们的发现感到不安，尽管事实是他们被认为占据了他们自身的空间——一个欺骗了他们感觉的领域。他们意识的苏醒被一些事物提示，以前是隐藏的，而现在不知不觉地进入视野。它是异想天空的《一个下午，亚当》的动物园，螃蟹和海胆覆盖在一艘被弃的船上，在《装满螃蟹的船》（*A Ship Full of Crabs*,1947年）中，[①]令人不安的气氛渗透进一个"施了魔法的花园"，暗示"一个巨大的错误……一个错的……古老的不公正"（《装满螃蟹的船》，第26页）。可以注意到有趣的是，正是从一开始，角色和环境之间不安的关系是因为社会的知觉类似于一个存在主义的缺点。卡尔维诺笔下的主角意识到环境和人类构想的联系，或者更准确地说，实现了"自然"的概念证明了人类的观点。历史和社会的领域不是独立的，相反是包含的，我们称之为"自然"（见第3章）。

垃圾的形象，早期出现在1945年题为《兵营的痛苦》（*Angoscia in caserma*）的短故事中。主角以第一人称的叙事方式陈述，他被法西斯主义的民兵围捕，强迫为军队服务，从事一个卑下的工作岗位，一名垃圾收集者。当他清扫和运走垃圾的时候，"狂躁的象征，疯狂的马路折磨着他"（《最后到来的乌鸦》，第99页）。"垃

---

① 孩子们的文字游戏为大部分意大利人所周知，重复地使用表达："一艘船已经到了，充满……"，接着以一些可能的对象命名。卡尔维诺天真的韵律和隐藏的殖民地的连接，小而怪异的甲壳动物提示了某物的存在，令人不安地在世界的发光表面之下。

圾车摇晃着快要散架的样子，但是他沉思着，引来了那些杂务工的笑声，虽然他们活得很艰难，但是每一样事情在最终都会结束"（《最后到来的乌鸦》，第99页）。人类制造的废物和他们需要照顾的简陋工具，是可以带来安慰的，像家的隐含意义，对于被困在不可思议事件中狂怒的青少年而言，通过工作的一点点世俗净化，在可能的、最基本的、但不可或缺的人类活动里，取得了一种坚定的感觉，那些建议挽回了它们，让它们成为标志。

对于第二个形象——宇宙，出现在1945年的短故事中，题为《同样的血》（*La stessa cosa del sangue*），在《最后到来的乌鸦》修订版中被删去，然后在同样文集的第三版中被恢复。在一次简短的暂停，等待进入一次残忍内战的时候，"共产主义保持了疑惑，对于岩石、峡谷和山脉的形成以及地球的年龄。他们对关于岩石的层面展开辩论，还有战争何时结束？"（《最后到来的乌鸦》，第88页）。对话和那些惊讶将会被卡尔维诺的其他声音重新占用，从Qfwfq到帕洛马尔先生。

并非宇宙的协调作为一件真实的事件被牢记，卡尔维诺文本的主人公凝视着乡愁。有更多敬畏和困惑的模糊感觉需要被确认，还有在其他时候通过事件被抗辩和释疑的天真。在《大鱼，小鱼》（《短篇小说集》，第195页）中，盐水从年轻的身体上滴下，狂喜的水下的渔夫泽菲利洛——他的名字有着田园诗的泛音——是并列的，伴以巧妙讽刺的同情，眼泪从一个悲伤的成年人眼中滴落，他有神秘的能力，去发现男孩抓住的每一条鱼身上所隐藏的伤口。疾病已经控制了世界。孤独或困惑，卡尔维诺的人物角色与现实做斗争。扫除、清洁和洗涤，在卡尔维诺的小说中有规律地返回，在双重现实面前，一个倔强角色之后的角色，试图把握他自己。两篇在

《艰难的生活》（*La vita difficile*）（《短篇小说集》，第355—495页）里的中篇小说，谈到严峻的环境污染和昆虫的侵扰；虽然非常的朴素、清净，它们接近泻药造成的幻觉。两篇小说：一篇是《烟云》（*La nuvola di smog*），以模糊的超现实主义风格的场景结束，一列购物车载着城市的脏衣服，带到溪流中去洗涤，在风中摆动，亮白的，在太阳中晒干；另一篇是《阿根廷蚂蚁》，靠近辉煌的大海底部的景象，那里所有的杂质，最后都溶化成数不清的沙粒。不协调的固化想象方式，烦恼的人类经历被设计，早期的文本接近类似寓言的快乐结局；但是曾经更新的问题通过后来的文本形成，确定了所有"分裂"的真实，在所有角色的内部，不团结的风保持疼痛。所有经历的二元性转向了仅仅是一个内部分裂的外在表现，迷惑、失望，在后来更深的作品中将会被探寻。创作它并不是没有快乐。卡尔维诺的小说从来没有失去它的轻盈和顽皮，因为寻求理解，作为一次冒险被投射，激发了创造性，需要能量、依赖速度和惊奇。

对于不同的人物角色，困境的解决方案不完全地转向差异，但在不一样的情况下，它充满着痛苦和危险。解决方案可能寻求解剖和经历的重建，通过那些严格的渴求，关于几何学的合理性（第2章）；或者，它可能在角色陷入的有机质中，那是感觉世界的填充物。在它最诙谐的实例当中，一个不存在的骑士，阿吉洛夫，以冰冷的激情追求着，他要求通过玩耍秩序和精确的游戏而存在，同时他的侍从古尔杜鲁把他的身体淹没在一桶汤和女人的肉体里。卡尔维诺50年代的整体作品，以拒绝人类的生产和他们处理的方式，显示了持久的魅力。阿吉洛夫讲究地吃完了剩下的一餐饭（《不存在的骑士》，第89页），开明的男爵科西莫重要的发明，是设计一种可接受的方式去除身体的排泄物（《树上的男爵》，第99—100页）。由人类制造的废物通过文本委托给人类的汽车管理，他们的理想是合理的、有秩序的，是一种公民的责任感。废物处理的问题尽管不断地增加，还没有变成紧急情况；创造的垃圾数量没有势不可挡，好的计划或者温和的强制行为，看似足够保持了事情的可控性。

矛盾的王国

　　一个矛盾的世界，城市社区 ①。从一开始就盘旋在卡尔维诺的小说中，即使是当他的人物在树林或乡村中找到他们自己的时候，他们的行为经常习惯于城市和"自然"环境的共生关系。《交错的命运之城》叙述者在1973年表示，即使是"生活"在城市里的隐士，也以一定的步伐离去。图画所描绘的隐士通常是在一个城市的背景里（《交错的命运之城》，第106页）。在《通向蜘蛛巢的小径》中，在城市的中心，反抗的战士和皮恩经常返回的是一个模糊不清的地方，熟悉的巷子和街道的迷宫，贫困、（岌岌可危的）家的安全，在三流杂志的避难所找到（欺诈）的温暖，酒吧和年轻妓女的小屋。它也出现在远方的村寨，成为一个受迫害的男人无法获得的避难所。战争时期，在《三个人中的一个还活着》之中题为《危险的村庄》（*Paese infido*，1953年）的短故事里，帕埃塞（Paese）或许成为了一个象征性的概念。一个受伤的反抗战士，

----

　　① 　特别是在意大利的社会环境里，即使是很小的社区也易于拥有城市的氛围，乡镇的感觉就像是城市，小城市表现得像首都。

掉队进入田园诗的小镇，他暴露在一座山上，周围森林环绕。村庄看上去无人居住，这环境就像一个陷阱。事实上，他遇到的少数人是有敌意的，打算抓住他，把他送给纳粹党。出乎意料的乡村魅力和民众暴行的混合物，转变成一个丰富而神秘的双重世界。牢固的墙看起来就像是一个呆板的结局，暴露了一间打开的、上锁的和有百叶窗的屋子，庇护着可怜的人们："每一个乡镇……即使看起来充满敌意和残忍……都有两面性。有一段时间，你发现它好的一面，它自始至终在那里；只有你能够看到它；你不知道怎样保持希望"（《短篇小说集》，第98—99页）。城市社区后来变成了理想的转喻和潜在的暗喻，对于全部的人类经历。在《阿根廷蚂蚁》和《烟云》中，它是合理、现代的社区，也隐藏着破坏的力量和衰退。

污染、昆虫的繁殖和垃圾同样被努力制造着，通过人类对它们的消除，以更无形的浪费和退化形式。在1953年至1963年间，一部小说作品详细阐述了那个主题，《一个监察员的一天》追随一个人在当地投票站的一天，标志着他一生的转折点，一次旅行向他揭示了所有模糊的存在、历史和爱、人类对于去建设什么所做的顽强努力。小说最后的段落，是一个著名的卡尔维诺式的结尾，城市的景观保持了隐形。在都灵，作为整体的一户居民无可救药地一起加入恭顺的日常工作，在夜晚幽暗的灯光里：

> 小巧的女人走过院子，推着负荷很重的装满捆杆的大车。另外一个女人出现了，高得就像一个巨人，推着车，几乎是要跑起来。她笑着，所有的人都笑着。另一个也很高大的人进来了，用小米枯秆做的扫帚扫地。一个高大肥胖的女人正推着自

行车上放着的一个巨大汤锅的高手柄，可能是在运送汤。即使是最后，不完整的城市也有它完美的时刻，观察者、思考着，小时、瞬间，在每一座城市里，还另有一座城（《一个监察员的一天》，第95—96页。重点强调）。

有些细节已坚持返回，比如彻底的和曾经呈现的"汤"，是一种长期净化和合作形式的信号、未形成可能性的先驱者。

马可瓦多的故事写于相同的年代，更进一步定义了城市作为这样的一个地方：人类经验的矛盾更加清楚，事实上是那已经建构而成的人类无法逃避的识别证据。马可瓦多"感觉"他的世界。他的观察、他的推理和他的想象，全部表现为清澈的散文，每一个敌对的和熟悉环境的细节，被固定在他实际的感知里。歧义甚至比二元论更多，在它每一个感觉和反思的核心，因为每样东西都携带着双重意义，甚至是都市的垃圾。在马可瓦多的第一个短故事《城市的蘑菇》（*Funghi in citta*）当中，城市大街上的垃圾获取了双重的功能，作为天然有机世界的线索，物质和统一的象征，也作为一个腐败的提示，关于贪污和功能障碍。马可瓦多感到懊恼，扫帚被清道夫阿马迪斯（Amadigi）挥舞着，是一个武器，所有自然的浪费必须在理想中被消除，城市被完全净化。另一方面，散发着恶臭的大量的垃圾，在夜晚被运送走，经过同样的城市，在《公园的度假长椅》中闯入了马可瓦多梦想的世界。陷入那样的矛盾心理，卡尔维诺的角色结束于渴望通过诗歌传统验证"救世主"的再现：高高在世界上方累积的浮渣和朦胧里有月亮的影子。

可慰藉的文学离卡尔维诺的意图很远，他禁欲主义的气质，排除了所有那样的诱惑。马可瓦多关于月光感觉的诗意在《公园的度假长椅》里，也对诸如此类的幻想起作用，强调了人造和非人造的距离，一种可能始终招待着古代隐喻和象征的可信度。在这个短故事中，人类的独创性提供了黑暗的城市景观，伴着它自己的人造光，被认识所破坏，它的努力是不完全的，甚至是消极的。月亮之光的悬幻魔法和琥珀色的交通灯的闪烁（《马可瓦多》，第15页）是卡尔维诺的作品中最引人注目的地方之一，在工业的创造之上，它给予了"自然"的现象以特权。但是月光的美丽恰好献出了马可瓦多短故事第一轮周期的结局，象征性地将它置于城市的混乱和夜空的圆屋顶之间，马可瓦多的家人徒劳地尝试商议一个不确定的存在主义的平衡，在实用主义和诗歌的需求之间。故事澄清，一个带魔力的满月属于另一个世界，不是自然而是文学，必然要在我们的文化中被除去，至少在形式上它已经超越了世纪。尽管月亮将会奇迹般地反复出现在卡尔维诺的后期作品中，就像所有富有魔力的东西那样，它的出现将会成为无穷的疑问与威胁。

60年代的意大利，社会的分歧变得尖锐化，繁荣和浪费成为科技进步的两面。所谓的经济奇迹伴随着叛乱，这成为可能：人们，特别是年轻人，日益意识到社会、经济、文化的代价被急躁地索求，还有政治上被操纵的变化。文学场景中，于快速转化的文化之中，两个声音在许多其他的例证上，混乱地引出内在的问题。埃利奥·维多利尼（Elio Vittorini）重复他对于未来科技的热爱，[1]虽然他的小说文本持续存在于一个非城市的世界里，充满了原始的文学构图——地中海的风景、土耕文化的姿态和礼仪，及一个无所不

---

① 维多里尼关于未来工业化和技术积极作用的理念，见《门阿伯》（*Il menabo*，第5页）和其身后出版的《两个电压》（*Le due tensioni*）。关于卡尔维诺的理念，见费迪南多·卡蒙（Ferdinando Camon）于1973年对他所做的访谈[《卡蒙》（1973年），第187—190页；第195—196页]。

知的母亲的圣像。另一方面，安娜·玛丽亚·奥尔塔（Anna Maria Ortese）的声音哀悼了失败的可安慰的参考点——直到那时被提供的熟悉宇宙的意象。在一封写给奥尔塔的回信中，关于围绕着他变化的社会历史现实、关于他和文学传统的关系，[①]卡尔维诺清晰地反省了他自己的位。他坚定地从维多里尼的继承里分离出他自己，如同奥尔塔的挽歌。他看到"文学文本作为一张世界认知的地图，写作作为一种冲动去学习"（《石头之上》，第187页）。

那些年，卡尔维诺忙于写作，有序地安排他小说的成长。《马可瓦多》的出版是一个机会，反映了正在增长的环境恶化，那环境在卡尔维诺的世界里是人类、自然与人工的共生关系。在《哪里的河流更蓝》（*Dov'e piu azzurro il fiume*）和《风烟和肥皂泡》中，马可瓦多的栖息地被工业垃圾和技术贪婪的扩张所破坏，马可瓦多的孩子们愉快地参与其间。在《隐藏在雪中的城市》及《雨和树叶》（*La pioggia e le foglie*）中，马可瓦多徒劳地尝试重建他白日梦的季节。在《超级市场的马可瓦多》（*Marcovaldo al supermarket*）和《圣诞老人的孩子们》中，消费的风行是主题核心。在《完全属于他自己的城市》中，对于马可瓦多而言，仅仅是在最热烈的盛暑，城市有可能会变成一个自然的天堂；只有在一则单一的小插曲《固执猫的花园》里，一群猫阻止了铺砌时髦的城市花园，抵抗普遍的环境灾难成功了。

---

① 见大量的语录，来自安娜·玛丽亚·奥尔塔（Anna Maria Ortese）所写的信，卡尔维诺曾介绍他的题为《我们和月亮的关系》（*Il rapporto con la luna*）（《石头之上》，第183页）的散文。书信的交流最早出现在《晚邮报》（*Corriere della sera*，1967年12月24日，第11期）。

宇宙的透视

　　20世纪60年代后期，诗人马可瓦多所在城市的整个世界被无所不在的、饶舌的Qfwfq所取代，对于他，这整个的世界是家。垃圾也获得了更大的关注，因为它的出现不仅表明对人类环境的负面影响，而且从宇宙的混乱中跃出未来生命形态的基质和营养物，正如在《破晓》（*Sul far del giorno*）一书中。Qfwfq这个角色，他的"人类的怪相和牢骚"（《石头之上》，第188页）介绍了奇怪和诙谐的知识探索，提议了一个我们所全部悉知的新过程的评价。值得关注的是，在《宇宙连环图》中，最重要的短故事主题是越来越远的月亮和叙述者的行星之间的距离。传统理想化的天体和地球间扩大的距离伴随着一个令人不安的发现：和谐和混乱、纯洁之光和垃圾，不是现实的对立元素，更确切地说是同样宇宙困境的移动和重叠。因此，可能它被想象成一个"黄油颜色的光"（luce color burro）或是一把"被风吹动的黑色雨伞"（nero ombrello portato dal vento），（《宇宙连环图》，第9页），月亮是一个有机体，它是一只庞大的野兽，腹部覆盖着尖锐的鳞屑外壳，散发着腥臭的气味，散落着地球游客丢弃的垃圾，它是一个宇宙垃圾场。叙述者渴望月球，不怀念完美，但是冲突的情绪归因于同时的吸引和排斥。渴望是挫折的另一面，伴以现实的棘手。月亮，作为一种选择，显示在令人恐惧的特写镜头里，和在焦虑产生的撤回里，成为卡尔维诺生活的隐喻。

　　那些年里，卡尔维诺也增加了他"宇宙"故事的数量，组成了一个新的合集：《世界的记忆》。如同一个新的阿吉洛夫专心辛苦地对安排物体进行修改一样，卡尔维诺看似在追赶一个理想秩序的目标，因为他恢复了自己那一点流动的真实——作家的材料——在数字上重新排列它们的界定群集。新合集的标题论及了"世界的记忆"可能是一个排序的原理，嵌入了世界的结构或专注于外面的世界。不管怎样，卡尔维诺通过组织写成了长长的感觉经历，记忆变得明显或者是更好。在最初的四个故事中，有着尖锐的、不同的甚至是矛盾的科学假设，为月亮的起源提供了一个故事的借口。①垃圾和宇宙崩溃的双重隐喻，尘世和天上的现象相反，又同时存在，全世界的天体和无数的污垢进行了交换。四个短故事拥有共同的宇宙愿景，作为一个有机体，其中的物质和生物物种不是静态目标的单个元件，相反，实体分享了流动的共生关系。月亮现在按分钟来描述，可笑的详细，作为一个令人厌恶的球体，它柔软，布满了渗出的植物；它"苍白，缓慢，病态……"（《世界的记忆》，第65页），城市在它的现代性中是坚硬的，全都是用无机材料建成，被无数的灯光照亮。虽然，有机的月球材料突然开始落下和飞溅，覆盖了地球的表面。城市突然变得易碎和易受伤害。地球和月球交换着彼此的垃圾，人造卫星在覆盖的垃圾上移动："没有比我们古老的地球更明显的轨迹。月亮在空中变弱，苍白……无法辨认。如果你仔细地看，可以看到它的光亮洒在一个厚厚覆盖的碎片上，陶瓷碎片，闪烁、锋利、干净"（《世界的记忆》，第57页），因为地球"由明胶、头发、模具和口水组成的物质"（《世界的记忆》，第55页）沉溺在一半的有机垃圾中。

　　宇宙的剧变引起了恐怖和焦虑；然而，就如在奥维德（Ovid）

---

　　① 凯瑟琳·休姆（Kathryn Hume）通过月亮的起源并排铺设的各种假定叙述，卡尔维诺也"揭露了另一个科学叙述的弱点"，此外指出了它潜在的教条主义——"假设和现实之间脆弱的关系……及科学理论不稳定的发展"（第69页）。

的变形中，恰恰是因为剧变，因为它留下令人厌恶的沉淀，生命出现了，泥巴、草木和"蠕动的生物体"（《世界的记忆》，第58页）。收复一个无懈可击的坚硬矿物世界的企图，"塑料、水泥、金属薄片、玻璃、搪瓷和人造革"（《世界的记忆》，第58页），目标和我们时代的梦想必然要失败，因为我们的生命仅能存在于"月亮的分泌物，滴落的叶绿素，胃液、露水、氮气、植物油、奶油和眼泪"（《世界的记忆》，第59页）之中。以一个关于神话起源的顽皮重写，混乱的列举强调了生命本源的悖论。它来自宇宙的"靓汤"地球的生物，它们对于精度、秩序和硬度的痴迷已经跃起。早些时候，在一个名为《像蘑菇的月亮》（*La Luna come un fungo*）的故事当中，叙述者/观察者意识到"脆弱的对象覆盖着的世界被除去，被移动的沙漠所替代，它的道路将曼延或抹去所有活的存在"（《世界的记忆》，第38页）。在当面破坏他整个人生之路奇迹的时候，Qfwfq不只是一个证人，月亮的诞生来自地球的子宫。主角矛盾的感觉，对于一个新平衡的希望和彻底混乱感觉之间的不确定性，表现为模拟的史诗般的斗争，引人联想起孩子们的冒险故事。变化充满着危险、不确定性和怀疑。邪恶的存在试图重复主张它自己，在新的秩序当中，充满不能信赖的先知，科学的声音变成不负责任的含糊技术，属于拉伯雷（Rabelais）的《科学良心》（*science sans conscience*，第41—42页）。因为对于初期的月亮，它几乎不是一个令人宽慰的景象："一个多岩石的巨大物体飘浮在太空中，就像一片发光的叶子，它的顶部是褪色和多孔的，它的下部浸透在一种来自地球内部的黏液中，矿物质液体和火山岩浆的条纹、蚯蚓的聚居地使它好像长上了胡须"（《科学良心》，第44页）。该怎么办？泥土孕育的形象结束了短故事，既明确又模糊不清。Qfwfq必须提心吊胆地做出选择，同时也在选择的冲击之下。他选择了地球，他被搁浅在行星的表面，当月亮退到远处的时候。他把自己带进一个新的意识中，他"感激月亮，那是为什么我会在地球，感激那不在这里的和为了在这里的"（《科学良心》，第45页）。这是卡尔维诺主题的一个新版本，那距离满是含义和凄美。[①]1969年，草率地丢弃了人类环境二元论的视野，《塔罗纸牌》中的一个篇章将会剥去关于月亮的内容，制造它的空虚和沉默，自始至终所有的论述：从头到尾，月亮不是"一个充满感觉的世界，无知地球的对立面。不，月亮是一个荒漠……从这个不毛之地，每一次论述和每一首诗的陈述、每一次旅行……都带我们返回这里，到达每一个空虚视野的中心"（《交错的命运之城》，第39页）。卡尔维诺以一种类似的方式，在后来的那些年里作为新闻工作者的写作，人类和宇宙空间不可避免的渗透，强调了宇宙的脆弱，我们虚荣地渴望一个未受冲突和矛盾情绪影响的王国。1977年的文章《超越冯·布朗之死》（*Al di la della morte di von Braun*）申明了："我们的社会，以他们私人的和国家的资本主义……带领他们的困惑进入空虚和杳无人迹的星球。"从我们的环境中逃脱是不可能的，没有避难所为我们开放："天空变成一面镜子，残忍的竞争在民族中获得霸权，问题在这里未得到解决"。

"世界的内核是空的，周旋于世界的开始是虚无，围绕空虚是构建的存在"（《交错的命运之城》，第97页）。缺席、遗失：卡尔维诺的论述找到了它们的起源，同时击败了它们。1972年，许多二元性主题的详述以否定文本《隐形的城市》而告终，它是卡尔维

---

　　① 对于卡尔维诺的主题，见卡斯1958年的描述：《距离的悲怆》（*Il pathos della distanza*）。

诺"对于城市最后一首爱的诗歌"（《成文和不成文的世界》）。如我们所看到的，都市风光经常作为人类经历后的最终回归，伴以它的约束和苦难，还有它的含糊、白日梦、创造的冲动和逃亡的瞬间，那使得它们有意义，尽管是它们隐藏的部分，"城市的景观从未被看到"（《一个监察员的一天》，第95页），那是意料之外，复杂的启示和意想不到的承诺。1949年，卡尔维诺写了一个短故事/报告，题为《那不勒斯的寒冷冬天》（ Freddo a Napoli ），在那里面，城市是玻璃的（《故事和短篇小说集3》，第869页），显示了它贫困的居民严酷的生命，不是带着羞愧而是带着自豪。家庭场景，谦逊的日常姿态，并非一成不变的角色穿过巨大的窗户和门出现，隐藏的那不勒斯打开了叙述者观察的眼睛，魔法般地显露。因为城市使得一个双重的自由成为可能，对于观察者和被观察者。在马可瓦多的故事中，城市是这样一个地方，在那里，马可瓦多玩笑的自由被制定，当夏天的城市——另一座城市，"仅在一瞬间被瞥见，或者是仅在梦中被看到"（《马可瓦多》，第115页），有可能在冬天里它被雪抹去。18世纪和19世纪的马可瓦多故事集也回复到一个隐藏城市的发现主题。在那些故事中，城市出现在它的隐形里；它是一个"消极的"看得见的城市，一个几何学马赛克的空地。"积极"和"消极"意味着他们本身和他们的对立面；一方面，有"城市人""不适宜居住的城市""直立的城市""被压缩的城市"；另一方面，有"猫的城市""相对的城市""否定的城市""空心的城市、天井、空气管道、走廊、内部的院子……干运河的网络"（《马可瓦多》，第118页），一个隐藏的迷宫。当季节很快地过去，猫秘密地充当城市混乱的幸存者，和垃圾、野草、腐烂一起，在奇迹城市技术的核心里贫瘠和坚硬。在自然美和人造环境的对立之间，引出了痛苦的幽默和幻灭的愧疚，在《赢利的建筑》（*La speculazione edilizia*）当中——主题引用了巨大和普遍的非法利益，在五六十年代意大利狂暴的建筑当中，就如同在别的时候，在其他扩张的经济中。相对现实的概念让路于实现，最后，没有什么能超出城市之外。在《隐形的城市》，在马可·波罗的记忆里，曾经呈现的真实和失去的欲望、目标存在于他的幻想里，城市甚至同时变得内外和谐。

感怀往事

当卡尔维诺写作《通往圣乔瓦尼之路》（*La strada di San Giovanni*，1964年）的时候，他上演了一出感人的同时又幽默的戏剧，在两个沉默的人物角色之间：一个死亡（父亲），一个成熟（儿子）。乡村与城市作斗争，乡村和城市处在难分难解的段落里。在我们所有讲过的作品中，《隐形的城市》显然是作者排练了几十年、他最能控制和不安全的完美作品的实现。那城市，卡尔维诺以一个大写的字母写它，是《一个监察员的一天》经历了多重的变形，它创造了大量的可能性，对于城市和叙述的建构。建筑学和感觉的图像扩散，但是在纸面上，由于文本结构的约束，找到了倚靠和优雅的秩序。所有的可能性通过叙述者提议，以一本杰出小说模仿自然事物的可能性，尽管只有一个有限的数字被实现。卡尔维诺庆祝着其中的多样性，[①]包含了所有束缚彼此的对立

---

① 此处，韦弗（Weaver）的翻译有了清道夫。

面，他关于城市的书也是这样，从伊西多拉（Isidora）到德斯皮娜（Despina），从伊绍拉（Isaura）到摩瑞莉亚（Maurilia），还有法卓达（Valdrada），泽姆鲁德（Zemrude），鲍卡斯（Bauci），劳多米亚（Laudomia），佩林贾（Perinzia），贝蕾尼斯（Berenice），瑞萨（Raissa），"不快乐的城市包含了一个快乐的城市，即使它没有意识到它自己的存在"（《隐形的城市》，第155页）。但是李奥尼亚（Leonia）这个自豪的名字体现了生态学梦魇般的意象，出没于我们同时代的大都会。李奥尼亚的居民欣赏奢侈品和先进技术社会的安慰。他们积攒的垃圾大山证明了他们的富裕。他们的快乐建筑在消费之上吗？或者是在于丢弃那些已经不再新鲜的东西；"驱逐、丢弃、清洗（他们自身）不断产生的杂质"（《隐形的城市》，第119页）这是自相矛盾的。无论如何，没有人在城市里在乎所发生的浪费。浪费已经成为城市的身份，它现在是一个爆发的火山包围着垃圾的大山，在持续的爆发之中，也被一圈其他的城市包围着。

城市的美景溺死在垃圾的山崩之中，人们不愿承认这不是天启，但是它深深地令人不安和讨厌。正如在巨大昆虫间的战争，其他的城市搬到了李奥尼亚的领土，富有的城市已经消失在它崩塌的垃圾之下："在邻近的城市，他们等待着压路机平坦地势，推动新的领域，扩张并驾驭新的倾销地面，直到更远"（《隐形的城市》，第121页）。浪费不仅仅包含物质的世界，还包含人类，他们使自己的家在垃圾堆里[《月亮的女儿》（*Le figlie della Luna*），《世界的记忆》]。面临城市消灭的威胁，文本重申了必要的信任，对于"不变的警觉和学习"（《隐形的城市》，第170页），来自城市噩梦的拯救，"威胁……用咒语"（《隐形的城市》，第169页），从螺旋运动中营救，实际上已经看到了书的结局，进入了地狱的城市。一个任性的希望——反对——希望的决心使卡尔维诺的文本变得生动，倔强地拒绝绝望："那地方，它的发展将不会窒息"[《勇气和知识分子的别墅》（*Coraggio e villa degli intellettuali*），第10页]。《隐形的城市》是一首爱的诗歌，关于人类想象和实际知识最复杂的概念；这个地方的一首爱的诗歌，颁布了最人性化的合作和冲突的结合。最重要的是城市，①语言和讲故事的类似物，作为"隐形的城市"被充分地论证。城市的完全存在重复主张，尽管它们是有缺点的，或许不等于工作，人类的理由、幻想和关系能够提供能量持续宇宙幸存的可能性。即使是熵的混乱，可以成为一个至关重要的"液体培养基"，滋养宇宙的重生："伟大文化积累的这些周期和许多材料的均化作用，实际上就像生物学的汤，生命起源在黎明时分"（《书籍2》，第1814页）。

在20世纪70年代，卡尔维诺写了更多详细和几乎不为人知（因为更加抽象）的沉思录，关于未来的环境、自然，就像人类一样。1974年，在他作为巴黎人期间，他以相反的主题发表了两篇随笔：《沙子合集》，此篇后来在一部合集中被作为书名篇，另一篇是《被允许的垃圾箱》（*La poubelle agreee*）。那些沉思录的阅读、收集和丢弃都显示了一个方向，卡尔维诺在其中是动人的，预示着他的作品转向将会被20世纪80年代所接受。在那些随笔当中，"故事开始了……有更多基本和绝对的严格，即使是可能隐藏在玩笑讽刺的

---

① 卡尔维诺本人在他的封面宣传中提到他"通常的语音……他伦理学的行动，他讽刺和忧郁的保留，他对丰富的生活、对人类圆满的渴望"（《隐形的城市》）；也见他的文章《没有恐惧的马基亚》（*Con Macchia senza paura*，1985年）。

悖论后面"（《世界的记忆》，第8页）。在第一部分里，叙述者参观了一个不寻常的收藏品的展览，那是收藏家从世界各个不同的地方所带回来的特别吸引人的一系列沙子的采样。这个"沙子的收集"包含了一些非常丰富的品类，但主要是有区别不大的颜色和质地的材料所组成，它"促使了越来越多的注意力，因此人可以不易觉察地进入不同的维度（《沙子合集》，第10页）。观赏者在沉思，这种采集所起的作用作为对世界的描述曾在收集者的意图中吗？或者它完成了一个需要，把一个人的生活转换进一系列的事物中，从分散中进行营救。正如作家收集了一系列写作线索，晶体在不断的思想中流逝？或者这收集是无用的和死亡的？观察者在问了自己这些问题之后，肯定地解释他所看到的：那收集是对于想象的一个刺激，对于整个宇宙重建的一个机会。脱水的世界最终的遗迹，它的晶体是所有杂质的沉淀物，提议了一个观察者夺回的可能性，通过可见的——沙粒——它现在是无形的——多样性的，"世界破碎而被侵蚀"（《沙子合集》，第13页）。

《被允许的垃圾箱》，它的主题指的是垃圾桶能够通过巴黎的卫生部门被授权和批准，在语调和主题上也属于帕洛马尔的世界。叙述者笨拙的助手在日常的工作当中是被委托的——就像受惊的青年在1945年的短故事中——清理垃圾。一条微妙的线穿过文本：主角不仅仅是笨拙的，喜欢啰唆，细致，且非常有条理和尽责。他是一个有几分成熟（或者是简单地变老）的马可瓦多，已经改变了社会地位，类似——在他困惑和关切的情绪中的——监票人，亚美利哥·奥尔梅亚（Amerigo Ormea）。芭蕾舞般的步伐以详细描述的步骤、以辛苦和鲜明的精确影响生活垃圾的"差距"被记载。男人，

"谦虚的钝齿在家庭的机制里"，感到他自己被授予了一个社会角色："我把自己定义为第一档，在一系列的运作中，作为社区基本的存在；我肯定我对体系的依赖，没有它我将会死亡，被我自己的垃圾埋葬（《通往圣乔瓦尼之路》，第93页）。

　　对于生态灾难的恐怖行为，能找到一个解决方案吗？可能没有。但是很多的题外话在文本中。语言分析、文化比较、幽默的自我嘲讽、自传小插曲、按时间顺序的位移在叙事之中，正如主角考虑的迫切需要，对于资源回收的项目通向一个重要主题的明喻：如同吃可食用的，丢弃不可食用的，"写作是放弃占有，和抛弃东西并没有不同"（《通往圣乔瓦尼之路》，第115页）。有文字的页面和在废纸篓中弄皱的纸页，同样是被驱逐和淘汰的。通过写作的主题，这是一个难以捉摸的核心要点，作家劳动获得极度的贫乏。叙述者在《零》中说，为了"计划一本书……第一件事情是要知道驱逐什么"（《通往圣乔瓦尼之路》，第164页）。家庭的工作现在变成一种象征，关于基本的人类活动：肯定自己，不仅通过一个人所做的选择，而且通过"收集"，通过排斥和淘汰。作者留下的注解作为一个领先的记忆，为将要写的文章做准备，作为现存零星东西的一个长期反映，获得了新的重要性：

　　　　垃圾净化的主题　　丢弃是对挪用的补充

　　　　地狱世界没有东西被丢弃　　你是你不能抛弃的

　　　　垃圾作为自传　　自传作为垃圾……生活没有运载任何事物

　　向前

　　　　（《通往圣乔瓦尼之路》，第115页）。

1980年，卡尔维诺转向了理论建议的实现：他编辑了许多随笔，创立了他理智的自传文学，通过拒绝他认为是无用的文本，收集那些他认为有价值的文本。他命名那文集为《石头之上》，以确认建设本身是一个双重的淘汰进程，通过排除，就像通过收集一样。[①]第一步，必须总结生涯，然后一切从零开始。流行游戏的季节结束了，卡尔维诺的主角重返，更加的老练，仍然进行找寻，对于一个基本认识论的事件进行思考：如果世界的出席委托给了我们的存在，但却是无力的。[②]反之亦然，那么对于设计的方式是必要的，通过它，我们可以聚焦于这种联系，共同活跃。从"残留的潮汐……陆地墓场的垃圾海岸"（《帕洛马尔》，第19页），世界变成了光、大海、植被、动物，因为人类的目光所及。"漂浮物中的残骸，尸体排列滚动向前"（《帕洛马尔》，第19页），通过大海和太阳的辉煌，帕洛马尔先生被定义为一个活的意识："它们为彼此而生"（《帕洛马尔》，第20页）。帕洛马尔先生自觉地参与到了世界的建设之中，以他自己认真和笨拙的方式；他"对于引导他的世界构成负责任，感觉到一部分（世界）的影像"（《书籍2》，第1991—1992页）。1964年，在卡尔维诺更早的职业生涯中，主角在《通往圣乔瓦尼之路》的演讲和追忆中已经提醒了人类功能的培育，面对宇宙，[③]那里的每一样东西都受到威胁，岌岌可危。在《帕洛马尔》的篇章之一：《午后的月亮》（*Luna di pomeriggio*，第35—37页），主题找到了它的确认和发展。尽管主人公所有的合理

---

① 见《让内》，1989年，第207—225页。

② "世界需要帕洛马尔的眼睛看见它自己"（《帕洛马尔》，第116页）。

③ 没有太多关于他父亲丰富的土地农产品，他父亲的形象突出在卡尔维诺自己记忆的重建里，处于一个永恒关注和行动的状态："完成他能够促进自然的工作，需要人类的帮助"（《故事和短篇小说集3》，第9页）。

行为移情于剩下的世界，无论是对于长颈鹿、大猩猩或是沉默的一系列事物，在他诙谐地打算放弃的时刻，他关于女人所产生的烦恼是明显的[《裸体的怀抱》（*Il seno nudo*）]，大海的波浪漂浮的节奏[《太阳的战争》（*La spada nel sole*）]，画眉口哨般地对话[《画眉的口哨》（*Tl fischio del merlo*）]，试图从视觉上占有一颗行星[《眼睛和星球》（*L'occhio e i pianeti*）]，想象他自己是一只鸟[《来自阳台》（*Dal terrazzo*）]，通过一只壁虎[《壁虎的肚子》（*La pancia del geco*）]，间接地参与了昆虫的战争，在巴黎的商店里被美妙的食物引诱[《奶酪博物馆》（*Il museo dei formaggi*）]，在其他地方被蜥蜴所吸引。但是月亮引出了他最诗意和强烈的反应。卡尔维诺主人公的犹豫和笨拙，文本语言和体裁上的张力都不见了。词典用来建立月亮卓越的存在，对于卡尔维诺散文的引用，增添了意大利文学的明亮。但是现在，垃圾的意象已经为卡尔维诺消失；在卡尔维诺的世界里唯一的沉淀是沙子：①

在人类—沙子和世界—巨石之间，人可以凭直觉知道一种可能的融洽感觉，就像在两种不均匀的协调之间：来自非人类的……看似不符合任何的模式；而渴求几何学或音乐作曲的合理性的人类结构，从来就不确定（第96页）。

在生命的结束的时刻，他仍然展望未来，卡尔维诺因此重复了他榜样的声音：奥维德（Ovid）、卢克莱修（Lucretius）、阿里奥斯托（Ariosto）、伽利略（Galileo）、莱奥帕尔迪（Leopardi），

---

① 见《帕洛马尔》中的《沙子的花床》（*L'aiuola di sabbia*）。

他盼望得到完全综合的写作："一项工作能够允许我们逃脱个体自我限定的观点，不仅仅像我们自身那样限定自我，而且把声音给那些不会发声的，给鸟儿……树……石头、水泥、塑料"（《美国讲稿》，第120页）。

第六章
新月之下 ①

> 但是你，
>
> 哦，永远年轻的姑娘，
>
> 一切在你的掌控之中。
>
> ——贾科莫·利欧帕迪（Giacomo Leopardi）：
>
> 《流浪牧人之歌》（*Canto di un pastore errante dell'Asia*）

女孩

　　评论家写道：在伊塔洛·卡尔维诺关于女性的作品中，几乎仅仅集中于两种形象——古希腊女战士和女读者。但是女性占用了更多的和更复杂的结构，她们在卡尔维诺的小说中，前后以两个特殊的形象出现。卡尔维诺文学世界主要成分的转变，确定了作家作品内部的连贯性、它的演变以及它与文化深厚的关系，他是一个爱挑剔但同时又忠实的继承人。

　　卡尔维诺的第一个短故事出版于1946年，题为《山路上的恐

---

　　① 本章是建立于伊塔洛·卡尔维诺所举办在西班牙阿尔马格罗的德卡斯蒂利亚-拉曼恰大学座谈会上大量的短篇故事版本阅读。

惧》（*Taura sul sentiero*），其中的主要人物是一位年轻人，在抵抗运动中充当一名导游。在他执行危险的任务，晚上穿过树林的时候，他梦见了一个女人，类似一个青少年的性幻想。短故事（《故事和短篇小说集1》第1275页、第1285—1286页）原始著作的阅读，肯定了年轻作家的天真和他对于摩拉维亚及帕韦塞所提议的小说创作模式的依赖，在那样的小说里，女人们就是身体，不是她们的生殖器就是她们的大腿和屁股，总是被视为最下面的部分，会经常被描述成奇怪的形状和位置。另一方面，变体有助于短故事最后的版本，显示了卡尔维诺的技巧和他的意识，即使是在早期的舞台，能找到他最真的声音。女性体形最明显的特性，那些男孩最初所梦想的，消失了；他的恐惧减轻了，一个"狂野的动物……从童年记忆的深处再度觉醒"（《短篇小说集》，第59页），保留了可安慰的形象，庄严的、暧昧的女性形象：里贾纳（Regina）。叙述者的声音详细描述，并对男孩的幻想发表评论，定义了里贾纳作为"生活在我们中间的一个年轻女人，我们都愿意为她挖掘一个安乐窝，在树林深处"（《短篇小说集》，第61页）。对于男性主人公和其他男性，女人是强大的存在，他们渴望她们，但是遥不可及，她们的人生满足而稳定；她对于男性世界保留了一个陌生人的形象，富有冒险精神，但是饱经恐惧、怀疑和渴望。作为一个新的夏娃，她出生于男孩的孤独之中，她是具体化的男性脆弱的意识和亲切的渴望，但是也引起男性最大的焦虑。她是一个循环的主题，在意大利的文化和文学传统里。吉姆，这个文艺复兴的引导者，清晰地表达了他男性的地位，在《通往蜘蛛巢的小径》的第一个版本中："我们所有人都扛着一个虚弱的秘密"（《故事和短篇小说集1》，第1252页）。

通过观察1946年到1956年所写的短篇小说，可以看到许多的女性轮廓，总是一成不变地仿效新现实主义的模型。她们有着惯常的陈词滥调的特点：反复无常、顽固、神秘，与男性的世界不相容，不理会男人的关心。皮兰德娄小说的女性特点，顽固存在于卡尔维诺的早期作品中，正如我们在《一个监察员的一天》中所看到的，《烟云》《阿根廷蚂蚁》等等，并且存在于20世纪早期的大量女性形象中。女性是一个令人不安的元素，她们的需要中有兽性的成分，然而也带有温和、不可预料的自然力量，她们母性的实用主义挫败着男主人公。在皮兰德娄的戏剧里，她不可避免地变成标准成熟的女性，正如母亲这个角色，非常清晰地在《一个作家寻找的六个角色》（*Sei personaggi in cerca d'autore*）里出现。然而，这个女性的传统形象在卡尔维诺的小说当中立即遭到了反驳，通过另一个形象，一个小女孩的出现；她比起里贾纳（Regina）的神秘毫不逊色，但是在她的卓尔不群中，她被赋予了不同的品质。卡尔维诺的幻想详述了另一个女性的形象，自主、自信，对于男人的凝视充满平静的蔑视。

1947年，这个年轻的形象出现在两个截然不同的短故事里。第一个，她6岁；第二个，她15岁。但她们同是健壮的，能够保护自己的独立性，以一种坚定和直接的方式。在《装满螃蟹的船》（*Un bastimento carico di granchi*）中，海面上，一群男孩在一只生锈的旧船上玩耍，在"春天明丽的阳光下"（《短篇小说集1》，第25页），参与到典型的性和年龄的竞争博弈中，好争论、露阴癖、有几分笨拙的交流。忽然，男孩们发现了一个不同人物的出现，一个小女孩，充满个性而独立，叙述者对她做了清晰的描绘。她几乎是魔幻般的幻影，平静，全神贯注于她自己的神秘行动，与世隔绝。

她的游戏是个人的、严肃的、没来由的：她试着翻转一个水母，它搁浅在船桥边。男孩们十分惊讶，他们把她围成一个圈，个个张口结舌（《短篇小说集1》，第27页），但是她对他们的存在漠不关心。那男孩的小分队决定把她当成人质，去刁难另一组竞争对手的男孩，因为他们错误地假设她和那组男孩有关；但是他们在一场水战中被他们的对手打败，放弃了那条船，它被另一个小分队占领。那女孩，没有注意新的到来者和他们少年的仪式，她还继续待在那里；她成功地翻转了那只水母，试图以一个棍子把它捡起来（《短篇小说集1》，第28页）。那新的男孩小分队领导者，再一次错误地假定她是对手的"女人"，企图把她作为人质，但是令他惊奇地是，那小女孩请求他弯下腰来观察并捡起那只水母，而且公然地当面打了他一记耳光（《短篇小说集1》，第28—29页）。男孩的反应是很小的，因为事情来得太突然了，小女孩的反应是一个声明，由讽刺和平静所组成。她嘲笑那些男孩们，然后平静地离开。以经典的姿势跳水、潜水游去，没有回头看一眼。在片刻凝固的惊奇之后，男孩返回到他们的游戏中去。然而他们（和我们）感觉到某些事情已经发生了变化，某些东西从他们的小小世界中失去了，虽然他们不能够明确反映它的意思，它就已经结束于男孩们仍然未成熟的孩童时代。

这段情节或许可以简单地被视为轻松的对儿童游戏的一瞥，不是为了专注于作者的注意力，他挑选了非常精确的细节对它进行描述。对短故事集看的越多，我们就发现这个早期的人物有一群姐妹们。有时候，她们没有被命名，但是完全以女孩的形象出现。这情况诱发了其他的故事，也陷入了紧张和危险，造成了年轻女性主人公以一种防御的姿势泰然自若。我们能把这个名为《沿着那条路走下去，朋友》（*Va' cosi che vai bene*）的短故事看作一个例子，尽管它不是卡尔维诺最好的作品之一，它技术的发展、人物角色和设置，以新现实主义的方式来进行。女孩在这个故事里是年长的，留着辫子（《短篇故事集》，第101页）。她被唤作"小草莓"，成为有胆量的年轻男孩潜在的猎物，他企图把她"出让"给人类的沉船，它们幸存于第二次世界大战期间。潜在的客户在考虑她是一个"开胃酒"，因为她清新而狂野。通过冒充的客户，性交易的企图，实际上不能继续从事高尚的信念，没有结果。首先，年轻女孩在类似游戏的追逐中间反抗和逃跑，然后停下，捡起一块接一块的尖石，砸在他身上，以一个乡村女孩的力量和绝不会偏差的投掷（《短篇故事集》，第111页）。男人撤退了，宽慰她，他正在撤退："那梳着辫子的女孩仍然静立在那里，不变地看着他，仍然握住一块石头在手里……看起来她想要停下，但是，她忽然转身，开始沿着公路跑起来。她奔跑起来就像是一只野兔，很快消失在弯道处（《短篇故事集》，第111—112页。重点强调）。"

两个短故事主题的相似之处在于——年轻女孩神奇地存在，所有的假定由男人做出，女孩们以交易的名目找到自己——很明显。但是她们或许是次要的，比起场景标志性的元素及语言的选择，因为这些是较少有意识的，揭示了重大主题的持续。女孩们被描述成沉默的、固定不变的，沉静地付诸行动，专心于她们自己的活动，在男人的目标之外，她们以高效和优雅的姿态突然出现；她们敏捷而快速地逃走，平静而有把握地躲开他们的追求。比起喧闹而活跃的男性群体，她们给故事带来了自信和果断的气氛，正如她们成功地保护了自己的空间。

在卡尔维诺1953年至1956年的作品中，他于那期间及其数年之后所写的每一样事物，从意大利民间传说的寓言故事方言版本发展了一个有趣的演变。含糊的有魔力的对象呈现以越来越密集的频率访问了故事，《女孩》（*bambina*）也重现了一个中心因素，表现在讲述者的决心里。在《危险的村庄》（*Taese infido*）中，最好的故事受到反抗力的启发，村民图谋诱捕一个受伤的反抗战士，把他交给纳粹党，但是在他的类似疯狂状态下，他找到了某个人，她显示给他魔法般地通往安全的通道：

> 忽然，汤姆听到一个轻轻的声音在呼唤着他："嗨，游击队员，游击队员！"一个梳着辫子的小女孩从一堆干草上跳出来，手里拿着一个红色的苹果。"这里，"她说，"咬一口，跟我来！……他们派我来带你离开这里，"小女孩说。"谁？"汤姆跑上去，咬了一口苹果。但是他已经确信他要相信那小女孩，他闭着眼睛。（《短篇小说集》，第87页。重点强调）。

这神秘的感觉，魔幻般的快乐结局，仙女故事的红苹果迷住了我们，因为它们是意料之外的，否定了"现实"的严肃，从中，故事接受了它的离开。甚至有一个双面的魔术动作把故事带往结束："如果我能把这个苹果抛进溪流的中心，我是安全的，汤姆思想着"（《短篇小说集》，第88页）。就在那时，视角发生了转变，正如在神话故事中有一个反面的场效应强调了第二个魔幻的姿态："梳着辫子的小女孩从未开垦的田地的高处看见汤姆穿过小桥，在栏杆后面缩成一团，然后苹果核掉进一个清澈的溪流里，溅起的水飞至边上的芦苇。她鼓掌，离开了"（《短篇小说集》，第88页，重点强调）。不仅是战士的安全委托给了这个小女孩，而且人类同情心的定义获得了仙子般的她的感谢，一个更加年长的卡尔维诺将会颂扬所有其他的文学品质。诉说抵抗的壮举，一个有历史意义的转折点，以及后来神话般的新意大利的卓越，在卡尔维诺作品中自相矛盾的记载消失于"英雄"的个体和角色的上，那是男孩、孩子和诗人的混合物，他们永恒困惑地居住于一个美丽和一个充满变节和残忍的世界。在黎明中，一个是英雄人物的肖像，另外一个是女孩的肖像，她打开世界的神秘，渴望但不相容，同时在她的宁静中保持冷漠。①

在《烟云》中，角色的作用也很明显。五十年代已经到来，主角被污染和丑陋的世界所压迫，人"只能看标志"（《短篇小说集》，第492页），每一样事情正失去意义。他所看到的信号对于另一个人只是一个参考，以一种恶性循环的方式。心灰意冷和犹豫不决，他围绕着城市，从这里到那里地拖动着自己的身体，被垃圾、污染的空气和各种废物弄到窒息。尽管他为越来越频繁出现的神秘手推车感到吃惊："装着袋子……坐在一堆麻布袋上的一个小女孩"（《短篇小说集》，第949页）。它们是洗衣车，女孩不仅仅是一个女孩，而且是一个"梳着辫子的女孩……[坐在]一堆白色的麻布袋上，读着一本儿童杂志"（《短篇小说集》，第493页）。在整个操作中，她都全神贯注于她自己的活动："一个小女孩始终坐在那里阅读"（《短篇小说集》，第493页）。她重复地出现，她的固定性，她外貌的重复特点，白色麻布袋堆成的小山，孩子的突出位置

---

① 实际上，小女孩在《施了魔法的花园》的短篇小说中名叫塞雷内拉（Serenella）。

都表明小女孩是最后指明的事物。恰恰是因为那个幻影，主角通向了一个他所不知道的地方，那里的每样东西都是清洁的，有极大的草地、河岸、太阳和风，自然的洗涤之地不再存在，或许永远也不存在，那是净化的可能性简陋而具体的证据。主角观察场景，没有沉湎于过多的幻想："不要太多，对于我，只是在我意识的眼中寻找图像，或许那已足够"（《短篇小说集》，第495页）。

月亮下的二重奏

正如我们所看到的，当马可瓦多的故事出现在1952年和1954年，一个重要的转折清晰地在卡尔维诺的创作中发生了。对于女性而言，马可瓦多这个人物沉浸于完全的孤独中：他没有母亲、没有朋友，也没有女人靠近他。如果我们不算一个妻子漫画偶然出现的话；甚至没有一个女孩在身边，因为他的小女儿们被简单地命名。女性的怀旧在遥远的地方交给一个存在，偿付幽默和令人吃惊意图的来源——月亮女孩。

马可瓦多需要使用高度的诗歌语言，这并不意外。卡尔维诺知道破坏文化的陈词滥调，诸如自然和文学传统的仁慈，比如田园诗和十分熟悉的模式必须通过规定操作才能发生。但是叙述者讽刺的前提和后果或许逃脱了卡尔维诺自身；一方面，马可瓦多寻找着他从来不知道的好；另一方面，卡尔维诺悄悄地废除每一样东西，对象和妄想，围绕着他瘦高的城市小丑。卡尔维诺的诗歌语言唤起了中产阶级个体的神话，在他自己建设的世界中；语言准确地服务于显示神话的虚幻性。因为自由和自然的优良，当然不存在于诗人和劳动者马可瓦多，也不存在于他所生活的世界。女人在这里也没有位置，除了作为一个诗歌的构想。

从逻辑上，首先我们找到了一对情侣，一个设想的存在，仅仅作为一个有约束力的双人组。在《公园的度假长椅》当中，对于马可瓦多的实现心愿，一对情人成为了障碍。我们找到了马可瓦多魔幻的月光照耀的夜晚不可能的田园诗：情人们背诵那样的场景，以绝对的服从，关于田园诗和戏院的编码。卡尔维诺写《长椅》也是作为一个小型歌剧的文本①。在成对情人的陈词滥调里，语言和姿态强调了本质，指人物形象完全沉浸于用语言定义的一个私人迷宫之中。这两个人听从约定，仅能轻声诉说和战斗。他们的二重奏，使用了文字允许的所有变奏曲缠绕它自己，就像焦躁的马可瓦多的步伐，他想在公园长椅上伸手向他的爱人（《短篇小说集》，第167页）。但是那情节包含了一个到目前为止都非常重要的附带成分，马可瓦多在两个黄色的影子间所作的比较，附近红绿灯的琥珀色和苍白月光的细微差别。令人生疑的是，这时候我们听到了马可瓦多的声音。叙述者选择了一个特殊的语言，面向更大强度的飞跃和轻松写作，他的诗意提示了在记录里有一个转入。月光首先飞快地出现在莱奥帕尔迪的引证里[来自《过节的晚上》（*La sera del di di festa*），第2—3页]："他走过去看月亮，它悬在屋顶和树木的上方，大而圆"（《短篇小说集》，第167页，重点强调）。用这引证，他们打开了一个简洁抒情诗的篇章。交通灯琥珀色的黄，断续的、抽象的、呆板的，就像情人的对话，尽管有它假扮的明亮，"疲倦和奴役"（《短篇小说集》，第167页）；它证明了一个没有

---

① 见科尔蒂的《模型》（*Un modello*，1978年）。

自由的世界。相比较，月亮有精美的色彩，"神秘的白，也有黄，但是伴以浅浅的绿和宇宙的蓝，……安静，从容地放射着它的光，云彩经过窗饰，它庄严地让它们从肩头落下"（《短篇小说集》，第167页）；遥远和自治，并不受制于马可瓦多世界的痛苦，月亮又是莱奥帕尔迪诗歌里"永远的年轻女孩"。她的距离暗示但没有造成明确的二分法，诗歌现在已被判死刑的意识，在过去不可企及的神话和现实可怜的机制之间分离。《长椅》叙述了不确定可能性的乡愁，"自然在厚重文明中被重新发现，困难的焦虑意识和不寻常的快乐"的幻觉[《情人》（*The Lovers*），第193页]。

　　同时，其他的短故事告诉我们，即使是关于良好的自然概念固执的记忆，也是文化功能失调的结果。《月亮与霓虹灯》，最初被置于《长椅》之后，作为马可瓦多系列短故事的结束，它通过重申维护了它的模块，田园诗的方式到目前是陈旧的。在那个著名的短故事当中，叙述的声音利用两个相反的语言层面创造了一个交错，在月光照耀的夜晚的沉思和闪烁的霓虹灯切分音的节奏中。后者的描述是作为能量的装载，就像前者精妙的在它悦耳的准确中。月光提示了15岁的菲奥尔达里基感伤的心："仅仅照亮了复式屋顶的小窗。窗玻璃后面有一张年轻女孩的脸，月亮的颜色，霓虹灯的色彩，黑暗中灯光的色彩，一张小嘴巴，几乎是孩子似的；他对她微笑，嘴巴不可察觉地张开，好象刚要展开一个微笑"（《短篇小说集》，第174页，重点强调）。马可瓦多被拒绝进入年轻人"感情的风暴"，但是他也能放任他自己到魔幻的宇宙，叙述的声音娇柔地吸引着他。月亮有它的双重身份——宇宙的居民和青春期的女孩：所有人物角色欲望的对象——伊索丽娜，马可瓦多和菲奥尔达里基。因为，在闪烁的霓虹灯后面，月亮的消失伴着同时消失的月亮女孩，那是对愿望的拒绝，对宇宙田园诗最后的打击。

在卡尔维诺起初创作马可瓦多故事和他准备作为一名共产党员从更多的政治活动中退出来的那些年里。作家意识到了在宽广的定义里政治维度的复杂和含蓄。卡尔维诺小说含蓄的政治性将来自他的世界最深层不适的证明，但是也跟随一个文化培植的谎言，即使是那些从来没有存在过的关于宇宙的"美丽"谎言长存于我们的幻觉中。"幻想"的力量是强大的——再次引证莱奥帕尔迪——向卡尔维诺提议了那些充满希望的词语，作为给他的一位朋友画展的评论：

> 这些安静的情人……是渴望的意象，生于一个疏远和不完整的世界。卡洛·利瓦伊（Carlo Levi）以这些拥抱的完美路线表达了这样的意识：我们生活在一个岌岌可危的历史环境中，一直在暴力和屠杀的边缘，同时，人类的手臂能够触及快乐的意识（《情人》，第153—154页）。

分裂的战士

通常，在寓言和神话故事里，小女孩忽然变成了一个女人，把故事引进一个大姐姐或母亲或外祖母的形象。然后，她忽然消失了，在完成她作为引导者的使命之后，在男主角或女主角的成熟过程当中。在后期文艺复兴叙事诗的传统里，小女孩成长为纯洁的战士，一个处女在她的异常状态中，从根本上被爱救赎，自豪地鄙视爱的激情。在启蒙时代，亚马逊和妇女天生具有"男性"的灵魂，与囚犯共存，他们首先占据了城堡，然后搬进了中产阶级的家庭里；他们全部适时地消失了，不管令人伤心的浪漫幻想的美人。

在50年代卡尔维诺小说的下半场，记号、梳着辫子的小女孩、一只苹果或是一本儿童书在她手中，经历着一场变形，受各种各样更老的肖像学启发。体格健壮的年轻女孩强调她的专横，当她在马背上疾驰的时候，在邻居的小男孩们面前建立她的权威，一个发育期的古希腊女战士在她梦幻般的童年世界（《树上的男爵》）中。之后，当时的阶层和文学的回忆录发生转移，她成为一个年轻的贵族古希腊女战士和无政府主义者，维奥拉或是布拉达曼泰（《树上的男爵》和《不存在的骑士》）。在皮兰德娄大量的作品里，女性形象要么是无瑕的，要么是有污点的（通过性或母性）；在摩拉维亚或者是帕韦塞的作品中，女人是性、黑暗，总的来说是令人讨厌的。卡尔维诺作品里的年轻女人是矛盾的；她们从事骑马和使人高兴的性别专长，娱乐读者的想象力，唤起坦白的性欲，有侵略性和反复无常，但是她们停留、似是而非、纯洁。一个恒定的特点存在于这些人物当中，当克劳迪奥·米拉尼尼（Claudio Milanini）被适当地注意到："帕梅拉、维奥拉和布拉达曼泰当然不保卫她们的纯洁，她们保卫她们的自主权"（《故事和短篇小说集》，第9页）。

事物不像它们看上去那样简单。维奥拉的转化，从一个小女孩到一个金发碧眼的骑白马的女战士，仍然是解放妇女的典型形象，不受约束于命令模糊的康德学派伦理学，满足于女性生命力的男性梦想，科西莫·德·朗多看上去似乎追求的正相反。[①]科西莫和维

———————

① 关于这个主题，我建议可以转录弗朗西斯卡（Francesca Sanvitale）为《新闻报》（La Stampa）所写的十分诙谐的讽刺性文章，在其中，科西莫遇到了摩尔·弗兰德斯（Moll Flanders），并为她着迷，因此从树上爬了下来。

奥拉作为成人的遭遇，标志着激情共享的时刻，但也发现了在男人
和女人之间不能逾越的鸿沟。那分歧的出现甚至更加令人烦恼，当
索弗洛尼亚（Sophronia）和布拉达曼泰分裂的女性气质出现在《不
存在的骑士》中，由阿吉洛夫和古尔杜鲁所组成，是作为一个双重
的两面。对于读者存在另外一个惊喜："战士布拉达曼泰原来是作
者多萝西亚（Dorothea）的姐姐，她在一个遥远的修道院把她过去
生动的生活记录在纸上。那是一个女性的声音，叙述了女性的壮
举，当我们仔细地观察叙事的视角，暴露了此处我们拥有的是不令
人相信的策略。"①布拉达曼泰的故事是一个范例，代表卡尔维诺
小说里模糊不清的女性。女修道院院长让多萝西亚的姐姐写作，她
虽然不满意这份工作，但开始认真地履行它，幽默地表达担忧。围
绕着她，是故事和历史令人兴奋的事件，但是她需处理铅笔、墨水
和纸，这留下了她的失意；直到生动的声音唤她回去战斗和爱，离
开写作，朝向她叙述声音的沉静。"男性"的一半是姐姐，布拉达
曼泰-多萝西亚放弃了她的权威，失去了她的声音，或者如珍·斯
塔罗宾斯基（Jean Starobinski）所说的，我们好像"永远在余下弱
音的进程中"（《故事和短篇小说集》，第17页）。相同的事情在
同样的小说里，发生于另一个更"女性"组合的一半。索弗洛尼亚
（Sophronia），一个类似乔尔乔内②（Giorgione）的人物注视着她
温柔和性欲的肉体特征。她耐心地面对生活的灾难，那些灾难总是
源于她撩人的女性吸引力，她迷住了托雷斯蒙德（Torrismund），小
说中寻找他们身份的最年轻的骑士之一，因此之后带来了骑士对于

---

　　① 关于叙述者观点的矛盾性，见这样的片段，拉姆巴尔多看布拉达曼泰小便（《不存在的
骑士》，第58—59页），还有《法那茨》（第299页，第24行）。
　　② 意大利文艺复兴时期威尼斯派画家。——译者注

一个快乐结局的找寻。①文本告诉我们，在家长伦理学的危机时刻[《米兰尼》（*Milanini*），第4章]。人类社区中，不仅仅男性是不安全和不确定的；女性也被安静地溶解和吸收，一旦人物被困在骚动中，不可思议的事件依赖于异性的结合。也是通过女性的形象，卡尔维诺记载和探究了资产阶级的现状，一言以蔽之，充满了混乱和失望。政治遭遇极大损失，因为抵抗运动还没有给生活提供一个新世界；如蒙塔莱所说，文化的中心"不能拥有"，或是简单的不存在，人类自我怀疑；文学，因为作家们在过去的遗迹和现在的空虚之间没有指南针，看似失去权威或者至少失去了创造力，而只能紧张地漫步。

面向一个新的女人？

尽管卡尔维诺所留下的文本希望和怀疑并存，他的写作包含了更多玩笑的战斗和神秘的爱。在卡尔维诺的小说中另有一个趋势，体贴和移情，往不同的方向传递他的文本，他大部分其他的作品，天衣无缝地被编织在一起，缓解空想和现实，反映了20世纪意大利文学对于女性身体的矛盾情绪[这里又一次地，皮兰德娄、德·南遮（D'Annunzio）、斯韦沃（Svevo）、摩拉韦亚（Moravia）、帕韦塞，都成为恰当的例子]，卡尔维诺的文本通常以大海作为背景，反复聚焦于一个女人裸体的形象。那形象是一个静止的许诺，是寂静沉思的来源，关于男主角的神秘感。但是成熟的卡尔维诺已经意

---

① 关于这个主题，见施耐德的文章。

识到在女性经历中的内在矛盾，他的人物情感反射到了那些矛盾中去。在各个场景里，一个男人以灵巧的手和羡慕的眼睛，开玩笑地描绘一个女人的身体[《十一月的欲望》（*Desiderio in novembre*），《最后到来的乌鸦》，第218—219页；《不存在的骑士》，第118—120页]。在另外的场景，一个裸泳者，并不强健，但被赋予"甜蜜的丰满"（《短篇小说集》，第297页），世界的美丽和弱点的揭示几乎是作为一个妄想呈现。在《一个诗人的冒险》中，女人裸体游泳，在五光十色的水中被沉静包围，包含了男人无言的沉思。主人公的情人莉亚，在家的墙之外诱发了一个美丽的世界，对于患了不治之症的人："亚美利哥朝着海市蜃楼，游啊游，再一次触摸那遥远的海滨，能看到在他的前方，莉亚在游着，她的背部露出在海面上"（《一个诗人的冒险》，第33页）。玛丽莲·施耐德（Marilyn Schneider）曾评论这部中篇小说恰当地观察了：在卡尔维诺的世界里，爱是逃不掉的男人对女人的欲望；她对莉亚人物性格的评价应该说是消极的，因为她的特征被束缚于一个一成不变的旧式妇女的文学形象：她是任性的、肉体的、荒谬的，等等。然而，亚美利哥在她身上听到了不同的声音，朦胧地意识到了他自己的局限性，虚伪以及缺乏理解，对莉亚的关注和态度诱发了他，捕获了他困惑的一面和她矛盾关系的突然一瞥：在他眼里，她是易受伤害的。但同时又是凶猛的，她眼中有悲伤的影子，有时对于世界的抵抗没有防备（《一个诗人的冒险》，第86—88页）。

　　女人作为避难所，女人作为妄想和迷惑，女人作为温柔和怜悯的动机：这三大构成啮合成一个图像，在混乱和他不恰当的感觉中，它是男人希望的来源。但是再一次地，卡尔维诺关心了女性观念的复杂程度，它在文学中的形象和社会经历巨大变化的形势。在那些年里，他所做的批评值得密切关注："绝对的例证，不管是理智的、道德的或是行动的，都能在女性形象中被找到，被一些我们的作家绘制"（《石头之上》，第7页）①。当向着一个普遍的资产阶级价值体系转变方向，卡尔维诺自己的女性特征采用了一些他最不寻常的短故事，如果不是坚定的，那就必然是有意识的和寂寞的清醒。这些人物角色意识到、并承认伤害既不是新的繁荣，也不是古老的传统能够治愈，就像快乐仍然能在世界上被找到。对于世界的人和事，卡尔维诺的想象力和注意力通过他对于语言精确度的强调，坚决固定在日常生活当中。1950年，在《大鱼，小鱼》中，一个爱上了捕鱼的男孩，展示给一个女人他耀眼的样本，自然对她揭示了暴力和苦难。②个人的痛苦造成了丑陋的女性角色，通过不幸的爱的历史获得了温柔诙谐的宇宙维度。1951年，《一个游泳者的冒险》以敏感而生动的方式分析了形势，它的平庸令人尴尬，使得一个年轻的中产阶级女人意识到她和她的身体及世界之间的复杂关系。从此，她离开了浑浑噩噩。在卡尔维诺的作品里，世界从一个"女性"的观点想象，结果是一个世界的镜像在"男性"的版本里，但是强调了排斥感，团体意味着来自"女性"的观点。有趣的是，在《大鱼，小鱼》和《一个游泳者的冒险》中，男性的存在在两个角色间一分为二，一个中年男子和他年轻的儿子，两个人同是敏感和简单的，沉默寡言，平静地专心于每一天的工作。1958年，

①　卡尔维诺特别暗指恺撒·帕韦塞和他的小说《女性的阳光》，见克莱利亚（Clelia）小说的重要特征。我将会添加克莱利亚这个"自由"的女人，正如一个传统的男性形象所构建的她，也就是说，一个主题将被掠夺者看见，枯燥无味，没有幻想。毫不令人惊讶的，同性之恋，即使是在它很少威胁女性的形式中，也仅仅是作为暗示，通过焦虑所产生的男性主义的撕裂保留了令人痛苦的秘密。关于这一点，对于帕韦塞的真实信徒——皮埃·保罗·帕索里尼（Pier Paolo Pasolini）充满艺术的存在，我们怎样能避开思考？

②　莱奥帕尔迪的音符在这个短故事中再次发出声音。

另外两个短故事提议了两个女性的原型意象，他们对女性形象的描绘、处理现代生活矛盾的真实性令人信服。《一个妻子的冒险》（*L'avventura di una moglie*）通过一群年轻资产阶级女性的经历，探索了对于自主的愿望。她的冒险是被定义的，不是在无聊而常见的小说关系中，即使有几分虚构，想要变得"现代"（一个通奸的晚上，一次逃亡），但是却作为对自由的简单愿望，在一个不寻常的时刻去看世界，体验了一个人的孤独；作为一个自我包含的人，和别人交往、说话。《一对夫妻的冒险》仅仅是两个句子交换的发展，在《长椅》（1955年）中被找到，在1963年同样短故事的版本中被淘汰。夫妻恩爱的图象和它真正的人类分享，以及离散的感官享受，显然对于卡尔维诺是珍贵的。他之前没有找到、也将不会再找到同样成熟的调子和真实的男人和女人之间的爱。①

同时，60年代已经到来了，深刻地转入一个被折磨的意大利社会，转移发生在行星规模的文化剧变背景下。好似在宇宙事件的共振里，卡尔维诺的小说转向探索恐惧和冲突的领域。语气改变了："穿过森林已经付出……失败的演讲"（《交错的命运之城》，第5页），作为一个卡尔维诺的叙述者处置它。卡尔维诺的小说世界所获得的不稳定平衡被打破。神秘、肤浅的女性形象渴望复仇，正如在《对不忠实骑士的惩罚》（*Storia dell'ingrato punito*）当中追求她们的年轻战士抛弃了她们，在短暂的爱之后。复活的恐惧女权主义威胁要妥协数千年的社会秩序，带给卡尔维诺一个不同的古希腊女战士。凶恶的女巨人从扑克牌的平面往外看，所碰见的男人和女人

---

① 这个短故事不幸地很少为人所知；虽然收在《短篇小说集》和《艰难爱情》中。例如，它没有出现在《艰难爱情》的美国版本中。那样一个刺目的拒绝，猜测原因是有趣的。关于《一对夫妻的冒险》，见两位女读者的评论，她们是：德·瑞提斯（de Lauretis，1989年）和加布里尔（Gabriele）。

被形容为残忍的对抗，他在其中是一个叛徒，她是被出卖者，或者他是被害人，而她是恶魔的梦魇。为了强调塔罗纸牌疯狂的包容力量，叙述者从卡尔维诺先前的版本中借用了细节，比如亚马逊女战士羞怯的性爱倾向，比如布拉达曼泰和维奥拉。但是叙述者背负着可怕的冲突重担，以启示录的终曲结束："对于一个相信自己没有被救赎的人。惩罚的女王将会统治即将到来的千年。"（《交错的命运之城》，第77页）。女王已经归来，她会有什么不同！古希腊女战士已经分裂成为两个，那狂怒现在是平均的一半。

阅读游戏

毫不怀疑，叙述者的声音在卡尔维诺的作品里是一个男性的声音。它对于追踪和不可企及的每一样事物的隐喻，在形式上是不变的女性形象。[1]生活在记忆和愿望里的城市有女人的名字，性感而神秘。城市的原型，王后的城市，威尼斯是叙述者留下的一个孩子。缺席者是女人，在她位置上的宝贵残留将交给唯一存在的可能性：文字的想象力和写作文字的权威。但是如果想象力和写作苏醒过来，一些人必须在那里阅读和表达。遗憾的是，一个男性读者的渴望是当权，他趋向于不正直和伪善。正如波德莱尔所说："他是兄弟，同时是一个虚伪的我"；换句话说，男性读者离作者更近。什么是女性读者所需要的，谁会真正对阅读感兴趣，谁提供了一面镜子，谁被它所诱惑？首先，有一个小姑娘在洗衣车上，迷失在

---

① 关于这个主题，见德·瑞提斯的文章。

儿童杂志的阅读中；后来，有一个年轻的女孩保护着她的冷，被"意大利文"迷惑，一种书面的肥皂歌剧（《猫和警察》，来自《短篇小说集》），现在，在《如果在冬夜，一个旅人》中，有读者（Lettrice），女性的阅读者，一个大写的"L"。虽然故事不停地被打断，阅读的快乐固执地成问题，作家现在能够安置读者（男性读者）传统的人和人之间的密切关系，正如人类学家所教给我们的——通过女人的身体发生。读者提供了正确的意图，是否人们能够用那样的术语，在那样奇怪的案例里。[1]

每样东西看上去都已经重新进入持续了数世纪的秩序，女性是容器和镜子、交易手段，或者是其他别的什么东西。这是卡尔维诺的游戏，但是那游戏是否并非一个真实秀的排演？很多的墨水已经流入关于读者问题的辩论，卡尔维诺对它提供了多重的回答。他所写的管理的存在，以各自的方式被分开宣布，它们中的一些是十分清晰的："我说'我'，这是你所知道的关于我的唯一事情。"（《如果在冬夜，一个旅人》，第15页）作家是主题，他制定了规则，决定了游戏的阶段是怎样的，他戏弄运气不好的读者，女性读者通过对书的"阅读"，确信他的位置诱人的优越，他是读者的中间人。

给予这个设置唯一真正的危险，在叙述者这边对女性读者逃脱作品的控制开始反抗。在卡尔维诺的书店里，关于恐怖的挑战出现第一个警告，一个女性读者，另一个读者（lettrice），这次以一个小写字母"l"开头，她是坏的，正如别的是好的。坏的是一个女权主义的古希腊女战士，称没有什么比劳莎丽亚（Lotharia）少，她的

---

① 关于这个主题，见加伯利（Garboli）和施耐德的文章。

举止不像是一个好女孩，是文本游戏中的引导者。她颠覆书籍，以一个读者的集体组织作为意志的行动组织，逐个把它们撕成碎片。噢！不渴望不正直的惩罚通过文本分发。劳莎丽亚表现为一个朴素而迂腐的女人；她的挑衅是无用的，她重视文学理论，通过一些新的特里索旦（Trissotin），阐明她是莫里哀的曾孙女。我们意识到在这一点上，我们天性快乐的作家已经完成了从文艺复兴的幻想中，和被称为资本家平民感觉真正的根的启蒙运动讽刺中恢复；他的文本挖掘出欧洲文化激情的形成中心，深刻保留了对它自己所建立秩序的爱。但是作家，阅读可被称为首先要考虑的，即使他充满了自我怀疑，也仍然是作家。在卡尔维诺所玩的概念游戏的讽刺里，后现代性的设置或许恰好存在于那悖论之中。

新月之下

如果城市和阅读是女性的隐喻，或许反过来也是真实的：女性是城市和创造、遭遇和发现。新的分歧和旧的主题混合在卡尔维诺60年代所写的书中，标志着他写作的另一个转折点。神话存在的魔法，呈现于1964年从西方传统深处的返回，以第一个名为《月亮的距离》（La distanza della Luna）的"宇宙"故事，再次返回到《世界的记忆》前四个故事的中心。①

当里贾纳出生的时候，在"恐惧的道路上"，她的出生伴随着"月亮"（《短篇小说集》，第57页）。之后，在马可瓦多的故

---

① 对于《宇宙》系列短篇小说的重排曾经连续不断，几乎是着迷一般的，可见1975年的版本，1984年完整修订的《新老宇宙》（Cosmicomiche vecchie e nuove）版本。

事里，月亮的设置不归于自然的规律，而是一个技术的冲突，在卡尔维诺的诗歌世界里，呈现了更广阔的意义。当月亮再次出现的时候，它和远方的意义是相同的，不可避免与渴望。人类条件的暗喻建造了归因于男性远景的基础。根据卡尔维诺的文本，"成为"意味着分离的痛苦，抵达失败的另一面，传递着对意识的苦涩安慰。在宇宙的世界，最明显的强调是月亮的不断改变，她的名字现在被拼写成大写字母，表示她在虚构的世界中成为了一个合理的角色。在第一个短故事里，她是欲望的远程目标，外表吸引人的女性，是性感和冷淡的女性角色的结合。故事告诉我们一个差异性的双重声明，来自男性角色。在《像蘑菇的月亮》当中，月亮是冷而空的荒原，一个苍白的球体，是地球辉煌的反面。通过更近的移动，她揭示了一个被损坏和渗漏的表面，制造了人类"沉迷的厌恶效应"，变成一个相异事物的形象。《温柔的月亮》（*La molle Luna*），马可瓦多关于"月亮女孩"的记忆，专心于料想中月亮的魔力，她返回到以下系列的第四个故事，《月亮的女儿们》（*Le figlie della Luna*）增加成一个小群体行动导向的"月亮女孩"。月亮是衰老的和空的："她是老的……上面有许多的破洞，破旧的……赤裸在宇宙中"（《世界的记忆》，第63页）。她不是独一无二的；因为别的月亮在她前面，她被宣告"出生，穿过宇宙，然后死亡"（《世界的记忆》，第63页）。在莱奥帕尔迪流浪的牧羊人改良的引证里，月亮对于他来说是一个不朽的女神，远在天空中移动。早期月亮的死亡并行于世界，倾向于消费主义的成长，现代的月亮盘旋在纽约科幻小说的上空，她企图逃避被污染的地球，当她在它的表面无望地费力移动。在城市的垃圾场，只有一个虚构的戴安娜陪伴着她，解放死亡的星球。变形再次发生：月亮升起，一个年轻女子牵引着长长的丝带，当一群人从"被抛弃的城市"看着她。快乐的结局伴随月亮成功地上升，它飘浮着，又自由了，带着它的年轻女孩们高飞，她们是月亮远征营救的主人公。女孩们离开了它，不在乎地球的吸引。进入另一个地方，否认了叙述者，拒绝上宇宙飞船。然而他立刻感觉到他失去的乡愁，同时，在困惑里，他留下来束缚于他不幸的星球[正如他在《月亮的距离》(*La distanza della Luna*) 中所做的]。城市垃圾场和地球短暂地共存，只有一个虚构的事件成功存在于他独特的身份中。地球的居民以这样的感觉留下，卡尔维诺在《月亮的距离》中诱发了："拥有的快乐再一次找到她们，（月亮女孩）被永远失去她们的痛苦所破坏"（《月亮的距离》，第77页）。最后，欲望将会留下距离和渴望的询问，及卡尔维诺所有主人公内在不安的精神。不令人惊讶的是，当卡尔维诺开玩笑地企图说不可以说的，以科学的参数出现在新的起点上，原来的一个怎样通过"爱"变成两个，他将会定义"爱"为"自己被撕裂"（《零》，第69—81页）。在微生物的世界，当其他的女性出现的时候，生物世界的夏娃的出现带来了条件的重要性，一分为二的文化制造了必然。卡尔维诺从来没有停止探索和尝试驱除二元性的持续，以忧伤和幽默的情绪。

　　时间逝去，文本累积，但是留下了困境，固执地观察和谈话也继续存在着。月亮的隐喻，在后来的卡尔维诺文本中取得了胜利。在《下午的月亮》(*Luna di pomeriggio*)中，卡尔维诺对于宇宙的存在表达了他最抒情诗调的敬意，那是女性的符号。帕洛马尔先生就像马可瓦多一样，是一个孤独的男人，没有女人，尽管一个热切期望的女人就在后方一次两次地被看见。如同马可瓦多一样，帕洛马尔也观察宇宙，为了理解它和理解他自己。忽然，他的眼睛发现他的任务是帮助缺席的成为一种真实的存在；更具体地说，他的凝视必须帮助月亮在下午的天空中出现。月亮需要我们，文本说，它需要"我们的关心，因为它的存在始终被怀疑"（《帕洛马尔》，第35页），在一个蓝色广阔明亮的下午天空。诗歌的声音支撑着她，几乎把她牵引出天堂深处。灯光和色彩的转移，天空的重量和词语成比例精准地描述观察者对于月亮体积和形状的感觉。轻轻的，帕洛马尔先生关于重要交替的可笑感觉，甚至共存于这些篇章中："（月亮），她是那样脆弱的苍白和稀薄……始终沐浴在宇宙的蓝色中。她就像是一个坦率的主人"（《帕洛马尔》，第35页）。怀疑还没有变成恐怖的出现，因为月亮看上去是平的：月亮，是一个形式，一个虚无？它是"一个突破口，通往它身后的空虚"？只有帕洛马尔的眼睛和书面的文字能够充当世界的助产士，月亮进入空虚的转化，驱除来自世界特有物体消失的噩梦。是否天空后退到夜晚的黑暗之中，或者是月亮向前不易觉察地移动？"聚集了以前扩散的和宇宙所夺去的光，浓缩在它漏斗形的圆口里？"（《帕洛马尔》，第37页）[1]布拉达曼泰的长春花的颜色和维奥拉紫罗兰的颜色回来了。不，它不是月亮的鬼魂进入视野，而是一个受伤的、有裂纹的瑕疵的实体。月亮，一旦她在夜晚的天空找到她的位置，"在看得见的最易变的天空，在她复杂的最有规律的习性里……不可觉察地开始逃避你"（《帕洛马尔》，第37页）。单数"你"意外地暴露了帕洛马尔已经分裂成两个，或许与曾经存在的男性读者串通了。另一个自我似乎目击了惊奇，满足于拉紧和离开月亮的身体。现在有一个华丽的星球在天空中上升："月亮是一面

---

[1]　这是一个至少重返了两次的形象，在卡尔维诺的小说中占领导地位。值得注意的是，早在20年前马可瓦多卷本最后故事里我们的另一个发现：《圣诞老人的孩子们》。

极好的使人眩目的镜子，飞翔在天空"（《帕洛马尔》，第37页）。当月亮在夜晚的黑暗中凯旋，他恢复成一个笨拙的、不知所措的卡尔维诺先生，"现在，他确信月亮不再需要他"（《帕洛马尔》，第37页，重点强调）。伪君子！她是遥远的，他远离对她易变的渴望，他想他已经把她稳定地放在空中，能够平静地回家……①努力成功了，不只是因为我们相信帕洛马尔的意志或眼睛的力量（叙述者告诉我们，他也没有完全看到她，仅仅是充分看到各种帮助），但是因为作品是完整而传统的风格，以它的精确和典雅浓缩成三页，主题和热情完成地不是那么拙劣，并伴以少许的幽默。卡尔维诺本人在更多缺乏想象力的时刻发表评论，"对于月亮的爱经常加倍，对于它爱的反射，就好像面向门廊镜子的反射光"（《沙子合集》，第179页）。

　　这些年来，忧郁、幽默、恐惧和对远方的渴望标志着卡尔维诺关于女性的论述，那是为何卡尔维诺会对我们产生惊讶，他写了一个短故事，其中，男人和女人之间的遭遇提示了完全互惠交往的可能性，他允许向好色投降的一个特殊时刻结束的可能性。那故事是《阳光下的美洲虎》，"压抑痛苦的痉挛"（《阳光下的美洲虎》，第29页）宣布了那个主题。现在首先讨论的是女性角色，她指导了犹豫的男人进入着迷的性欲，咬住、吞食热烈和芳香的墨西哥菜肴。②我们是否在这里快速地看到，两性间的串通代替了习惯的不一致？男人和女人之间真实的唯一联盟是"彼此吞食的突然强

　　① 在这则短故事和名为《赤裸的乳房》（*Il seno nudo*）一书中，有一个有趣的比较，关于此，我们可以阅读格雷马斯（Greimas）的评论和费卢奇（Finucci）为她的书《女人的消失》（*The Lady Vanishes*）所作的"编后记"。
　　② 语言惯于描述这样引人注目的经验："如烈火般的热、辛辣的酸和一点点苦，奶油色，微微的甜，精心制作的大胆烹调，粗俗的秘密"（《阳光下的美洲虎》，第31页）。因为对于女人，食物是表达和暗喻，被称作"精制的、热烈的、含蓄的、复杂的"等等（《阳光下的美洲虎》，第32—33页）。

烈爆发，在普遍同类相食的摄取和消化过程中"（《阳光下的美洲虎》，第56—57页）。在往后的小说成就里，卡尔维诺旧的隐喻返回了。或许"太阳已经厌倦了上升"（《阳光下的美洲虎》，第49页）；在另外两个部分里形成了不完全的散文诗的聚集，女性重复强调它的欠缺，专心于五官的感觉，既痛苦也不可避免。幽灵返回了，在她那里，男人们寻找互惠是不可能的，因为我们的文化最后以它的形成否定了它。留下的被捕获的感觉是一个逃离的女人的香水味，和一个看不见的女人的声音。卡尔维诺决定由他的主角通过各种通向文本的方式来重新发现世界，再一次宣告缺席的必要性和女性的存在。在《一个国王的倾听》（*Un re in ascolto*）中，文本论及语言，故事被告知："是否有一个故事约束了另外一个故事的声音？你不能躲避寻找意义，它或许不躲藏在单一的离散的噪音中，但是在停顿时，它们分离了"（《一个国王的倾听》，第71页）。国王说，他坚定地把情境控制在手中；或者他没有？国王感到他所控制的不安全，因为作家在他之前做到了。外面是城市，在寂寞宫殿的远处，"多变和多彩，充满喧闹，成千上万的声音"（《一个国王的倾听》，第78—79页）。"但是不害怕反抗的酝酿，也不害怕死亡，使得国王专心倾听所有的声音"（《一个国王的倾听》，第78—79页）；他远离他的恐惧，着迷于"一个女人的声音……在夏天的夜晚……一个来自阴影里的声音……来自黑暗中"（《一个国王的倾听》，第86页）。那声音就像是一座桥，面向所有别的存在；它是独一无二的，不可复制，根植于身体，在历史中、在快乐中，正如所写的那样。它也是畅通的，一个爱的二重奏让国王的耳朵陶醉，就在马可瓦多新鲜的黎明之前："如果你抬起你的眼睛，将会看到微弱的光线。在你的头顶，升起的黎明照亮了天空……在某处，地上的某个折痕，城市醒来"（《一个国王的倾听》，第92—93页）。[①]

　　女孩、古希腊女战士、月球的女孩、月亮——她们的共同特质以及性别的隐喻，形容了作家真正的意图，语言——逃避并永远迷惑和萦绕着他。贯穿卡尔维诺的写作生涯，他追踪但丁称之为"有香味的野物"，他不知疲倦所描写的一个书面媒介，描述了用于月亮的同样特征：清晰、简单、冷静、锋利、干燥、明亮。这是下一个千禧年的消息，包含了《美国讲稿》的六个备忘录，比起别的作者而言，莱奥珀尔迪的名字重返地更加寻常：文学生活，月亮会作为她特殊的标志，女性是文学不可分割的部分。卡尔维诺首先宣称他对"明亮"的月亮，想贡献全部的功课，因为"月亮已经升起在诗人的诗中"，它一直有力量传达一种失重、悬浮、沉默和平静的迷醉感觉……卸下语言的负担，直到它与月亮相似"，《美国讲稿》，第26页）。女性缺席的阴影唤起了对于完整拥有和彻底互惠之间的矛盾渴求，《温柔的月亮》（《美国讲稿》，第26页）在卡尔维诺世界的中心，不仅是作为一名女性的形象，而且是作为一个寻找形式的隐喻。换言之，他对于语言的寻找也完全疯狂与彻底。因此，对于卡尔维诺首先遇到的形象记忆，永不能忘的朴素精确例子，是一幅奇幻的墨水画："猫咪菲力克斯（Felix）黑色的形象消失在风景里，头顶上的黑暗夜空，盘旋着一轮满月"（《美国讲稿》，第94页）。

―――――――――

　　① 这个闪亮的结尾，就像叙述者再次定位一个难懂的"你"，似乎否定了金兹伯格在她1985年所作书评中，关于卡尔维诺加深的想象力的观点。

卡尔维诺基于一名作家的诚实，怂恿了那些意识到他事业的
不安全性和保守的方面，反映了我们社会的虚伪和困境："帕洛马
尔先生哀叹这样的事实，他不可能看着一个女人，以'文明的意
图'……习惯看着的方式和习惯的反映，社会似乎太根深蒂固，给
男人好的文本描写……没有目光曾经是无辜的"（《费卢奇》，第
255—256页）。我们发现卡尔维诺没有假装逃避监禁，或是给出人
所不知道的定义，来欺骗穿越世纪的每一个人。他的计划是对协调
（或许是不可能的）或集合（或许仅仅是愿望）的搜寻。对世界上
不同于自己的每样事物，从来没有熄灭好奇心。他敢于诚实，在20
世纪晚期肯定了快乐和玩笑的价值、探索了矛盾情绪、承认了恐
惧，但没有给予绝望、过失或沉闷的严重性。卡尔维诺对于写作的
热情，是某一文化的证人和标志，那也是我们不完美的和被围困的
文化中不可否认的丰富和压倒性的重量。他冷淡和清晰地对于宇宙
的演说，以某种方式转化——或者说消失——他是选择谈论我们未
来的少数作家之一，尽管他对命运即将降临到我们身上的一切，保
持困惑和怀疑。

书目信息

历史注解

  本书前言用小说的形式呈现了一批作家的形象，他们影响了几代读者，也是卡尔维诺的导师或同龄人。接下来的注解将作为提供给读者的指南。作为补充信息，最有用的工具是由彼得·邦达内拉（Peter Bondanella）和朱莉娅·科纳韦·邦达内拉（Julia Conaway Bondanella）所编辑的《意大利文学大词典》（韦斯特波特，CT：格林伍德，1996年）。

1915—1918	意大利参与第一次世界大战。
1917	俄国革命爆发。
1919	墨索里尼（Mussolini）创建了第一个意大利法西斯主义核心政党。
1921	意大利共产党诞生；安东尼奥·葛兰西（Antonio Gramsci）是它的创办人之一。

1922	墨索里尼带着一小队民兵组织向罗马进军。意大利国王，萨瓦的维克托·伊曼纽尔三世（Victor Emanuel Ⅲ）接受了既成的事实，任命墨索里尼为新政府首领。
1923	伊塔洛·卡尔维诺（Italo Calvino）出生在10月15日。
1925	埃乌杰尼奥·蒙塔莱（Eugenio Montale）的《墨鱼骨》（*Ossi di seppia*）出版。蒙塔莱在未来若干年（直到他拒绝成为一名法西斯政党成员为止）将会成为佛罗伦萨久负盛名的图书馆——"Gabinetto G.P. Vieusseux"的负责人。他和许多作家及艺术家习惯于聚集在一个名叫"骑警"的中央广场咖啡馆，它现在仍然存在于佛罗伦萨的共和广场。
1926	"我人生的第一场记忆是关于一名社会主义者被一个法西斯主义的民兵打败"；卡尔维诺引用于《故事与短篇小说集》（*Romanzi e racconti*）。
1929	梵蒂冈和意大利法西斯签署了"拉特兰条约"。
1934	诗人、小说家、随笔和戏剧作家路伊吉·皮兰德娄（Luigi Pirandello）获得了诺贝尔文学奖。
1935—1936	意大利占领了埃塞俄比亚。
1936—1939	西班牙内战爆发。
1938	反犹太法（所谓的种族法律）在意大利被公布。
1938—1939	埃利奥·维托里尼（Elio Vittorini）出版了《西西里岛对话》（*Conversazione in Sicilia*）。
1940	意大利加入了第二次世界大战。
1941	切萨雷·帕韦塞（Cesare Pavese）出版了《你的故

乡》（*Paesi tuoi*），他将成为卡尔维诺在艾奥蒂出版社的良师益友。

1942　　纳塔莉亚·金兹伯格（Natalia Ginzburg）出版了她的第一本小说《通往城市之路》（*La strada che va in citta*），所用笔名： 亚历山德拉·托尔宁帕尔泰（Alessandra Tornimparte）。

1943　　7月25日，意大利法西斯主义政党最高委员会给墨索里尼不信任投票。

9月8日，意大利和同盟国签署了停战协定，抛弃了墨索里尼和纳粹德国及日本伪造的联盟。很多意大利人：男人和女人、军人和平民，加入了对纳粹党人和重新组成的法西斯主义政党[被称作意大利社会共和国，来自"共和政体"（repubblichino）一词]的抵抗运动。

1944　　卡尔维诺加入了抵抗运动。纳塔莉亚·金兹伯格的丈夫莱昂内·金兹伯格（Natalia Ginzburg）死于法西斯主义者的拷打之下。

1945　　第二次世界大战结束。卡洛·利瓦伊（Carlo Levi），一位医生、画家、散文家，出版了《基督留在恩波利》（*Cristo si e fermato a Eboli*），这部作品是他躲藏在佛罗伦萨期间所写。

1946　　卡尔维诺出版了他的第一部小说：《通往蜘蛛巢的小径》（*II sentiero dei nidi di ragno*）。

1948　　安娜·班替（Anna Banti）出版《月亮与狩猎女神》（*Artemisia*）。

20世纪50年代　　一群创新的法国年轻作家写作了"反传统"小说，
　　　　　　　　引发了文坛的轰动。

1953　　　　　斯大林（Stalin）去世。

1957　　　　　欧洲经济共同体建立。

1965—1974　　越南战争爆发。

1985　　　　　卡尔维诺逝世于罗马。

参考文献（一）

　　目前，卡尔维诺的作品在意大利火热的文学市场中拥有令人惊讶的特权，被视为著名的作品，它们包含目前存在的他大部分作品的几个版本以及一些短篇，还有那些分散在无数日报和周刊的发表作品，它们通常已难以找回。这种情况对于今天的读者而言，有利于他们找到卡尔维诺写作生涯中有趣味的两个到三个合集；但是也有恼人的问题，那些再次出现的文本，不同的版本可能其实是相同的内容。我以下所参考的卡尔维诺作品的清单，按照它们所创作的时间或者出版的日期顺序排列；后面附有在美国可以找到的翻译信息。版本的日期查阅以插入的形式出现。遗憾的是，与意大利作品相比，可以查询到的它们相应的英语翻译版本经常不是很一致，因为选择是由它们的管理者做出的。其他的查阅文本列出在各个章节标题之下。除非另有标明，这本书中所有的译文都是我自己做的。

sentiero del nidi di ragno. Turin: Einaudi, 1949（1964）. The Path to the Nests of Spiders. Trans. Archibald Colquhoun. Boston: Beacon, 1957.

Ultimo viene il corvo. Turin: Einaudi, 1949 and 1969（1976, 'Nuovi coralli' edition, almost identical to the one published in 1949）.

visconte dimezzato. Turin: Einaudi, 1952（1980）. The Nonexistent Knight and The Cloven Viscount. Trans. Archibald Colquhoun. New York: Random, 1962.

Fiabe italiane. Turin: Einaudi, 1956. Italian Folktales. Trans. George Martin and Catherine Hill. New York: Harcourt Brace Jovanovich, 1980.

barone rampante. Turin: Einaudi, 1957（1960）. The Baron in the Trees. Trans. Archibald Colquhoun. New York: Harcourt Brace, 1959.

I racconti. Turin: Einaudi, 1958（1983）.

Gli amori difficili. Turin: Einaudi, 1958（1970）. Difficult Loves. Trans. William Weaver, Archibald Colquhoun, and Peggy Wright. New York: Harcourt Brace Jovanovich, 1984.

cavaliere inesistente. Turin: Einaudi, 1959. The Nonexistent Knight and The Cloven Viscount. Trans. Archibald Colquhoun. New York: Random, 1962.

'I racconti che non ho scritto.' Marsia January-April 1959,11-13.

I quaderni di San Gersole. Turin: Einaudi, 1959.

nostri antenati. Turin: Einaudi, 1960.

'La strada di San Giovanni'（January 1962）. In Questo e altro 1:1; then in I maestri del racconto italiano（Milan: Rizzoli, 1964）and in La strada di San Giovanni; now in Romanzi e racconti Ⅲ 7-26.

La giornata d'uno scrutatore. Turin: Einaudi, 1963. The Watcher and Other Stories.

Trans. William Weaver （The 'Watcher' and 'Smog'） and Archibald Colquhoun （The Argentine Ant'）. New York: Harcourt Brace Jovanovich, 1971.

Marcovaldo. Turin: Einaudi, 1963 （ 'Nuovi coralli' edition, 1973）. Marcovaldo, or The Seasons in the City. Trans. William Weaver. New York: Harcourt Brace Jovanovich, 1983.

'Italo Calvino a Mario Boselli' （1964）. Nuova corrente 109 （1992）: 90-98.

'Gli amanti' （Presentazione a una mostra, 1964）. In Carlo Levi. Autoritratto. Roma: Edizioni Carte segrete, n.d. [1970?]. Now 'Litografie di Levi,' in Saggi II1961-1962.

Le cosmicomiche. Turin: Einaudi, 1965. Cosmicomics. Trans. William Weaver. New York: Harcourt Brace Jovanovich, 1968.

Ti con zero. Turin: Einaudi, 1967. t-zero. Trans. William Weaver. New York: Harcourt Brace Jovanovich, 1969.

'Cibernetica e fantasmi' （1967）. In Una pietra sopra 164—181.

La memoria del mondo e altre storie cosmicomiche. Milan: Club degli editori, 1968.

Tarocchi - Il mazzo visconteo di Bergamo e New York. Parma: FMR, 1969.

Italo Calvino racconta I 'Orlando Furioso. Turin: Einaudi, 1970 （1988）.

'Dall'opaco.' First published in Adelphiana （Milan: Adelphi, 1971）; now in Romanzi e racconti III 89-101.

Le citta invisibili. Turin: Einaudi, 1972. Invisible Cities. Trans. William Weaver.

New York: Harcourt Brace Jovanovich, 1974.

castello dei destini incrociati. Turin: Einaudi, 1973. The Castle of Crossed Destinies.

Trans. William Weaver. New York: Harcourt Brace Jovanovich, 1976-1977.

'Liguria.' In Liguria, ed. Italo Calvino and Folco Quilici（Rome: Esso italiana, 1973）; now in Saggi II2376-2389.

'II terzo lato e il mare.' In Monumenti d'Italia. Le piazze, ed. Franco Borsi and Geno Pampaloni（Novara, Istituto Geografico De Agostini 1975）; now in Saggi II 2403-2406.

'La squadratura.' Preface to Idem by Giulio Paolini（Turin: Einaudi, 1975）; now in Saggi II 1981-1990.

'Forse un mattino andando'（1976）. In Letture montaliane（Genoa: Bozzi, 1977）; then in Perche leggere i classici.

'I nostri prossimi 500 anni.' Corriere della sera 10 April 1977; now in Saggi II 2294- 2299.

'La poubelle agreee.' Paragone 324（February 1977）; then in La strada di San Giovanni; now in Romanzi e racconti 7-26.

'Al di la della morte di von Braun. II tramonto della luna/ Corriere della sera 102, X39 d9 June 1977）i. Now' II tramonto della luna/ in Saggi II 2316.

'Al di la dell'autore'（1978）. In Creativita, educazione e cultura. Venice: Fondazione Cini, 1980.125-132.

Se una notte d'inverno un viaggiatore. Turin: Einaudi, 1979. If on a

Winter's Night a Traveller. Trans. William Weaver. New York: Harcourt Brace Jovanovich, 1981.

Una pietra sopra. Discorsi di letteratura e societa. Turin: Einaudi, 1980. Most of these essays appeared in La machine litterature（Paris: Seuil, 1984）and then in The Uses of Literature.

'Montale's Rock'（1981）. In The Uses of Literature.

'Poche chiacchiere!' La Repubblica 22 October 1982.

Palomar. Turin: Einaudi, 1983. Mr. Palomar. Trans. William Weaver. New York: Harcourt Brace Jovanovich, 1985.

'La coda di Minosse.' La Repubblica 10 March 1983; now in Saggi II 1735-1738.

'The Written and the Unwritten Word [sic].' New York Review of Books 12 May 1983. 'Mendo scritto e mondo non scritto.' Saggi II 1865-1875.

'Lo scrittore? E'un idiota come Flaubert'（1983）. L'Unita 17 August 1986, i.

'Cecchi e i pesci-drago.' La Repubblica 14 July 1984,16-17; now in Saggi I 1034-1039.

Tl gatto e il topo.' La Repubblica 24-5 June 1984; now in Saggi I 844-849.

Collezione di sabbia. Milan: Garzanti, 1984.

'Con Macchia senza paura.' La Repubblica 19 June 1985,24-25.

Sotto il sole giaguaro. Milan: Garzanti, 1986. Under the Jaguar Sun. Trans. William Weaver. New York: Harcourt Brace Jovanovich, 1988.

The Uses of Literature. Trans. Patrick Kreagh. New York: Harcourt Brace Jovanovich, 1986.

Lezioni americane. Sei proposte per il prossimo millennia. Milan:

Garzanti, 1988. Six Memos for the Next Millennium. Trans. Patrick Creagh. Cambridge: Harvard University Press, 1988.

La strada di San Giovanni. Milan: Mondadori, 1990. The Road to San Giovanni.

Trans. Tim Parks. New York: Random, 1993.

I libri degli altri. Turin: Einaudi, 1991.

Perche leggere i classici. Milan: Mondadori, 1991.

Prima che tu dica pronto. Milan: Mondadori, 1993. Numbers in the Dark. Trans. Tim Parks. New York: Random, 1995.

Eremita a Parigi. Milan: Mondadori, 1994.

Romanzi e racconti. 3 vols. Milan: Mondadori, 1993-4. The appendices are particularly useful.

Saggi. 2 vols. Milan: Mondadori, 1995. The appendices are particularly useful.

Album Calvino. Milan: Mondadori, 1995.

The most complete treatment in English of Calvino's life and works is Beno Weiss's Understanding Italo Calvino （Columbia, SC: University of South Carolina Press, 1993）.

参考文献（二）

卡尔维诺的专著不是很多，但是文章和评论很多。这个列表只是在本书中与讨论相关的作品。标题只列出一次，在每一章开始之前是参考书目。

引言

Benedetti, Carla. Pasolini contro Calvino. Per una letteratura impura.
Turin: Bollati Boringhieri, 1998.

Hewitt, Andrew. Fascist Modernism. Stanford: Stanford University
Press, 1993.

Gobetti, Piero. La rivoluzione liberale. Turin: Einaudi, 1995.

Kocka, Jiirgen, ed. Borghesie europee dell'Ottocento. Venice:
Marsilio, 1989.

II menabo 6 （1963）.

Spriano, Paolo. Le passioni di un decennio （1946—1956）. Milan:
Garzanti, 1986.

第一章

Ahern, John. 'Out of Montale's Cavern: A Reading of Calvino's Gli
amori difficili.' Modern Language Studies 12:1 （Winter 1982）: 3-19.

Almansi, Guido. Eugenia Montale - The Private Language.
Edinburgh: Edinburgh University Press, 1977.

Arbasino, Alberto. L'anonimo lombardo. Turin: Einaudi, 1959
（1973）.

Avalle, D'Arco Silvio. 'Cosmografia montaliana.' In Tre saggi su Montale. Turin: Einaudi, 1970.101-114.

Barberi-Squarotti, Giorgio. 'La storia.' In Letture montaliane. Genoa. Bozzi, 1977. 283-296.

Becker, Jared. Eugenia Montale. New York: Twayne, 1986.

Biasin, Gian Paolo. Ⅱ vento di Debussy: La poesia di Montale nella cultura del Navecento.

Bologna: Ⅱ Mulino, 1985. Montale, Debussy, and Modernism. Princeton: Princeton University Press, 1989.

Calinescu, Matei. Five Faces of Modernity. Modernism, Avant-Garde, Decadence, Kitsch, Postmodernism. Durham: Duke University Press, 1987.

Camon, Ferdinando. 'Giovanni Raboni su Montale' and 'L'editore a Italo Calvino.' In // santo assassino. Milan: Garzanti, 1991.111-114 and 115-119.

Ce, Sergio. 'Montale e Debussy: Verso 1'uniformita di suoni e strutture.' Strumenti critici 16:1 (January 1992): 129-156.

Contini, Gianfranco. Una lunga fedelta. Scritti su Eugenio Montale. Turin: Einaudi, 1974.

Coraggio e vilta degli intellettuali. Ed. Domenico Porzio. Milan: Mondadori, 1977.

Corti, Maria. 'Intervista. Italo Calvino.' Autografo 2:6 (1985): 47-53.

Falaschi, Giovanni. 'Ritratti critici di contemporanei. Italo Calvino.'Belfagor 27:5 (September 1972): 530-558.

Frye, Northrop. Anatomy of Criticism. Princeton: Princeton

University Press, 1957（1971）.

The Critical Path: An Essay on the Social Context of Literary Criticism. Bloomington: Indiana University Press, 1971.

de Lauretis, Teresa. 'Narrative Discourse in Calvino: Praxis or Poiesis?' PMLA 90:3（May 1975）: 414-425.

Letture montaliane. Genoa: Bozzi, 1977.

Luperini, Romano. Storia di Montale. Bari: Laterza, 1986.

Manzoni, Alessandro. I promessi sposi. Milan: Feltrinelli, 1965.

Mengaldo, Pier Vincenzo. La tradizione del Novecento. Da D'Annunzio a Montale. Milan: Feltrinelli, 1975.

'La lingua di Calvino.' In La tradizione del Novecento. Turin: Einaudi, 1991. 3rd series, 227-291.

Montale, Eugenio. Sulla poesia. Ed. Giorgio Zampa. Milan: Mondadori, 1976.

L'opera in versi. Critical ed. by Rosanna Bettarini and Gianfranco Contini. Turin: Einaudi, 1980.

Pasolini, Pier Paolo. 'In morte del realismo'（1960）. In Le poesie. Milan: Garzanti, 1975. 281-289.

Paulicelli, Eugenia. "Natalia Ginzburg and the Craft of Writing.' In Natalia Ginzburg: A Voice of the Twentieth Century, ed. Angela M. Jeannet and Giuliana Sanguinetti Katz. Toronto: University of Toronto Press, forthcoming.

Pavese, Cesare. La letteratura americana ed altre cose. Turin: Einaudi, 1959.

Pirandello, Luigi. Uno, nessuno e centomila. In Tutti i romanzi II.

Milan: Mondadori, 1990. One, No One, and One Hundred Thousand. Trans, and with an introduction by William Weaver. Boston: Eridanos, 1990.

Re, Lucia. Calvino and the Age of Neorealism: Fables of Estrangement. Stanford: Stanford University Press, 1990.

Savoca, Giuseppe. Concordanza di tutte le poesie di Eugenia Montale. Florence: Leo S. Olschki, 1987.

West, Rebecca. Eugenia Montale: Poet on the Edge. Cambridge: Harvard University Press, 1981.

第二章

Alinovi, Francesca. '"Natura" impossibile del postmoderno.' II Verri, 7th series, 1-2 （March-June 1984）: 110-121.

Almansi, Guide. 'II mondo binario di Italo Calvino.' Paragone August 1971, 95-100.

Barilli, Renato. 'I racconti di Calvino' （1959）. In La barriera del naturalismo. Milano: Mursia, 1964. 210-220.

Belpoliti, Marco. L'occhio di Calvino. Turin: Einaudi, 1996.

Bernardini Napolitano, Francesca. 'Letteratura e scienza. Linguaggio poetico e linguaggio scientifico ne Le cosmicomiche e in Ti con zero di Italo Calvino.'

In Letteratura e scienza nella storia della cultura italiana. Atti del IX congresso AISLLI, 1976. Palermo: Manfredi, 1978. 852-859.

Biasin, Gian Paolo. '4/3 r （spazio scientifico, spazio letterario）.'In Letteratura e scienza nella storia della cultura italiana. Atti del IX congresso AISLLI, 1976.

Palermo: Manfredi, 1978. 860-872.

Icone italiane. Rome: Bulzoni, 1983.

Cases, Cesare. 'II pathos della distanza' （1958）. In Patrie lettere. Turin: Einaudi, 1987.160-166.

Frasson-Marin, Aurore. 'Structures, signes et images dans Les villes invisibles de Italo Calvino.' Revue des etudes italiennes 23 （1977）: 23-48.

de Lauretis, Teresa. 'Italo Calvino e la dialettica dei massimi sistemi.' Italica 53:1 （Spring 1975）: 57-74.

'Semiotic Models, Invisible Cities.' Yale Italian Studies 2:1 （Winter 1978）: 13-37.

Marietti, Marina. 'L'uso dell'antilogia nelle Istorie fiorentine.' In Culture et societe en Italic du Moyen Age a la Renaissance. Paris: Centre Interuniversitaire de Recherche sur la Renaissance italienne （CIRRI）, 1985.187-198.

Mengaldo, Pier Vincenzo. 'L'arco e le pietre.' In La tradizione del Novecento.

Milan: Feltrinelli, 1975. 406-426.

Ossola, Carlo. "L'invisibile e il suo 'dove': Geografia interiore di Italo Calvino.'

Lettere italiane 39:2 （April-June 1987）: 220-251.

Sartre, Jean-Paul. La nausee. Paris: Gallimard, 1938.

Tamburri, Anthony J. 'La "Nevicata" di Italo Calvino: Una ri-lettura di "Marcovaldo."

L'asino d'oro 5:10 （1994）: 35-62.

Valesio, Paolo. The Practice of Literary Semiotics: A Theoretical Proposal. Working Paper series D, 71. Urbino: University of Urbino, February 1978.

Vergilius Maro, Publius. Eclogues. Ed. Robert Coleman. Cambridge: Cambridge University Press, 1977.

第三章

Alpers, Paul. 'What Is the Pastoral?' Critical Inquiry 8:3 （Spring 1982）: 437-460.

Asor Rosa, Alberto. 'Lo Stato democratico e i partiti politici.' In Letteratura italiana I: II letterato e le istituzioni. Turin: Einaudi, 1982. 614.

Bakhtin, Mikhail. Problems of Dostojevsky's Poetics. Minneapolis: Minnesota University Press, 1984.

Bakhtin, Mikhail M., and P.N. Medvedev. The Formal Method in Literary Scholarship.

Cambridge: Harvard University Press, 1985.

Barberi-Squarotti, Giorgio. Fine dell'idillio. Genoa: II Melangolo, 1978.

Barilli, Renato. La barriera del naturalismo. Studi sulla narrativa italiana contemporanea.

Milan: Mursia, 1970.

Battaglia, Salvatore. Grande dizionario della lingua italiana. Turin: UTT, 1961- .

Bonura, Giuseppe. Invito alia lettura di Calvino. Milan: Mursia, 1972-1974.

Calvino, Italo. Marcovaldo ovvero Le stagioni in citta. Libri per l'infanzia e la gioventu. Turin: Einaudi, 1963.

Marcovaldo ovvero Le stagioni in citta. Letture per la scuola media. Turin: Einaudi, 1966.

Marcovaldo ovvero Le stagioni in citta. Coralli. Turin: Einaudi, 1969.

Marcovaldo ovvero Le stagioni in citta. Nuovi Coralli. Turin: Einaudi, 1973.

Collodi （Lorenzini）, Carlo. Pinocchio [sic]. Ed. Ferdinando Tempesti. Milan: Feltrinelli, 1972.

Cortelazzo, Manlio. Dizionario etimologico della lingua italiana. Bologna: Zanichelli, 1979-1988.

Corti, Maria. 'I generi letterari in prospettiva semiologica.' Strumenti critici 6 （February 1972）: 1-18.

'Testi o macrotesto? I racconti di Marcovaldo di I. Calvino.' Strumenti critici 9 （1975）: 182-197.

Testi o macrotesto? I racconti di Marcovaldo' and 'Un modello per tre testi: Le tre "Panchine" di Italo Calvino.' In Trittico per Calvino/ in // viaggio testuale. Turin: Einaudi, 1978.167-220.

'Nel laboratorio di Italo Calvino （da lettere inedite）.' Strumenti critici 5:2 （1990）: 137-146.

De Federicis, Lidia. Italo Calvino e La giornata d'uno scrutatore. Turin: Loescher, 1989.

Ettin, Andrew. Literature and the Pastoral. New Haven: Yale University Press, 1984.

Falaschi, Giovanni. La resistenza armata nella narrativa italiana. Turin: Einaudi, 1976.

Ferretti, Gian Carlo. Le capre di Bikini. Calvino giornalista e saggista, 1945-1985.

Roma: Editori Riuniti, 1989.

Garber, Frederick. 'Pastoral Space.' Texas Studies in Language and Literature 30:3 (Fall 1988): 431-460.

Genette, Gerard. Palimpsestes. Paris: Gallimard, 1982.

Ginzburg, Natalia. Mai devi domandarmi. Opere. Milan: Mondadori, 1987.

Guglielmi, Angelo. 'Una "sfida" senza avversari/ // menabo 6 (1963): 259-267.

Jeannet, Angela M. 'Collodi's Grandchildren: Reading Marcovaldo.' Italica 71:1 (Spring 1994): 56-77.

Jehenson, Myriam Y. The Golden World of the Pastoral. Ravenna: Longo, 1981.

Milanini, Claudio. 'Natura e storia nel "Sentiero" di Italo Calvino.' Belfagor 40:5 (30 September 1985): 529-546.

Poggioli, Renato. The Oaten Flute. Cambridge: Harvard University Press, 1975.

Ricci, Franco. Difficult Games. A Reading of 'I racconti' by Italo Calvino. Waterloo, ON: Wilfrid Laurier University Press, 1990.

Riffaterre, Michael. 'Systeme d'un genre descriptif.' Poetique 9
（1972）: 15-30.

Thomson, Clive. 'Bakhtin's Theory of Genre/ Studies in Twentieth
Century Literature 9:1 （Fall 1984）: 29-40.

Todorov, Tzvetan. Les genres du discours. Paris: Seuil, 1978.

Vologinov, V.N., and M.M. Bakhtin. // linguaggio come pratica
sociale. Bari: Dedalo, 1980.

第四章

Balice, Michele. 'La citta di Calvino.' Paragone 37:438 （August
1986）: 73-88.

Barberi-Squarotti, Giorgio. 'Gli schemi narrativi di Collodi.' In Studi
collodiani.

Pescia: Cassa di Risparmio Pistoia e Pescia, 1976. 87-108.

Barenghi, Mario. "Italo Calvino e i sentieri che s'interrompono.'
Quaderni piacentini 15 （1984）: 127-150.

Bryce, Judith. 'Rousseau and Calvino: An Unexplored Ideological
Perspective in // barone rampante.' In Moving in Measure, ed. Judith
Bryce and Doug Thompson.

Hull: Hull University Press, 1989. 201-214.

Calvino Revisited. Ed. Franco Ricci. Toronto: Dovehouse, 1989.

Camon, Ferdinando. Il mestiere di scrittore. Milan: Garzanti, 1973.

Catalano, Antonella. "Le mappe dell'esilio. Sulle Citta invisibili di

Italo Calvino.'

In La tone abolita. Saggi sul romanzo italiano del Novecento, ed. Ferdinando Pappalardo. Bari: Dedalo, 1988. 291-324.

Corriere dei piccoli. Weekly illustrated supplement of Corriere della sera. Milan, 27 December 1908 - . Nos 22:1 to 41:3 （1930-1949） consulted.

Darnton, Robert. The Great Cat Massacre and Other Episodes in French Cultural History. New York: Basic, 1984.

Diderot, Denis. Jacques lefataliste et son maitre. Critical ed. by Simone Lecointre and Jean Le Galliot. Geneva: Droz, 1976.

Eco, Umberto. 'Elogio del riassunto.' L'Espresso 20 October 1982, 90.

Gatt-Rutter, John. 'Calvino Ludens: Literary Play and Its Political Implications.'

Journal of European Studies 5 （1975）: 319-340.

Hassan, Ihab. The Dismemberment of Orpheus: Toward a Postmodern Literature.

New York: Oxford University Press, 1971.

Horatius Flaccus, Quintus. Opera. Ed. S. Borzsak. Leipzig: Teubner, 1984.

Huizinga, Johan. Homo Ludens: A Study of the Play Element in Culture （1938）. Boston: Beacon, 1950.

Hutcheon, Linda. A Poetics of Postmodernism: History, Theory, Fiction. New York: Routledge, 1988.

Huyssen, Andreas. After the Great Divide: Modernism, Mass Culture, Postmodernism.

Bloomington: Indiana University Press, 1986.

Inchiesta sullefate. Ed. Delia Frigessi. Bergamo: Pierluigi Lubrina, 1988.

Jeannet, Angela M. 'A Writer's Project: Cornerstones, Milestones, and Headstones.' In Calvino Revisited, ed. Franco Ricci. Toronto: Dovehouse, 1989. 207-225.

Jonard, Norbert. 'Calvino et le siecle des lumieres.' Forum Italicum 18:1 （Spring 1984）: 93-116.

Kaplan, E. Ann, ed. Postmodernism and Its Discontents. London: Verso, 1988.

Kipling, Rudyard K. The Collected Works, vol. 16. New York: Doubleday, 1941.

de Lauretis, Teresa. 'Reading the （Post）Modern Text: If on a Winter's Night a Traveler.' In Calvino Revisited, ed. Franco Ricci. Toronto: Dovehouse, 1989.131-145.

Levi-Strauss, Claude. La pensee sauvage. Paris: Plon, 1962.

Lyotard, Jean-Franqois. La condition postmoderne. Rapport sur le savoir. Paris: Minuit, 1979. The Postmodern Condition. Minneapolis: University of Minnesota Press, 1984.

Petrignani, Sandra. 'Italo Calvino.' In Fantasia efantastico. Brescia: Camunia, 1985.13-22.

Pirandello, Luigi. Maschere nude. Milan: Mondadori, 1967.

Novelle per un anno. Florence: Giunti, 1994.

Rodari, Gianni. Favole al telefono. Turin: Einaudi, 1962 （1980）.

Scalise, Gregorio. The Game of Palomar.' Review of Contemporary

Fiction 6:2 （Summer 1986）: 138-145.

Stevenson, Robert Louis. Treasure Island. New York: Random, 1949.

Suleiman, Susan. Subversive Intent: Gender, Politics, and the Avant-Garde.

Cambridge: Harvard University Press, 1990.

Valery, Paul. 'Monsieur Teste.' In Oeuvres Ⅱ. Paris: Gallimard, 1960.11-75.

Xenophon. Anabasis. Biblioteca Universale Rizzoli. Milan: Rizzoli, 1978.

第五章

Asor Rosa, Alberto. 'Ⅱ cuore duro di Calvino.' La Repubblica i December 1985, 22.

Boselli, Mario. Ttalo Calvino: L'immaginazione logica.' Nuova corrente 78 （1979）: 137-150.

Cases, Cesare. 'Calvino al bando' （1973）. Now in Patrie lettere. Turin, Einandi, 1987.167-171.

Hume, Kathryn. Calvino's Fictions: Cogito and Cosmos. Oxford: Clarendon, and New York: Oxford University Press, 1992.

Ⅱ menabo 4 and 5 （1961 and 1962）.

Pasolini, Pier Paolo. Descrizioni di descrizioni. Turin: Einaudi, 1979

Vittorini, Elio. Le due tensioni. Milan: II Saggiatore, 1967.

第六章

Finucci, Valeria. The Lady Vanishes: Subjectivity and Representation in Castiglione and Ariosto. Stanford: Stanford University Press, 1992.

Gabriele, Tommasina. Italo Calvino: Eros and Language. Teaneck, NJ: Fairleigh Dickinson University Press, 1994.

Garboli, Cesare. 'Come sei, Lettrice?' Paragone 366 （1980）: 63-71.

Ginzburg, Natalia. 'II sole e la luna.' L'indice del libri del mese 2:8 （September-October 1985）: 26-27.

Greimas, Algirdas. 'Le guizzo.' In De I'imperfection. Paris: Fanlac, 1987. 23-33.

de Lauretis, Teresa. Through the Looking-Glass: Woman, Cinema, and Language.'

In Alice Doesn't: Feminism, Semiotics, Cinema. Bloomington: Indiana University Press, 1984.

Sanvitále, Francesca. 'Moll Flanders fa scendere Cosimo dagli alberi.' La Stampa February 1993, Tuttolibri 3.

Schneider, Marilyn. 'Calvino's Erotic Metaphor and the Hermaphroditic Solution.' Stanford Italian Review 2 （Spring 1981）: 93-118.